Die Mangelhaftigkeit von Anklage
und Eröffnungsbeschluß und ihre Heilung
im späteren Verfahren

Europäische Hochschulschriften
Publications Universitaires Européennes
European University Studies

Reihe II
Rechtswissenschaft

Série II Series II
Droit
Law

Bd./Vol. 2294

PETER LANG
Frankfurt am Main · Berlin · Bern · New York · Paris · Wien

Markus Schäpe

Die Mangelhaftigkeit von Anklage und Eröffnungsbeschluß und ihre Heilung im späteren Verfahren

PETER LANG
Europäischer Verlag der Wissenschaften

Die Deutsche Bibliothek - CIP-Einheitsaufnahme

Schäpe, Markus:

Die Mangelhaftigkeit von Anklage und Eröffnungsbeschluß und ihre Heilung im späteren Verfahren / Markus Schäpe. - Frankfurt am Main ; Berlin ; Bern ; New York ; Paris ; Wien : Lang, 1998
(Europäische Hochschulschriften : Reihe 2, Rechtswissenschaft ; Bd. 2294)
Zugl.: Passau, Univ., Diss., 1997
ISBN 3-631-32596-7

D 739
ISSN 0531-7312
ISBN 3-631-32596-7

Meinen lieben Eltern
und Sylvia
in Dankbarkeit
gewidmet

Inhaltsverzeichnis

Abkürzungsverzeichnis

a.E.	am Ende
a.F.	alte Fassung
aA	andere Auffassung
abl.	ablehnend
Abs.	Absatz
ADAC	Allgemeiner Deutscher Automobil-Club
AG	Amtsgericht
AK	Kommentar zur Strafprozeßordnung in der Reihe Alternativkommentare
Alt.	Alternative
Anm	Anmerkung
Art.	Artikel
AT	Allgemeiner Teil
Aufl.	Auflage
BAT	Bundesangestelltentarif
BayObLG	Bayerisches Oberstes Landesgericht
BayObLGSt	Entscheidungen des Bayerischen Obersten Landesgerichtes in Strafsachen
BB	Betriebs-Berater
BBG	Bundesbeamtengesetz
BGB	Bürgerliches Gesetzbuch
bezgl.	bezüglich
BGH	Bundesgerichtshof
BGHR	BGH-Rechtsprechung in Strafsachen (zitiert nach Paragraph und Stichwort)
BGHSt	Entscheidungen des Bundesgerichtshofs in Strafsachen (zitiert nach Band und Seite)
BGHZ	Entscheidungen des Bundesgerichtshofs in Zivilsachen (zitiert nach Band und Seite)
BJagdG	Bundesjagdgesetz
BKatV	Bußgeldkatalog-Verordnung
BRAO	Bundesrechtsanwaltsordnung
BRRG	Beamtenrechtsrahmengesetz
Bsp.	Beispiel
bspw.	beispielsweise
BT-DS	Drucksache des Bundestages (die erste Zahl bezeichnet die Wahlperiode)
BtMG	Betäubungsmittelgesetz
BVerfG	Bundesverfassungsgericht

BVerfGE	Entscheidungen des Bundesverfassungsgerichts (zitiert nach Band und Seite)
BVerfGG	Gesetz über das Bundesverfassungsgericht
BWAGGVG	Baden-Württembergisches Gesetz zur Ausführung des Gerichtsverfassungsgesetzes und von Verfahrensgesetzen der ordentlichen Gerichtsbarkeit
BZR	Bundeszentralregister
bzw.	beziehungsweise
DAR	Deutsches Autorecht
DAR (B)	Bär, Die Rspr. des BayObLG in Verkehrsstrafsachen und Bußgeldverfahren (Jahreszusammenstellungen im DAR, ab 1987)
DAR (Rü)	Rüth, Die Rspr. des BayObLG in Verkehrsstrafsachen und Bußgeldverfahren (Jahreszusammenstellungen im DAR, 1963-1986)
DM	Deutsche Mark
DRiZ	Deutsche Richterzeitung
DRZ	Deutsche Rechtszeitschrift
DStZ	Deutsche Steuerzeitung
DT	Dreher/Tröndle
DVBl	Deutsches Verwaltungsblatt
EBO	Eisenbahn-Bau- und Betriebsordnung
EDV	Elektronische Datenverarbeitung
EGGVG	Einführungsgesetz zum Gerichtsverfassungsgesetz
EGMR	Europäischer Gerichtshof für Menschenrechte
EGStPO	Einführungsgesetz zur Strafprozeßordnung
Einl	Einleitung
f.	folgende
ff.	fortfolgende
Fn	Fußnote
FS	Festschrift
GA	Goltdammer's Archiv für Strafrecht (zitiert nach Jahr und Seite)
GedS	Gedächtnisschrift
GewA	Gewerbearchiv, Zeitschrift für Gewerbe- und Wirtschaftsverwaltungsrecht
ggf.	gegebenenfalls
ggü.	gegenüber

GmS-OGB	Gemeinsamer Senat der obersten Gerichtshöfe des Bundes
GRUR	Gewerblicher Rechtsschutz und Urheberrecht
GS	Der Gerichtssaal
GSSt	Großer Senat beim Bundesgerichtshof in Strafsachen
GVG	Gerichtsverfassungsgesetz
hL	herrschende Lehre
hM	herrschende Meinung
HRR	Höchstrichterliche Rechtsprechung (zitiert nach Jahr und Nummer)
i.d.S.	in diesem Sinne
i.e.S.	im engeren Sinne
insb.	insbesondere
i.R.d.	im Rahmen des
i.S.d.	im Sinne des
i.S.v.	im Sinne von
i.V.m.	in Verbindung mit
i.w.S.	im weiteren Sinne
JA	Juristische Arbeitsblätter für Ausbildung und Examen
JGG	Jugendgerichtsgesetz
JMBINRW	Justizministerialblatt für das Land Nordrhein-Westfalen
JP	Juristische Praxis
JR	Juristische Rundschau
Jura	Juristische Ausbildung
JuS	Juristische Schulung
Justiz	Die Justiz - Amtsblatt des Justizministeriums Baden-Württemberg
JW	Juristische Wochenschrift
JZ	Juristenzeitung
Kap.	Kapitel
Kfz	Kraftfahrzeug
KG	Kammergericht
KK	Karlsruher Kommentar zur Strafprozeßordnung
KK-OWiG	Karlsruher Kommentar zum Gesetz über Ordnungswidrigkeiten
KM	Kleinknecht/Meyer-Goßner
KMR	Kleinknecht/Müller/Reitberger
LadSchG	Ladenschlußgesetz

LG	Landgericht
Lit.	Literatur
LK	Leipziger Kommentar
Lkw	Lastkraftwagen
LR	Löwe/Rosenberg
MDR	Monatsschrift für Deutsches Recht
MDR (D)	Dallinger, Aus der Rspr. des BGH in Strafsachen
MDR (H)	Holtz, Aus der Rspr. des BGH in Strafsachen
MRK	Konvention zum Schutze der Menschenrechte und Grundfreiheiten
mwN	mit weiteren Nachweisen
n.F.	neue Fassung
NdsAGGVG	Niedersächsisches Ausführungsgesetz zum Gerichtsverfassungsgesetz
NJ	Neue Justiz
NJW	Neue Juristische Wochenschrift
Nr.	Nummer
NStZ	Neue Zeitschrift für Strafrecht
NStZ (K)	Kusch, Aus der Rspr. des BGH zum Strafverfahrensrecht (Übersichten in der NStZ seit 1992)
NStZ (M)	Miebach, Aus der (vom BGH nicht veröffentlichten) Rspr. des BGH in Strafsachen zum Verfahrensrecht (Übersichten in der NStZ 1988-1990)
NStZ (Pf/M)	Pfeiffer/Miebach, Aus der (vom BGH nicht veröffentlichten) Rspr. des BGH in Strafsachen zum Verfahrensrecht (Übersichten in der NStZ 1983-1987)
NStZ-RR	NStZ-Rechtsprechungs-Report Strafrecht
NVwZ	Neue Zeitschrift für Verwaltungsrecht
NZV	Neue Zeitschrift für Verkehrsrecht
OGH	Oberster Gerichtshof für die Britische Zone
OGHSt	Entscheidungen des Obersten Gerichtshofs für die Britische Zone in Strafsachen (zitiert nach Band und Seite)
OLG	Oberlandesgericht
OLGSt	Entscheidungen der Oberlandesgerichte zum Straf- und Strafverfahrensrecht (zitiert nach Paragraph mit Nummer und Seite)
OrgKG	Gesetz zur Bekämpfung des illegalen Rauschgifthandels und anderer Erscheinungsformen der Organisierten Kriminalität

OrgStA	Anordnungen über Organisation und Dienstbetrieb der Staatsanwaltschaften
OWiG	Gesetz über Ordnungswidrigkeiten
PflVG	Gesetz über die Pflichtversicherung für Kraftfahrzeughalter
Pkw	Personenkraftwagen
Recht	Das Recht (zitiert nach Jahr, Seite und Nummer)
RG	Reichsgericht
RGSt	Entscheidungen des Reichsgerichts in Strafsachen (zitiert nach Band und Seite)
RGZ	Entscheidungen des Reichsgerichts in Zivilsachen (zitiert nach Band und Seite)
RiStBV	Richtlinien für das Strafverfahren und das Bußgeldverfahren
Rn	Randnummer
RRH	Rebmann/Roth/Hermann
Rspr.	Rechtsprechung
S.	Seite
SchlHa	Schleswig-Holsteinische Anzeigen
SchlHa (E/J)	Ernesti/Jürgensen, Aus der Rspr. der Strafsenate und der Senate für Bußgeldsachen des Schleswig-Holsteinischen OLG (Jahreszusammenstellungen in den SchlHA, 1968-1979)
SchlHA (L/G)	Lorenzen/Görl, Aus der Rspr. der Strafsenate und der Senate für Bußgeldsachen des Schleswig-Holsteinischen OLG (Jahreszusammenstellungen in den SchlHA, 1988-1990)
SchlHA (L/T)	Lorenzen/Thamm, Aus der Rspr. der Strafsenate und der Senate für Bußgeldsachen des Schleswig-Holsteinischen OLG (Jahreszusammenstellungen in den SchlHA, seit 1991)
sog.	sogenannt
StÄG	Strafrechtsänderungsgesetz
StGB	Strafgesetzbuch
StPÄG	Gesetz zur Änderung der Strafprozeßordnung und des Gerichtsverfassungsgesetzes
StPO	Strafprozeßordnung
StraFo	Strafverteidiger-Forum
StV	Strafverteidiger, Juristische Fachzeitschrift
StVÄG	Strafverfahrensänderungsgesetz
StVG	Straßenverkehrsgesetz
StVO	Straßenverkehrs-Ordnung

StVZO	Straßenverkehrs-Zulassungs-Ordnung
u.a.	unter anderem
v.	von
VD	Verkehrsdienst
VersR	Versicherungsrecht
VerwarnVwV	Allgemeine Verwaltungsvorschrift für die Erteilung einer Verwarnung bei Straßenverkehrsordnungswidrigkeiten
VG	Verwaltungsgericht
vgl.	vergleiche
VM	Verkehrsrechtliche Mitteilungen
VOR	Zeitschrift für Verkehrs- und Ordnungswidrigkeitenrecht
Vor	Vorbemerkungen
VRS	Verkehrsrechts-Sammlung (zitiert nach Band und Seite)
VwGO	Verwaltungsgerichtsordnung
VwV	Verwaltungsvorschriften
VwVfG	Verwaltungsverfahrensgesetz
VZR	Verkehrszentralregister
WiStG	Wirtschaftsstrafgesetz 1954
wistra	Zeitschrift für Wirtschaft, Steuer, Strafrecht
z.B.	zum Beispiel
ZfS	Zeitschrift für Schadensrecht
ZPO	Zivilprozeßordnung
ZStW	Zeitschrift für die gesamte Strafrechtswissenschaft
z.T.	zum Teil
zust.	zustimmend
zw.	zweifelnd

Einleitung

In Literatur und Rechtsprechung wird seit jeher kontrovers diskutiert, welchen Anforderungen die Anklageschrift genügen muß. Dabei sind die Interessen des Angeschuldigten mit den Bedürfnissen der Verfahrensökonomie in Einklang zu bringen.
Die Grenze, mit deren Überschreiten eine fehlerhafte Anklage dem weiteren Verfahren schadet, ist ebenso wie der Zeitpunkt, ab dem die Behebung eines Mangels nicht mehr statthaft erscheint, nicht absolut festzumachen; beide sind entscheidend von der Frage geprägt, welcher Stellenwert dem Schutzbedürfnis des Beschuldigten eingeräumt wird. Der zunehmenden Sensibilisierung in diesem Bereich hat die Legislative teilweise durch Gesetzesänderungen Rechnung getragen. Zugleich mußten aber auch Zugeständnisse an die Strafverfolgung gemacht werden.
Auch im gerichtlichen Zwischenverfahren kommt es oftmals zu Fehlern, die ähnliche Fragen wie bei der Anklageschrift aufwerfen. Da aber Eröffnungsbeschluß und Anklageschrift unterschiedliche Aufgaben haben, verbietet sich eine pauschale Übertragung der Ergebnisse. Vielmehr muß auch hier abgewogen werden, in welchem Maße Abweichungen vom gesetzlich vorgesehenen Verfahren hinnehmbar sind.
Im Zusammenhang mit der Erörterung dieser strafprozessualen Mängel ist der Vergleich mit dem Ordnungswidrigkeitenrecht lohnenswert. Der Bußgeldbescheid erfüllt zwar auch Funktionen, die im Strafverfahren einer Anklage zukommen. Gleichwohl werden hier die Bedürfnisse der Verfolgungsbehörden oftmals höher bewertet. Ob und in welchem Umfang dies gerechtfertigt ist, bedarf der näheren Untersuchung.
Lediglich zu Teilaspekten des hier angesprochenen Fragenkreises sind in der Vergangenheit - neben einer Vielzahl von Aufsätzen - Monographien erschienen. So untersuchten Schairer[1] und Tolksdorf[2] die Mitwirkung des befangenen Staatsanwalts am Verfahren. Die strafprozessualen Konsequenzen einer Aktenkenntnis durch Schöffen werden von Mellinghoff[3] und Kemmer[4] dargestellt. Die Abhandlung von Michler[5] befaßt sich ebenso wie Schmid[6] unter anderem mit Mängeln des Eröffnungsbeschlusses.

---

[1] Dissertation 1983.
[2] Dissertation 1988.
[3] Vgl. insb. S. 14-16.
[4] Dissertation 1989, S. 52-54.
[5] Dissertation 1989.
[6] Verwirkung S. 180-191.

In der vorliegenden Arbeit werden somit erstmals die möglichen Fehler in Anklage und Eröffnungsbeschluß systematisch gewürdigt sowie Möglichkeiten und Grenzen einer späteren Heilung aufgezeigt.

Teil 1: Allgemeines zu Anklageschrift und Eröffnungsbeschluß

Die StPO verlangt vor Beginn der Hauptverhandlung eine doppelte Prüfung der Verurteilungswahrscheinlichkeit, nämlich einerseits durch die Staatsanwaltschaft gemäß § 170 I StPO und andererseits durch das eröffnende Gericht gemäß § 203 StPO. Der dabei anzulegende Maßstab ist trotz des unterschiedlichen Wortlauts[1] identisch - sowohl in Anklageschrift als auch im Eröffnungsbeschluß geht es wegen des funktionellen Zusammenhangs um die Frage, ob der Beschuldigte einer Straftat hinreichend verdächtig ist[2].
Die Prüfung durch zwei voneinander unabhängige Justizorgane bezweckt einen möglichst weitgehenden Schutz vor einer ungerechtfertigten Hauptverhandlung[3]. Da die Hauptverhandlung regelmäßig öffentlich ist (§ 169 GVG), hat sie für den Angeklagten - unabhängig vom Ausgang des Verfahrens - diskriminierende Wirkung[4]. Das Zwischenverfahren, das hier eine negative Kontrollfunktion ausübt, wird durch die Anklageschrift eröffnet und durch den Eröffnungs- bzw. Einstellungsbeschluß abgeschlossen. Somit liegt es in der Hand der Staatsanwaltschaft, ob die Sache zu einer gerichtlichen Entscheidung gelangt[5]. Die Frage nach dem hinreichenden Tatverdacht enthält einen nicht unerheblichen Beurteilungsspielraum[6], wobei streitig ist, ob es auf die Wahrscheinlichkeit einer späteren gerichtlichen Verurteilung[7] oder auf die eigene Prognose der Staatsanwaltschaft hinsichtlich des Verurteilungsantrags am Ende der Hauptverhandlung[8] ankommt.
Will man der Eigenständigkeit der Staatsanwaltschaft[9] gegenüber dem Gericht gerecht werden, so muß der letztgenannten Auffassung zuge-

---

[1] Dieser beruht auf historischen Gründen, vgl. LR § 170/18.
[2] HM, vgl. KM § 170/1; BGH NJW 70, 1543, 1544; Lüttger GA 57, 193, 195; LR § 170/20.
[3] Schlüchter JR 90, 10, 14; ebenso in Strafprozeßrecht 90; Bottke GA 80, 298, 309; Ulsenheimer NStZ 84, 440, 443.
[4] So schon Roesen NJW 59, 1861, der die Beeinträchtigung der sozialen Stellung hervorhebt und die Erforderlichkeitsprüfung als Mittelpunkt des Zwischenverfahrens ansieht; vgl. auch Kühne 329, LR Vor § 198/11.
[5] Folge des Akkusationsprinzips, vgl. § 151 StPO.
[6] BHG NJW 70, 1543, 1544; Sailer NJW 77, 1138; Steffen DRiZ 72, 153, 155.
[7] So die hM, vgl. Krause/Thon StV 85, 252, 253; Roxin § 38/6.
[8] KM § 170/2; AK § 170/9.
[9] Eine Bindung der Staatsanwaltschaft an die Rspr. ist entgegen BGHSt 15, 155, 158 mit der hL abzulehnen, da das Legalitätsprinzip nur besagt, daß die Staatsanwaltschaft bei hinreichendem Tatverdacht Anklage erheben muß, aber nicht regelt, wer in zweifelhaften Rechtsfragen die Entscheidung zu treffen hat; die Unabhän-

stimmt werden. Letztlich führen aber beide Ansichten zum selben Ergebnis, da die Staatsanwaltschaft ihren Antrag auf Verurteilung wohl nur dann stellen wird, wenn aus ihrer Sicht eine Verurteilung durch das Gericht wahrscheinlich ist. Durch die eigene Entscheidung über die Strafwürdigkeit eines bestimmten Verhaltens tritt die Staatsanwaltschaft als selbständiges Organ der Rechtspflege gleichberechtigt neben das Gericht[10]. Somit setzt die Verurteilung voraus, daß zwei Behörden übereinstimmend ein von der Staatsanwaltschaft umschriebenes Verhalten als strafbar ansehen[11]; erst so ist dem Schutz des Beschuldigten Genüge getan[12].
Um diese Schutzfunktion erfüllen zu können, bedarf es im ordentlichen Strafverfahren einer wirksamen Anklageschrift[13] und eines ordnungsgemäßen Eröffnungsbeschlusses[14]. Sofern diese Entscheidungen fehlerhaft sind, stellt sich die Frage nach den Folgen für das weitere Verfahren. Dabei wird oftmals terminologisch zwischen wesentlichen und unwesentlichen Mängeln unterschieden[15]. Diese Einteilung ist wenig hilfreich, da mit der Einordnung des Fehlers in eine dieser Kategorien die Entscheidung über seine Wirkung getroffen ist. Besteht hierüber aber Klarheit, so ist der Begriff des wesentlichen Mangels entbehrlich[16]. Entscheidend ist vielmehr allein, ob trotz des Mangels die Funktion einer Anklageschrift bzw. eines Eröffnungsbeschlusses noch erfüllt werden kann.
Erst nachdem die Folgen eines Mangels feststehen, kann geprüft werden, ob bzw. bis zu welchem Zeitpunkt eine Heilung möglich ist und welche Maßnahmen hierzu geeignet sind[17].

---

gigkeit vom Gericht in dieser Frage ergibt sich aus Art. 20 GG und § 150 GVG. Die Pflicht zur Mitwirkung an einer einheitlichen Rechtsanwendung steht dem nicht entgegen, da eine gefestigte Rspr. nicht notwendig schon Gewohnheitsrecht ist und somit durch eine begründete Gegenauffassung abgelehnt werden kann. Vgl. dazu ausführlich LR § 170/22 f.; Roxin § 10/12; Bottke GA 80, 298, 304 ff.; Geppert Jura 82, 139, 149; aA Beulke 90 mwN.

[10] Vgl. dazu Göbel NJW 61, 856, 857; OLG Kassel GA 1892, 183.

[11] Roxin § 13/8.

[12] Bottke GA 80, 298, 309; Geppert Jura 82, 139, 149.

[13] Die Anforderungen an den Inhalt des Strafbefehls (§ 409 I 1 Nr. 1-5 StPO) und des Bußgeldbescheides (§ 66 I Nr. 1-4 OWiG) sind zwar selbständig geregelt, stimmen aber inhaltlich mit § 200 I StPO im wesentlichen überein. In den anderen besonderen Verfahren wird direkt auf § 200 StPO Bezug genommen, vgl. § 76 S. 2 JGG, §§ 266 II 2, 381 S. 2, 414 II 1, 418 III, 440 II StPO.

[14] Sofern die Durchführung eines Eröffnungsverfahrens nicht vorgeschrieben ist, kommt bestimmten richterlichen Handlungen dessen Funktion zu, vgl. § 433 I 2 StPO; daher werden die Probleme eines mangelhaften Eröffnungsbeschlusses auch hier in ähnlicher Weise relevant, vgl. LR Vor § 198/9.

[15] Vgl. BGHSt 29, 351, 355; BGH GA 80, 108; KMR § 207/34.

[16] So auch LR § 200/52; § 207/37.

[17] LR § 207/37, 38.

Teil 2: Mängel der Anklage

A. Funktionen der Anklageschrift

Der Anklage kommen vielfältige Wirkungen zu[1]: So unterbricht die Klageerhebung die Verjährung (§ 78 c I Nr. 6 StGB), der Beschuldigte wird ab Erhebung der öffentlichen Klage als Angeschuldigter bezeichnet (§ 157 StPO).

Für die Bestimmung der Funktionen ist zum einen die Festlegung des Prozeßgegenstandes in persönlicher und sachlicher Hinsicht (§ 155 I StPO) wichtig. Diese „thematische Bindung des Gerichts"[2] ist Folge des Akkusationsprinzips und schützt den Beschuldigten vor einer willkürlichen Ausdehnung der gerichtlichen Untersuchung[3].

Durch die Bezeichnung des Angeschuldigten und der prozessualen Tat (§ 264 StPO)[4] im Anklagesatz (§ 200 I 1 StPO) wird ein historischer Lebensvorgang zur Entscheidung des Gerichts gestellt[5]. Damit wird zugleich die Reichweite der materiellen Rechtskraft eines Urteils eingegrenzt (§§ 264 I, 155 I StPO). In dieser Festlegung des Prozeßgegenstandes wird die sog. Umgrenzungsfunktion der Anklageschrift gesehen[6].

Zum anderen macht die Klageerhebung die Sache bei Gericht anhängig[7]. Dadurch geht die Verfahrensherrschaft zunächst vorläufig - bis zu einer Rücknahme der Anklage durch die Staatsanwaltschaft - auf das Gericht über; es wird erstmals mit der Sache befaßt. Insofern ist die Anklageschrift ein das Hauptverfahren vorbereitender Schriftsatz[8]. Das Gericht trägt für den weiteren Verfahrensablauf die Verantwortung und ist bei der Anwendung des Strafgesetzes nicht an die gestellten Anträge gebunden (§ 155 II StPO).

Durch die verschiedenen Angaben in der Anklageschrift werden das Gericht und - über § 201 StPO - der Angeschuldigte erstmals über den konkreten Tatvorwurf und dessen vorläufige rechtliche Bewertung durch die Staatsanwaltschaft unterrichtet[9]. Die von § 200 I 1 StPO vorgeschriebene Angabe der konkreten gesetzlichen Merkmale der Straftat

---

[1] Vgl. §§ 8, 98 III, 120 III, 126 II, 147 V StPO.

[2] So Schmidt I 352.

[3] Vgl. Schmidt I 353.

[4] KM § 200/7; vgl. auch Oehler GedS-Schröder 439, 443.

[5] BGHSt 5, 225, 227; Puppe NStZ 82, 230 sieht darin den „Streitgegenstand im Strafprozeß".

[6] Vgl. LR § 200/3; BayObLG OLGSt § 200 StPO Nr. 4, 10.

[7] Vgl. Roxin 38 D I, der mit der Klageerhebung den Begriff der Rechtshängigkeit verbindet; dieser terminologische Unterschied ist ohne sachliche Bedeutung, vgl. LR § 151/12.

[8] LR § 200/3 mwN; vgl. auch Schmid Verwirkung 186.

[9] Vgl. dazu LR § 200/4; Schmidt Nachtrag I § 200/3.

informiert darüber, welche Tatbestandsmerkmale und Tatmodalitäten die Staatsanwaltschaft für gegeben erachtet. Die notwendige Mitteilung der Strafvorschriften (§ 200 I 1 StPO) ermöglicht dem Angeschuldigten, sich über deren Inhalt zu erkundigen. Anhand des wesentlichen Ermittlungsergebnisses (§ 200 II StPO) erfährt der Angeschuldigte die staatsanwaltschaftliche Bewertung des vorliegenden Beweisstoffes und ermöglicht ihm so eine sachgerechte Verteidigung. Insofern kommt der Anklageschrift eine - der Umgrenzungsfunktion gleichwertige - Informationsfunktion zu, da der Angeschuldigte nicht auf eigenes Wissen verwiesen werden darf[10].

Während die Umgrenzungsfunktion das Gebot ne bis in idem (Art. 103 III GG) konkretisiert, verwirklicht die Informationsfunktion den Anspruch des Angeschuldigten auf rechtliches Gehör (Art. 103 I GG). Unter diesem Gesichtspunkt erscheint die StPO als „Ausführungsgesetz zum GG"[11]. Die gewichtige Bedeutung, die der Anklageschrift als „prozeßtragende Entscheidung"[12] aufgrund ihrer Umgrenzungsfunktion zukommt[13], rechtfertigt es, sie als Prozeßvoraussetzung für das weitere Verfahren anzusehen[14].

Die Strafgerichte werden aber nicht nur aufgrund von Anklageschriften mit Verfahren befaßt; vielmehr kommen bei weniger schwerwiegenden Vergehen aus ökonomischen Gründen vorrangig andere Verfahrensarten in Betracht, um zu einem gerechten Interessensausgleich zu gelangen.

Viele Vergehen werden i.R.d. Strafbefehlsverfahrens (§§ 407 - 412 StPO) geahndet[15]. Beim Strafbefehl wird auf der Grundlage des staatsanwaltschaftlichen Antrages eine Tatsachen- und Schuldfeststellung durch das Gericht getroffen, das bei völliger Übereinstimmung[16] eine einseitige Straffestsetzung ohne Hauptverhandlung und Urteil ermöglicht. Die beschleunigte Verfahrenserledigung dient nicht nur der Entlastung der Gerichte, sondern liegt auch im Interesse des Beschuldigten, der - neben der Ersparnis von Kosten und Zeit - wegen der fehlenden Öffentlichkeit keinen Ansehensverlust zu befürchten hat[17].

Durch rechtzeitige Einspruchseinlegung (§ 410 I 1 StPO) kann der Betroffene die Durchführung einer Hauptverhandlung erzwingen[18]; in dieser

---

[10] Schlüchter JR 90, 10, 12; Puppe NStZ 82, 230, 231.

[11] Vgl. BGHSt 19, 325, 330.

[12] Peters § 50 I.

[13] So Rieß OLGSt § 200 StPO Nr. 1, 3.

[14] Krause/Thon StV 85, 252, 253; Peters § 55 I; Schmidt I 129.

[15] 1990 hatte der Strafbefehl einen Anteil von 16,5% an den von der Staatsanwaltschaft erledigten Verfahren (so BT-DS XIII/4541, 14); dies belegt seine große Bedeutung für die Entlastung der Strafjustiz.

[16] Vgl. unten Teil 3 A zur Frage, ob auf Seiten des Gerichts ein bloßer Verdacht ausreicht oder ob die Überzeugung wie bei § 261 StPO zu fordern ist.

[17] Vgl. BVerfG NJW 69, 1103, 1104; Roxin § 66/2.

[18] Damit ist Art. 6 I MRK Genüge getan, vgl. EGMR NJW 93, 717.

ersetzt der Strafbefehlsantrag die Anklage, der Strafbefehl übernimmt die Funktionen des Eröffnungsbeschlusses[19]. Diese Aufgabenerfüllung im gerichtlichen Verfahren hat zur Folge, daß der Strafbefehl trotz der Abstriche, die ihm wegen seines summarischen Charakters zugestanden werden müssen, den Mindestanforderungen der Abgrenzungs- und Informationsfunktion in gleicher Weise wie die Anklageschrift gerecht werden muß. Darüber hinaus kommt dem Strafbefehl für den Fall des unterbliebenen oder unzulässigen Einspruchs die Funktion eines Vollstreckungstitels zu (§ 409 I Nr. 9 StPO).
Der Bußgeldbescheid, mit dem die Verwaltungsbehörde eine Ordnungswidrigkeit gemäß § 65 OWiG ahndet, ist dem Strafbefehl nachgebildet[20]; dies macht ein Vergleich der Anforderungen an den Inhalt eines Strafbefehls in § 407 I 1 Nr. 1-7 StPO mit denen des Bußgeldbescheides nach § 66 I, II OWiG deutlich, die inhaltlich identisch sind. Die Gegenüberstellung dieser Vorschriften mit § 200 StPO, der für alle Arten der Anklageerhebung gilt[21], läßt erkennen, daß für alle Formen der Einleitung eines strafrechtlichen Verfahrens die gleichen gesetzlichen Maßstäbe gelten[22].
Aus Gründen der Übersichtlichkeit beschränkt sich diese Arbeit auf die Fehler im ordentlichen Strafverfahren und gibt im übrigen jeweils einen Überblick über die korrespondierenden Probleme im Ordnungswidrigkeitenverfahren. Die in den anderen Verfahrensarten teilweise auftretenden Abweichungen hinsichtlich der Anforderungen sind in deren Besonderheiten begründet[23] und werden aus Gründen der Verständlichkeit nur am Rande angesprochen.

---

[19] BGHSt 23, 280, 281; OLG Düsseldorf StV 89, 473; BayObLGSt 62, 143, 144; OLG Zweibrücken MDR 87, 164; LG München II NJW 65, 774, 775; kritisch LR § 408/ 39.

[20] OLG Frankfurt NJW 70, 159, 160.

[21] Also neben der ordentlichen Anklage (§ 200 StPO) auch die Anklage im beschleunigten Verfahren (§ 418 III StPO), die Nachtragsanklage (§ 266 II 2 StPO) und der Antrag im vereinfachten Jugendverfahren (§ 76 S. 2 JGG); für die Privatklage (§ 381 S. 2 StPO), den Antrag im Sicherungsverfahren (§ 414 II 1 StPO) und den Antrag im selbständigen Einziehungsverfahren (§ 440 II StPO) gelten die gleichen Anforderungen.

[22] LR § 200/1.

[23] Vgl. bezgl. Privatklage Bohlander NStZ 94, 420, 421.

B. Fehlen der Anklageschrift

I. Unterbliebene Anklageerhebung

Das Vorhandensein einer Anklage ist wegen der grundlegenden Bedeutung für den Fortgang des Verfahrens Prozeßvoraussetzung. Fehlt es von vornherein an der vorgeschriebenen Erhebung der öffentlichen Klage, so darf das Verfahren nicht eröffnet werden[1]. Andernfalls läge ein Verstoß gegen das in § 151 StPO normierte Akkusationsprinzip vor; der Richter würde selbst den Prozeßgegenstand bestimmen[2].
Sollte gleichwohl trotz Fehlens der Anklageschrift irrtümlich das Verfahren eröffnet worden sein, so ist es wegen Fehlens einer Prozeßvoraussetzung von Amts wegen einzustellen[3]; ob dies nach § 206 a StPO durch Beschluß außerhalb der Hauptverhandlung oder gemäß § 260 III StPO in der Form eines Urteils geschieht, hängt vom Stand des Verfahrens ab[4].
Ebenso verhält es sich im Ordnungswidrigkeitenverfahren; auch hier setzt die Wirksamkeit des Bußgeldbescheides seinen Erlaß voraus. Dies erfordert die vollständige aktenmäßige Niederlegung zur Kenntnis von Personen außerhalb der Verwaltungsbehörde sowie die zweifelsfreie Erkennbarkeit eines die Entscheidung tragenden Willens des Behördenbediensteten[5]. Die behördeninterne Verfügung, die lediglich den Abschluß der Ermittlungen gemäß § 61 OWiG feststellt und die Höhe der Geldbuße bestimmt, erschöpft sich in der Anordnung, einen entsprechenden Bescheid zu entwerfen und stellt selbst noch keinen Erlaß dar[6].

II. Verlust der Anklageschrift

Häufiger als das vollständige Fehlen ist in der Praxis das nachträgliche Abhandenkommen einer Anklageschrift. Dies bedeutet aber nicht automatisch, daß das Verfahren wegen des Fehlens einer Prozeßvoraussetzung einzustellen ist[7]. Vielmehr ist es Aufgabe des Gerichts, den Inhalt der Anklageschrift im freibeweislichen Verfahren zu rekonstruieren[8]; nur sofern dies nicht möglich ist - also wenn Angeschuldigter und vorgewor-

---

[1] Schlüchter JR 90, 10, 14; LR 200/55.
[2] Das war im Inquisitationsprozeß des 19. Jahrhunderts der Fall, vgl. Roxin § 13/2.
[3] Vgl. Kohlhaas GA 55, 65, 68; RGSt 67, 59, 62.
[4] Sofern versehentlich die Hauptverhandlung durch Beschluß beendet wird, ist diese Entscheidung als Urteil zu behandeln, vgl. OLG Köln JR 66, 429 mwN.
[5] OLG Düsseldorf NJW 70, 1937.
[6] KK-OWiG § 65/10.
[7] Vgl. Schmidt Nachtrag I § 200/23.
[8] AA Többens NStZ 82, 184 ff., der sich gegen den Freibeweis bei Prozeßvoraussetzungen ausspricht.

fene Tat nicht feststellbar sind[9] -, schadet der Verlust dem Verfahrensfortgang. Je nach Verfahrenslage kommt dann eine Klagerücknahme durch die Staatsanwaltschaft (§ 156 StPO) oder eine Verfahrenseinstellung durch das Gericht (§ 206 a bzw. § 260 III StPO) in Betracht[10]; der unbehebbare Mangel steht dem gänzlichen Fehlen der Anklageerhebung gleich[11].

Die Anklageschrift ist Prozeßvoraussetzung, wobei es nicht auf die Urkunde, sondern auf die tatsächlich erfolgte Entscheidung der Staatsanwaltschaft ankommt; der Verbleib der Anklageschrift ist auch nicht mittelbar dadurch Verfahrensvoraussetzung, daß Erlaß und Inhalt ausschließlich durch die Urschrift nachgewiesen werden könnte[12]. Vielmehr hat die Feststellung aufgrund aller verfügbaren Beweismittel zu erfolgen.

Dafür kommt zunächst der gesamte Akteninhalt des Verfahrens in Betracht, wobei insbesondere Ablichtungen[13] und Durchschriften[14] den Erlaß der Anklageschrift beweisen. Die Rekonstruktion kann auch anhand des Eröffnungsbeschlusses oder eines Protokolls erfolgen[15]. Ferner können die Unterlagen eines Parallelverfahrens herangezogen werden[16].

Strittig ist, ob der Verteidiger[17] zur Mitwirkung an der Rekonstruktion aus standesrechtlicher Sicht verpflichtet ist, da er einerseits selbständiges Organ der Rechtspflege (§ 1 BRAO), andererseits Interessenvertreter seines Mandanten ist (§ 3 BRAO). Da der Verteidiger seine Kenntnis des Akteninhalts nicht vom Mandanten, sondern von der aktenführenden Behörde bezog, steht einer Herausgabe des sog. Amtsteils kein schutzwürdiges Interesse des Mandanten entgegen[18].

Auch beim Bußgeldbescheid ist allein die im Freibeweis festzustellende Tatsache des Erlasses Prozeßvoraussetzung, nicht dagegen der Verbleib bei den Akten[19].

---

[9] Vgl. LR § 200/55.

[10] Vgl. aber Schmid FS-Lange 781, 785, der bei irreparablem Verlust die Bekanntmachung gemäß § 243 III 1 StPO „auf andere Weise" für möglich hält und so die Einstellung nicht für notwendig erachtet.

[11] Vgl. oben I.

[12] Vgl. OLG Düsseldorf VRS 61, 278, 279; BGHSt 23, 280, 281; aA LG Wiesbaden DAR 70, 24 für den Bußgeldbescheid.

[13] OLG Düsseldorf VRS 61, 278, 279.

[14] OLG Frankfurt NJW 70, 159, 160.

[15] Vgl. Kohlhaas GA 55, 65, 68

[16] Sehr weitgehend OLG Hamm VRS 40, 204, wo eine Hauptverhandlung ohne Vorliegen von Akten durchgeführt wurde.

[17] Da der Beschuldigte nicht bei seiner Verurteilung mithelfen muß, kann er nicht zur Rekonstruktion verpflichtet werden; vgl. auch LG Wiesbaden DAR 70, 24, 25.

[18] So auch Rösmann NStZ 83, 446 ff.; aA Waldowski NStZ 84, 448 ff. mwN.

[19] BGHSt 23, 280, 281; OLG Köln VRS 38, 199, 200; OLG Frankfurt NJW 70, 159,

III. Heilung

1. Verzicht auf die Anklage

Das Fehlen der Entscheidung nach § 170 I StPO wäre unschädlich, wenn durch einvernehmliche Erklärung der Prozeßbeteiligten auf dessen Einhaltung verzichtet werden könnte. Die dafür notwendige Dispositionsbefugnis bemißt sich nach den Funktionen, die die Anklage zu erfüllen hat[20].

Während dies für die Informationsfunktion, wodurch der Angeschuldigte und das Gericht über den erhobenen Vorwurf unterrichtet werden sollen, noch denkbar erscheint, ist zumindest im Hinblick auf die Umgrenzungsfunktion ein Verzicht unzulässig. Mit der Bestimmung des Prozeßgegenstandes wird ein Ziel verfolgt, das aufgrund der allgemeinen Belange von Rechtssicherheit und Rechtsklarheit unverzichtbar ist[21]. Diese Bedeutung rechtfertigt es einerseits, in der Anklage eine Prozeßvoraussetzung zu sehen, verbietet es aber zugleich, dieses Erfordernis zur Disposition der Beteiligten zu stellen[22].

2. Nachholung

Aus § 156 StPO ergibt sich, daß die Eröffnung des Hauptverfahrens einen Einschnitt in die Herrschaft über das Verfahren darstellt: Bis zu diesem Zeitpunkt kann die Anklage zurückgenommen werden. Folglich kann die Staatsanwaltschaft bis zur Eröffnung eine Anklage nachreichen, wenn die Akten versehentlich ohne Anklageschrift an das Gericht weitergegeben wurden.

Sofern das Gericht ohne Vorliegen einer Anklageschrift die Eröffnung des Hauptverfahrens beschlossen hat, ist darin ein Verstoß gegen das Akkusationsprinzip (§ 155 I StPO) zu sehen[23]; das Gericht hat dann die Grenzen des Verfahrensgegenstandes selbst festgelegt. Die Nachholung der Anklageschrift wäre reiner Formalismus, die gesetzlich vorgesehene Reihenfolge einer Erstentscheidung der Staatsanwaltschaft und deren Bestätigung durch das Eröffnungsgericht[24] würde umgekehrt.

160; OLG Oldenburg NJW 70, 719; OLG Hamm VRS 40, 204; OLG Düsseldorf VRS 61, 278, 279; Demuth VOR 73, 44, 59; KK-OWiG § 65/40.

[20] Vgl. dazu oben Teil 2 A.

[21] Vgl. BGHSt 13, 157, 161; 26, 84, 91.

[22] So bereits RGSt 67, 59, 62; Schmid Verwirkung 188 Fn 108; RG JW 28, 2262 mit Anm Oetker JW 28, 2260.

[23] Dies soll nach Schmid Verwirkung 187 unschädlich für das Verfahren sein.

[24] Vgl. dazu die Änderung des Wortlautes von § 207 I StPO durch Art. 7 Nr. 5 StPÄG 1964; siehe dazu Göbel MDR 62, 437.

Denkbar wäre es, nach der Eröffnung der Hauptverhandlung vor dem Amtsgericht das Fehlen der Anklageschrift durch einen Strafbefehlsantrag[25] zu heilen, § 408 a I 1 StPO. Voraussetzung dafür ist aber das Hinzukommen eines besonderen Übergangsgrundes. Das Fehlen der Anklageschrift stellt keinen solchen dar; dieser Mangel steht nicht nur der tatsächlichen Durchführung der Hauptverhandlung entgegen, sondern es bestand bereits ein Prozeßhindernis für dessen Eröffnung. Dies ist von § 408 a StPO nicht erfaßt[26].
Es besteht auch kein praktisches Bedürfnis für die Statthaftigkeit einer Nachholung, da die zwingend vorgesehene Einstellung keine Sachentscheidung darstellt und somit einer neuen Anklageerhebung nicht im Wege steht[27].

3. Schaffung neuer prozessualer Situationen

Sowohl das beschleunigte Verfahren als auch die Nachtragsanklage sehen die Möglichkeit vor, innerhalb der Hauptverhandlung eine Anklage ohne Anklageschrift zu erheben. Es wird daher diskutiert, ob das Fehlen der Anklageschrift durch einen Wechsel in eine dieser Verfahrensarten geheilt werden kann[28].

a. Beschleunigtes Verfahren gemäß §§ 417-420 StPO

Aus den unter 2. ausgeführten Gründen stellt der Erlaß eines Eröffnungsbeschlusses[29] die äußerste Grenze für den Übergang vom ordentlichen in das beschleunigte Verfahren dar[30]. Dies ergibt sich auch aus § 418 I StPO[31], wonach der Wegfall des formellen Zwischenverfahrens Wesensmerkmal des beschleunigten Verfahrens ist[32].
Vor diesem Zeitpunkt ist der Verfahrenswechsel unbedenklich. Das Problem eines entgegenstehenden Antrages auf Eröffnung des ordent-

---

[25] Mit der Funktion einer Anklageschrift, vgl. OLG Düsseldorf StV 89, 873.
[26] Vgl. LR § 408 a/14.
[27] Vgl. BGHSt 7, 64, 66; BayObLG JR 86, 430, 432.
[28] Vgl. LR § 200/55 Fn 54; RG JW 28, 2262, 2263; Schmid Verwirkung 187 ff.
[29] Das Gesetz sieht dafür einen Zeitpunkt vor Beginn der Hauptverhandlung vor; ob dennoch nach Beginn der Hauptverhandlung trotz fehlender Eröffnungsentscheidung ein Verfahrenswechsel statthaft ist, ist umstritten. Vgl. hierzu unten Teil 3 B III 2.
[30] AA Schmid Verwirkung 187 ohne nähere Begründung.
[31] Die frühere Regelung in §§ 212-212 b StPO wurde mit Wirkung vom 01.12.1994 als Folge des Verbrechungsbekämpfungsgesetzes durch §§ 417-420 ersetzt; vgl. hierzu König/Seitz NStZ 95, 1, 4 ff.
[32] LR § 212/19: Der Antrag nach § 417 StPO würde ins Leere gehen.

lichen Verfahrens (§ 199 II 1 StPO) und der damit verbundenen Wertungen ist hier[33] nicht relevant, da ein solcher Antrag gemäß § 199 II 1 StPO Teil der Anklageschrift sein müßte; beim vollständigen Fehlen der Anklageschrift fehlt zwangsläufig auch dieser Eröffnungsantrag.
Das beschleunigte Verfahren ist wegen der Möglichkeit einer mündlichen Anklageerhebung nach Prozeßbeginn (§ 418 III 2 StPO) für den Fall einer bislang fehlenden Anklageschrift interessant[34]. Der Vortrag muß inhaltlich den Anforderungen des § 200 I 1 StPO entsprechen und tritt dabei an die Stelle der Verlesung des Anklagesatzes (§ 243 III 1 StPO)[35]. Dieser Vorteil gegenüber der Nachholung (vgl. oben 2.) kommt aber nur dann zum Tragen, wenn wegen § 418 II 1 StPO keine Ladung des Beschuldigten erforderlich ist; andernfalls muß ihm gemäß § 418 II 2 StPO mitgeteilt werden, welcher Vorwurf erhoben wird, da § 201 StPO im beschleunigten Verfahren nicht gilt[36]. Diese Mitteilung erfolgt regelmäßig durch Beifügung der Anklageschrift bzw. bei deren Fehlen durch eine Tatbeschreibung, die inhaltlich dem Anklagesatz (§ 200 I 1 StPO) entspricht[37]. Sofern also keine Anklageschrift vorliegt und der Beschuldigte vorzuladen ist, bedeutet der Übergang wegen der dann notwendig werdenden Tatbeschreibung keine Erleichterung gegenüber dem ordentlichen Verfahren. Vielmehr müssen zusätzlich die Voraussetzungen des § 417 StPO vorliegen, wobei der Wechsel auf das amtsgerichtliche Verfahren beschränkt ist. Auch wegen der Gefahren einer Doppelbestrafung (Art. 103 III GG) erscheint eine Anklage in Schriftform stets vorzugswürdig[38].
Eine vergleichbare Verfahrensvereinfachung gibt es auch im Ordnungswidrigkeitenrecht beim Verwarnungsverfahren nach § 56 OWiG. Demnach können die Verwaltungsbehörden bzw. die von der obersten Dienstbehörde ermächtigten Polizeibeamten (§§ 57, 58 OWiG) bei geringfügigen Ordnungswidrigkeiten mündlich oder schriftlich eine Verwarnung erteilen, die keinen besonderen Formvorschriften genügen muß[39]. Diese Verwarnung kann kostenlos erfolgen oder mit einem Verwarnungsgeld von DM 5,- bis DM 75,- belegt werden.

---

[33] Anders beim Eröffnungsbeschluß, sofern dort die Anklageerhebung mit Eröffnungsantrag gemäß § 199 II 1 StPO erfolgt ist; vgl. unten Teil 3 B III 3a.
[34] Kritisch Dünnebier GA 59, 272, 273 f. unter Hinweis auf das angloamerikanische Verfahren.
[35] LR § 212 a/4, 5.
[36] LR § 212 a/25.
[37] Schmidt II § 212 a/10; beachte dazu Art. 6 III a MRK.
[38] So auch Dünnebier GA 59, 272, 274.
[39] KK-OWiG § 56/15; OLG Köln VRS 75, 219, 221; Jagusch/Hentschel StVG § 27/7.

Umstritten ist dabei, ob die Behörde in der Wahl des Verfahrens uneingeschränkt ist[40] oder bei geringfügigen Verfehlungen das Verwarnungsverfahren aus Gründen der Rechtstaatlichkeit vorzuziehen hat[41]. Für die letztgenannte Auffassung spricht dabei neben der gesetzgeberischen Tendenz[42] der Blick auf die Kosten, die beim Bußgeldbescheid zusätzlich[43] zum Verwarnungsgeld nach BKatV kommen[44].

b. Nachtragsanklage gemäß § 266 StPO

Die Nachtragsanklage eröffnet der Staatsanwaltschaft die Möglichkeit, durch eine in der Hauptverhandlung mündlich erhobene Anklage dem Gericht eine prozessual selbständige Tat zur Entscheidung vorzulegen. Dabei setzt § 266 I StPO „weitere Straftaten des Angeklagten" voraus, was begriffsnotwendig die Rechtshängigkeit eines anderen Verfahrens bedingt[45].
Gleichwohl wird die Auffassung vertreten, daß durch analoge[46] Anwendung des § 266 StPO ein Verfahren, das ohne einer vorliegenden Anklageschrift begonnen wurde, geheilt werden könne[47]. Gefolgert wird dies aus einem argumentum a maiore: Wenn § 266 StPO die Aburteilung einer Tat erlaube, die bisher überhaupt nicht Verfahrensgegenstand war, so müsse dies erst recht für ein Verfahren gelten, das - wenn auch fehlerhaft - bereits im Gang ist[48].
Wie bereits oben zu 2. ausgeführt, mißachtet diese Vorgehensweise die gesetzliche Reihenfolge der Tatverdachtsprüfung. Beginnt das Gericht mit der Hauptverhandlung, ohne daß zuvor die Staatsanwaltschaft den Verfahrensgegenstand festgelegt hat, so wird dadurch gegen § 155 I

---

[40] OLG Koblenz VRS 74, 389, 390; OLG Düsseldorf NZV 91, 441; BayObLG VRS 77, 138, 139; OLG Hamm VM 68, 43, 44; OLG Köln VRS 75, 219, 221 mit Anm Göhler NStZ 89, 62, 64.

[41] AG Krefeld NJW 91, 52 mit Anm Göhler NStZ 91, 293; zu weit dagegen AG Kassel NZV 90, 326 mit abl. Anm Göhler NStZ 91, 73, 74, da hier tatsächlich ein Verwarnungsangebot gemacht wurde.

[42] Vgl. BT-DS V/2600/01, 24; ferner § 3 I VerwarnVwV.

[43] § 56 III 2 OWiG.

[44] Gebühren nach § 107 II OWiG (DM 25,-) sowie Auslagen für Zustellung nach § 107 III Nr. 2 OWiG; diese Mindestgebühren sind verfassungsgemäß, vgl. AG Wolfratshausen NJW 95, 671, 672.

[45] BGH JZ 71, 105, 106; Achenbach MDR 75, 19, 20; Oetker JW 28, 2260, 2261; zw. LR 200/55 Fn 54; für Bußgeldbescheid nach Einspruch vgl. BayObLG JR 70, 311.

[46] Zur Statthaftigkeit einer Analogie vgl. unten Teil 3 B III 3 b.

[47] So RGSt 56, 113; Schmid Verwirkung 190 Fn 116 mwN; abl. Schmidt II § 266/5 zur Nachtragsanklage im Berufungsverfahren als Heilung des erstinstanzlichen Fehlers.

[48] RGSt 56, 113, 114.

StPO verstoßen: Denn entweder ist der Gegenstand des Prozesses überhaupt nicht bestimmt, so daß der Beschuldigte sich wegen aller denkbaren Vergehen verteidigen müßte, oder der Verfahrensgegenstand wurde vom Gericht selbst festgelegt, wodurch es seine Kompetenzen überschreitet. § 207 II StPO billigt dem Gericht nur eine auf die angeklagte Tat beschränkte Änderungsbefugnis zu[49].
Auch bei § 266 StPO wird diese Reihenfolge eingehalten, da die Staatsanwaltschaft die Nachtragsanklage in der wegen einer anderen Tat begonnenen Hauptverhandlung erhebt und das Gericht durch anschließenden Beschluß diese weitere Tat einbezieht, wobei dieser Gerichtsentscheidung die Wirkung eines Eröffnungsbeschlusses zukommt[50]. Bei einer analogen Anwendung dieser Vorschrift würde hingegen gerade der Lebenssachverhalt einer richterlichen Tatverdachtsprüfung zugeführt werden, der dazu beigetragen hat, daß der Betroffene gegenwärtig vor Gericht steht. Der vom Gesetzgeber beabsichtigte Schutz vor einer ungerechtfertigten Hauptverhandlung kann - ebenso wie bei der Nachholung - nicht mehr erreicht werden.
Die Gegenauffassung sieht in der analogen Anwendung des § 266 StPO ein adäquates Mittel zur „Vermeidung unnötiger Weitläufigkeiten“[51]. Daß diese Argumentation verfehlt ist, liegt auf der Hand: Die „Weitläufigkeiten“ - gemeint ist die Einstellung des Verfahrens mit der Notwendigkeit einer neuen Anklageerhebung durch die Staatsanwaltschaft - würden am effektivsten vermieden, wenn auf das Erfordernis der Anklageschrift gänzlich verzichtet würde. Dies ist aus den oben zu 1. genannten Gründen unhaltbar.
Im Ordnungswidrigkeitenverfahren scheitert eine solche Heilung des fehlenden Erlasses bereits daran, daß es dort keine dem § 266 StPO entsprechende Ergänzung gibt, da die Staatsanwaltschaft nicht primär für die Verfolgung von Ordnungswidrigkeiten zuständig ist[52].

---

[49] Vgl. KM § 207/2.
[50] BayObLG NJW 53, 674; BGHSt 9, 243, 245.
[51] RGSt 56, 113, 114.
[52] BayObLG VRS 38, 365, 366; OLG Koblenz VRS 60, 49, 50; 60, 459, 460; 63, 140, 142; 63, 372, 373; OLG Karlsruhe Justiz 91, 426, 427; BayObLG NJW 94, 2303, 2304; Göhler § 71/52; KK-OWiG § 71/105.

C. Verfahrensmängel

I. Zuständigkeit der Behörde

1. Sachliche Zuständigkeit

Die Anklageerhebung durch eine sachlich unzuständige Behörde ist in der Praxis aufgrund der eindeutigen gesetzlichen Regelungen nur schwer vorstellbar. Der Vollständigkeit halber sei darauf hingewiesen, daß weder die Polizei[1] noch der einer Staatsanwaltschaft zugeordnete Wirtschaftsreferent[2] zur Anklageerhebung berufen sind; beide haben als bloße Gehilfen der Staatsanwaltschaft keine eigene Verfahrensherrschaft. Ein davon abweichendes Vorgehen würde keine ordnungsgemäße Verfahrensgrundlage darstellen[3]. Bei einem derart schwerwiegenden Mangel ist der Sachverhalt ebenso zu bewerten wie beim Fehlen der Anklageschrift[4].
Allein die Staatsanwaltschaft ist gemäß § 152 I StPO zur Erhebung der öffentlichen Klage berechtigt, wobei die Amtsausübung gemäß § 142 GVG gesetzlich verteilt ist. Sofern ein danach für das angegangene Gericht sachlich unzuständiger Amtsträger Anklage erhebt, gibt er eine rechtsgestaltende Prozeßerklärung ab, zu der er nicht berufen ist[5]. Dies wäre der Fall, wenn der Amtsanwalt entgegen §§ 142 I Nr. 3, 145 II GVG beim Landgericht[6] oder der Staatsanwalt entgegen § 142 a I GVG beim Oberlandesgericht tätig wird[7]. Dasselbe gilt aus Gründen der Justizhoheit, wenn der Generalbundesanwalt außerhalb des § 142 a GVG auftritt[8]. Eine Mißachtung der Hierarchie innerhalb der Staatsanwaltschaft stellt einen so schwerwiegenden Verstoß dar, daß die Anklage unwirksam ist[9]. Eine solche Erklärung ist vom Gericht zurückzuweisen bzw. nicht zu berücksichtigen[10]; eine Neuvornahme bzw. eine Genehmigung durch die zuständige Behörde ist mit ex nunc-Wirkung möglich[11].
Von dieser absoluten Unzuständigkeit ist der Fall zu unterscheiden, daß zwar die sachlich zuständige Staatsanwaltschaft Anklage erhoben hat,

---

[1] Vgl. Schmidt I 130.
[2] Vgl. OLG Zweibrücken MDR 79, 425.
[3] So auch KMR § 200/55.
[4] Vgl. oben B I.
[5] Vgl. BayObLG NJW 74, 761 zur Beschränkung der Berufung durch Amtsanwälte.
[6] Zu den weitergehenden Einschränkungen durch Nr. 21 ff. OrgStA vgl. unten II 1.
[7] Vgl. zur sog. Sequenzzuständigkeit der Staatsanwaltschaft Kissel § 142/2; KK § 142 GVG/3; Schmidt I 134; BayObLG NJW 74, 761.
[8] Kissel § 141/25.
[9] Vgl. KM § 142 GVG/18; Kissel § 142/3, 4.
[10] So Kissel § 142/11; BayObLGSt 61, 75.
[11] Vgl. Kissel § 142/4; Schmidt I 132.

sich aber die Zuständigkeit des Gerichts später aufgrund einer abweichenden Wertung oder eines Irrtums der Staatsanwaltschaft ändert. Eine solche Anklageschrift behält sowohl bei der Eröffnung gemäß § 209 I StPO als auch bei der Vorlage (§ 209 II StPO) wie auch bei der Verweisung in der Hauptverhandlung (§§ 270, 328 II, 355 StPO) ihre Gültigkeit[12].

Dagegen gibt die sachliche Unzuständigkeit bei Ordnungswidrigkeiten Anlaß zu weitergehenden Ausführungen. Weder das Gericht noch die Staatsanwaltschaft (außer wenn sie selbst Verwaltungsbehörde ist) darf einen Bußgeldbescheid erlassen[13]. Das Fehlen der sachlichen Zuständigkeit ist grundsätzlich ohne Einfluß auf die Wirksamkeit, sofern dadurch nicht der Bußgeldbescheid selbst nichtig[14] wird[15]. Gesetzliche Vorschriften über die Nichtigkeit des Bußgeldbescheides fehlen. Zwar stellt der Bußgeldbescheid einen Verwaltungsakt besonderer Art dar[16], doch ist § 44 I VwVfG wegen § 2 I Nr. 2 VwVfG nicht einschlägig.

Der dieser Vorschrift zugrundeliegende allgemeine Rechtsgedanke findet aber gleichwohl Anwendung[17], so daß die Nichtigkeit nur dann eintritt, wenn ein besonders schwerer Mangel vorliegt, der bei verständiger Würdigung aller Umstände offenkundig ist[18]. Zwar stellt das Fehlen der sachlichen Zuständigkeit einen schweren Mangel dar[19]. Hingegen ist die Evidenz des Mangels regelmäßig problematisch, da hierfür die bloße Erkennbarkeit aus dem Gesetz nicht genügt; der Fehler muß sich dem unvoreingenommenen und verständigen Betrachter geradezu aufdrängen[20]. Dies ist dann der Fall, wenn eine Zuständigkeit der tätig gewordenen Behörde unter keinem denkbaren Aspekt in Betracht kommt[21].

Im Rahmen der Kompetenzverfehlungen ist danach zu unterscheiden, ob anstelle einer unteren Behörde diejenige einer höheren Stufe gehandelt

---

[12] Vgl. auch BayObLGSt 73, 5, 8.

[13] OLG Hamm NJW 70, 1805; vgl. zur Fehlerfolge LR Einl Kap. 16/3 Fn 4, dessen Einwände aber im Widerspruch zur Evidenztheorie stehen.

[14] Im Unterschied zum allgemeinen Sprachgebrauch bedeutet „Unwirksamkeit" und „Nichtigkeit" im rechtlichen Sinn nicht dasselbe: Während unter „Unwirksamkeit" die mangelnde Eignung als Verfahrensgrundlage verstanden wird, meint „Nichtigkeit" die fehlende rechtliche Existenz; vgl. Demuth VOR 73, 44, 51.

[15] Rechtliche Folge der Nichtigkeit ist die Unbeachtlichkeit der Entscheidung, so daß durch einen solchen Bußgeldbescheid die Verjährung nicht unterbrochen wird, vgl. § 33 I Nr. 9 OWiG.

[16] Vgl. BT-DS V/1296, 32; Demuth VOR 73, 44, 46.

[17] BayObLGSt 83, 158, 159.

[18] BGHSt 21, 74, 76.

[19] Kopp § 44/11.

[20] Vgl. KK-OWiG § 36/32; § 65/20 mwN.

[21] BayObLGSt 73, 5, 11 mwN.

hat. Hier tritt keine Nichtigkeit ein, da es - anders als im Verwaltungsrecht - nicht zum Verlust einer Rechtsmittelinstanz kommen kann[22]. Wird statt der höheren Behörde eine nachgeordnete tätig, so wird damit der vom Gesetzgeber verfolgte Zweck - einheitliche Handhabung des Rechts wegen höherer Sachkenntnis - umgangen[23]. Die für die Nichtigkeitsfolgen nötige Evidenz ist aber zumindest dann zu verneinen, wenn der nachgeordneten Behörde für die dem Bescheid zugrundeliegenden Umstände die Vollzugskompetenz zusteht[24].

Auch im Rahmen der ressortmäßigen Zuständigkeitsverfehlung hat sich die Fehlerfolge an der Offenkundigkeit zu orientieren. Daher kann bei einer zweifelhaften Rechtslage der von einer solchermaßen unzuständigen Behörde erlassene Bescheid nicht nichtig sein[25]. So ist der von der unzuständigen Behörde erlassene Bußgeldbescheid mangels Offenkundigkeit des Fehlers wirksam, sofern ein Verhalten sowohl einen Verstoß gegen die EBO wie auch gegen die StVO darstellen kann[26]. Auch bei einem Bußgeldbescheid, den das Bahnpolizeiamt wegen eines Parkverstoßes auf dem als „DB-Anlage" gekennzeichneten Bahnhofsvorplatz erläßt, ist wegen des faktischen Bezuges trotz sachlicher Unzuständigkeit ebenfalls Wirksamkeit anzunehmen[27].

Solange also der Mangel in der sachlichen Zuständigkeit nicht auf der Hand liegt[28], ist der Bußgeldbescheid nicht nichtig und somit wirksam im Sinne einer ordnungsgemäßen Verfahrensgrundlage, da die Abgrenzungsfunktion nicht berührt wird.

Diese unterschiedliche Bewertung desselben Fehlers in Strafsachen und Ordnungswidrigkeiten ist gerechtfertigt, wenn man sich die jeweiligen Eigenschaften vergegenwärtigt: Die Anklageschrift stellt die erste Hälfte einer zweigeteilten Tatverdachtsprüfung vor Eröffnung der Hauptver-

---

[22] BayObLGSt 73, 5, 12.

[23] BayObLG VRS 41, 445, 448. Dies genügt nicht für die Augenscheinlichkeit i.S.d. Evidenztheorie; offengelassen von BayObLGSt 73, 5, 13 a.E., OLG Hamm DAR 73, 163.

[24] BayObLGSt 83, 158, 160; OLG Koblenz GewA 76, 68. Bemerkenswert ist der Hinweis in BGHSt 27, 196, 199, daß wegen der „Verzahnung der Aufgabenbereiche der Kartellbehörden" keine Offenkundigkeit und damit keine Nichtigkeit gegeben ist.

[25] So zu Recht zum „Volkszählungsboykott" OLG Köln NJW 88, 1606; aA AG Herford NJW 88, 1607, 1608; ebenso für die fehlerhafte Bestimmung der Behörde gemäß § 26 I 1 StVG: KG VRS 72, 456, 460; Hanseatisches OLG VRS 74, 370, 372.

[26] BayObLG VRS 46, 58, 60; vgl. dazu KK-OWiG § 36/34.

[27] AA OLG Celle VRS 45, 226, 228; OLG Hamm VRS 56, 159, 160. Vgl. zur Kritik Göhler § 36/15; KK-OWiG § 36/35 a.E.; im Ergebnis ebenso KG VRS 44, 71, 74.

[28] Vgl. Demuth VOR 73, 44, 46: Bußgeldbescheid des Finanzamtes wegen einer Verkehrsordnungswidrigkeit.

handlung dar, während der Bußgeldbescheid nach Einspruchseinlegung lediglich den erhobenen Vorwurf festlegt[29]; auf die inhaltliche Richtigkeit des Bußgeldbescheides kommt es nicht mehr an, so daß der Frage, wer den Bescheid erlassen hat, im Gegensatz zu der fortwirkenden Bejahung des Tatverdachtes in der Anklageschrift nur eine untergeordnete Bedeutung zukommen kann[30].

2. Örtliche Zuständigkeit

Die örtliche Zuständigkeit der Staatsanwaltschaft bemißt sich nach der Zuständigkeit des Gerichts, für das die Staatsanwaltschaft bestellt ist (§ 143 I GVG). Wenn eine Sache zur örtlichen Zuständigkeit der Staatsanwaltschaft gehört, so kann der jeweilige Sachbearbeiter seine diesbezügliche Amtstätigkeit im gesamten Geltungsgebiet des GVG ausüben[31].
Ein örtlich unzuständiger Staatsanwalt kann nur bei Gefahr im Verzug (§ 143 II GVG), als ermächtiger Schwerpunkt-Staatsanwalt (§ 143 IV GVG)[32] bzw. aufgrund einer Substitution (§ 145 I GVG) wirksam solche Handlungen vornehmen, für die an sich ein Gericht außerhalb seines Bezirkes zuständig ist. Sofern nicht einer dieser Sonderfälle vorliegt, sondern beispielsweise der Staatsanwalt des einen LG bei einem anderen LG Anklage erhebt, so ist dies per se unwirksam[33], wobei es nicht auf die formelle und inhaltliche Ordnungsmäßigkeit der Anklageschrift ankommt.
Dabei ist aber zu berücksichtigen, daß infolge der Sequenzzuständigkeit möglicherweise verschiedene Staatsanwaltschaften örtlich zuständig sind, wenn nämlich mehrere Gerichtsstände begründet sind (vgl. §§ 7 ff.

---

[29] Vgl. § 69 IV 2, V OWiG, wonach der Staatsanwaltschaft eine eigene Prüfung der Strafwürdigkeit und der Verurteilungswahrscheinlichkeit zukommt (KK-OWiG § 69/93; OLG Köln VRS 38, 199, 200). Die Abgabe nach § 69 IV 1 OWiG ist dem Aktenübergang nach § 163 II 1 StPO mit der Besonderheit ähnlich, daß der Prozeßgegenstand durch die Verwaltungsbehörde festgelegt wurde (KK-OWiG § 69/78 f.). Würde eine diesbezügliche Entscheidung der Verwaltungsbehörde überprüft werden, so wäre das Verfahren bei Ordnungswidrigkeiten umfangreicher als bei Straftaten.

[30] Ähnlich Bohnert GA 87, 193, 201.

[31] HM, vgl. KM § 143 GVG/1; Kissel § 143/4.

[32] Vgl. zu der Frage, ob durch die Zuweisung nach § 143 IV GVG die allgemeine Zuständigkeit nach § 143 I GVG untergeht, OLG Zweibrücken NStZ 84, 233 mit Anm Schoreit.

[33] KMR § 200/53; LR § 142 GVG/7; KK § 142 GVG/3; Kissel § 143/6; ebenso Hartung JR 25, 1163; vgl. auch BGH NStZ 82, 294 mit Ausführungen zur Übernahme sowie BGHSt 11, 56, 59 zu § 377 II StPO.

StPO i.V.m. Nr. 2 I, 25 ff. RiStBV)[34]. Die Staatsanwaltschaft ist deshalb nur dann örtlich unzuständig, wenn das Gericht, dem es zugeordnet ist, unter keinem Aspekt Gerichtsstand sein kann[35].
Irreführend ist in diesem Zusammenhang, wenn das OLG Düsseldorf[36] darauf hinweist, daß eine vom örtlich unzuständigen Staatsanwalt erhobene Anklageschrift nach der Zulassung der Anklage nicht beanstandet werden könne, da § 16 StPO nur für den Gerichtsstand gelte[37]. Da die vom örtlich unzuständigen Staatsanwalt eingereichte Anklageschrift unwirksam ist, das Vorhandensein einer wirksamen Anklage aber von Amts wegen festgestellt werden muß, bedarf es keines Einwandes des Beschuldigten, um eine Überprüfung zu initiieren.
Das Fehlen der örtlichen Zuständigkeit bei der Verwaltungsbehörde hat keine Auswirkung auf die Umgrenzungsfunktion des Bußgeldbescheides nach Einspruchseinlegung[38]. Der Bußgeldbescheid selbst ist auch nicht infolge dieses Mangels nichtig, was dem in § 44 III Nr. 1 VwVfG enthaltenen Rechtsgedanke[39] zu entnehmen ist[40]. Die Frage, ob bei Offensichtlichkeit des Mangels etwas anderes zu gelten habe[41], ist aufgrund der regelmäßig mehrfach gegebenen Zuständigkeit ohne praktische Bedeutung[42]; zumindest müßte der Fehler aus dem Bescheid selbst ohne weiteres erkennbar sein, wobei an die Evidenz hohe Anforderungen zu stellen sind[43].
Der örtlichen Unzuständigkeit der Verwaltungsbehörde kommt aber wegen § 68 I 1 OWiG insofern Bedeutung zu, als dadurch der Gerichtsstand nach dem Einspruch bestimmt wird und so ein anderes als das ansich anzurufende Gericht zuständig ist. Gleichwohl wird damit dem Beschuldigten nicht der gesetzliche Richter entzogen[44], da Art. 101 I 2

---

[34] Vgl. OLG Zweibrücken NStZ 84, 233.
[35] So im Ergebnis auch OLG Düsseldorf wistra 97, 36, 37, wo Zweifel über den Umfang einer Beauftragung nach § 145 I GVG einem Willkürakt entgegenstanden.
[36] VRS 61, 275, 277; 81, 384, 386; DAR 71, 301, 302; wistra 97, 36, 37.
[37] Siehe oben A.
[38] Göhler § 37/13; KK-OWiG § 37/22.
[39] Vgl. zur Statthaftigkeit eines solchen Vergleiches BayObLGSt 83, 158, 159.
[40] KK-OWiG 37/23; aA KK-OWiG § 65/21; Rotberg § 37/8 für die ausschließliche Zuständigkeit.
[41] So RRH § 37/14; KK-OWiG § 37/23; aA zu Recht OLG Düsseldorf VRS 61, 275, 276; Göhler § 37/13; KK-OWiG § 65/21; offengelassen bei OLG Düsseldorf VRS 81, 384, 387.
[42] Vgl. Göhler 37/13 mwN.
[43] OLG Hamm DAR 73, 163.
[44] So aber Bohnert GA 87, 193, 199.

GG einer Bindung des Gerichts an Entscheidungen der Exekutive in Bezug auf Zuständigkeitsfragen nicht grundsätzlich entgegensteht[45].

II. Zuständigkeit des Unterzeichners

1. Innerdienstliche Zuständigkeit

Die Staatsanwaltschaft ist eine hierarchisch-monokratische Behörde, wobei der einzelne Staatsanwalt nicht als selbständig handelndes Organ auftritt, sondern als Vertreter des seine Behörde nach außen verkörpernden Behördenleiters[46]. Dies hat zur Folge, daß sein Tätigwerden als Handlung des Behördenleiters gewertet werden muß, wobei diese Vertretungsmacht nur intern, nicht aber nach außen beschränkbar ist[47].

Innerhalb der Staatsanwaltschaft werden die Dienstgeschäfte gemäß Nr. 8 ff. OrgStA durch einen Geschäftsverteilungsplan vergeben, der vom Behördenleiter erstellt wird; dieser Regelung kommt aber keine mit §§ 21a ff. GVG vergleichbare Bindungswirkung zu, da es keinen Anspruch auf den „gesetzlichen Staatsanwalt“ gibt[48]. Da der Geschäftsverteilungsplan lediglich interne Bedeutung hat, entfaltet die Handlung des einzelnen Staatsanwalts nach außen die volle verfahrensrechtliche Wirkung, solange sie sich im Rahmen der für die Behörde gesteckten Maßnahmen hält[49]. Dies bedeutet, daß die Anklageerhebung durch einen innerdienstlich unzuständigen Staatsanwalt wirksam ist[50].

Ebenso wie das GVG enthält auch das OWiG keine Regelung darüber, wer innerhalb der zuständigen Behörde zum Erlaß des Bußgeldbescheides berechtigt ist. § 35 OWiG weist diese Befugnis der Behörde und damit primär dem Behördenleiter zu[51]. Da er aus faktischen Gründen nicht in der Lage ist, die massenhaft anfallenden Bescheide persönlich zu

---

45 BVerfG NJW 69, 1619, 1622; BGHSt 27, 196, 199 f.; OLG Düsseldorf VRS 61, 275, 277 f.; 81, 384, 386; KK-OWiG § 37/24.

46 So Kissel § 144/2; Schmidt III §§ 144, 145/1, 2.

47 KM § 144 GVG/2; Schmidt III §§ 144, 145/7; hierzu zählt auch die Beschränkung des Amtsanwalts auf Verfahren vor dem Einzelrichter (§§ 24, 25 GVG) durch Nr. 21 ff. OrgStA, die verfahrensrechtlich unerheblich ist, da es sich um bloße Verwaltungsanordnungen ohne Gesetzeskraft handelt; vgl. Kissel § 142/12; OLG Oldenburg NJW 52, 1230; BayObLGSt 58, 140, 144; 61, 75.

48 Kissel § 144/6; KM § 145 GVG/1; vgl. auch BGH NStZ 84, 419.

49 LR 23. Aufl. § 144 GVG/2; BayObLG JR 62, 467 mit zust. Anm Dünnebier; BGH NJW 64, 1969, 1970.

50 KMR § 200/53; Burchardi/Klempahn/Wetterich 21.

51 Vgl. OLG Düsseldorf VRS 39, 440, 441.

erlassen, ist er ermächtigt, die Ausübung bestimmten Behördenanhörigen zu übertragen[52].
Die Auswahl der Entscheidungsträger steht dabei im freien Ermessen[53] des Behördenleiters, insbesondere wird vom Gesetz keine besondere Qualifikation mehr vorgeschrieben[54]. Anstelle von Beamten können auch Verwaltungsangestellte mit dem Erlaß eines Bußgeldbescheides betraut werden[55]. Für die Wirksamkeit des Bußgeldbescheides ist insofern allein entscheidend, daß aus dem Bescheid selbst kein Anzeichen für eine fehlende Zugehörigkeit des Ausstellers zur Behörde ersichtlich ist[56]. Da § 35 I OWiG „ die Verwaltungsbehörde" mit der Verfolgung von Ordnungswidrigkeiten beauftragt und diese Entscheidungen von jedem Behördenangehörigen mit Wirksamkeit nach außen erlassen werden können, kommen einem Verstoß gegen die interne Aufgabenverteilung nur dienstrechtliche Konsequenzen zu.

2. Ausschluß und Befangenheit des Unterzeichners

In den §§ 141-151 GVG fehlt eine Regelung über das Vorgehen bei Befangenheit von Beamten der Staatsanwaltschaft; die Vorschriften der §§ 22 ff. StPO sind hinsichtlich der Durchführung eines Ablehnungsrechts weder direkt noch analog auf Staatsanwälte anwendbar[57], ebenso die Regelungen nach §§ 20, 21 VwVfG[58]. Das in § 11 BWAGGVG und § 7 NdsAGGVG enthaltene Verbot einer Amtshandlung stellt keine allgemeine Richtlinie dar[59], zumal die Gültigkeit dieser Regelung ohnehin zweifelhaft ist[60]. Dem Gesetzgeber erschien hierfür eine besondere Vorschrift wegen des hierarchischen Aufbaus überflüssig, da die gebotene

---

[52] KK-OWiG § 65/19; Göhler Vor § 65/3; OLG Saarbrücken NJW 73, 2041, 2042.

[53] Richtlinien einer höheren Behörde über die Qualifikationen des zu Ermächtigenden haben nur interne Wirkung, keinesfalls aber Wirkung nach außen; vgl. OLG Zweibrücken VRS 40, 458, 460.

[54] So aber noch in § 48 I OWiG (1952), wo die Befähigung zum Richteramt oder zum höheren Verwaltungsdienst vorgeschrieben war; der Verzicht darauf beruht auf den geänderten Grundsätzen der gerichtlichen Prüfung nach Einspruchseinlegung, vgl. Göhler Vor § 65/2 sowie BT-DS V/1269, 92 mit prozeßökonomischen Erwägungen.

[55] Vgl. OLG Düsseldorf VRS 39, 440, 441; OLG Zweibrücken VRS 40, 458, 460; OLG Saarbrücken NJW 73, 2041, 2042; OLG Karlsruhe VRS 52, 437, 438; KK-OWiG § 65/19.

[56] OLG Saarbrücken NJW 73, 2041, 2042; KK-OWiG § 65/19.

[57] Vgl. Krey I 407, 442; KM Vor § 22/3; LR Vor § 22/8 jeweils mwN.

[58] Vgl. Schairer 28.

[59] Frisch FS-Bruns 385, 389; Krey I 410-412; aA Kuhlmann DRiZ 76, 11, 16.

[60] Vgl. Arloth NJW 83, 207, 208 mit Hinweis auf § 6 EGStPO.

Auswechslung eines befangen erscheinenden Beamten ohne förmliches Verfahren bewerkstelligt werden könne[61].
Die Mitwirkung eines solchermaßen belasteten Staatsanwalts ist mit dem Gebot eines rechtsstaatlichen Verfahrens unvereinbar, insbesondere wenn jener der Verletzte bzw. mit dem Verletzten oder dem Beschuldigten verwandt oder verschwägert ist; die Staatsanwaltschaft kann dann ihrem Auftrag, als objektives Organ auf die Ermittlung der Wahrheit und die Findung eines gerechten Urteils hinzuwirken, nicht mehr gerecht werden[62]. Insofern kommt dem Rechtsgedanken des § 22 StPO materielle Bedeutung zu[63]. Unzweifelhaft muß in einem solchen Fall bereits der Staatsanwalt selbst weitere Amtshandlungen aufgrund seiner Amtspflicht (§ 59 BBG) unterlassen; zumindest hat eine Ablösung durch den Dienstvorgesetzten zu erfolgen (§ 145 GVG)[64], worauf der Beschuldigte beim Dienstvorgesetzten hinwirken kann[65].
Die Herausnahme des belasteten Staatsanwalts aus dem Ermittlungsverfahren ist aber gerichtlich nicht gemäß §§ 23 ff. EGGVG durchsetzbar, da es sich um eine innerdienstliche Entscheidung handelt, die sich nicht unmittelbar auf die Rechte des Betroffenen auswirkt[66]; es fehlt somit für den Beschuldigten an einer Beschwer i.S.v. § 24 I EGGVG.
In diesem Zusammenhang stellt sich die Frage, wie sich die Befangenheit des Staatsanwalts auf eine von ihm erhobene Anklage auswirkt. Die Bewertung einer solchen Anklage als nichtig ist abzulehnen, da es bereits an einer - dem Rechtsgedanken des § 44 I VwVfG zu entnehmenden - Offenkundigkeit des Mangels fehlt[67]. Die Anklageschrift durch den disqualifizierten Staatsanwalt ist somit lediglich fehlerhaft[68]. Sofern die Befangenheit vor dem Erlaß des Eröffnungsbeschlusses entdeckt wird, kann eine fehlerhafte Anklage problemlos durch die eines unbefangenen Staatsanwalts ersetzt werden, da die Verfahrensherrschaft noch bei der Staatsanwaltschaft liegt (§ 156 StPO). Einem entsprechenden Ersuchen des Gerichts steht § 150 GVG nicht engegen[69]; allerdings besteht hierzu

---

[61] Hahn 93; vgl. auch Hilgendorf StV 96, 50, 52 mwN.
[62] So Kissel § 145/6; Krey II 417.
[63] Vgl. hierzu Beulke 93 mwN.
[64] Vgl. BVerfG JR 79, 28 mit Anm Bruns; Krey II 429.
[65] Vgl. BGH NStZ (M) 89, 13, 14; OLG Karlsruhe MDR 74, 423; OLG Hamm NJW 69, 808.
[66] Vgl. OLG Hamm NJW 69, 808; OLG Karlsruhe MDR 74, 423; Beulke 96; Wendisch FS-Schäfer 243, 261 ff.; Schairer 151; aA Bottke StV 86, 120, 123; Hilgendorf StV 96, 50, 54.
[67] Kuhlmann DRiZ 76, 11, 13; Schairer 180; auch der Umkehrschluß aus § 338 Nr. 2, 3 StPO verbietet eine solche Wertung.
[68] AA RGSt 4, 264, 266.
[69] AA LG Köln NStZ 85, 230, 232 mit abl. Anm Wendisch.

- auch unter dem Gesichtspunkt des fair-trail-Gebotes - keine Verpflichtung[70].
Erfolgt keine Heilung auf diesem Wege, so kann das Gericht die Eröffnung der Hauptverhandlung (§ 203 StPO) nur dann ablehnen, wenn es das Vorliegen eines hinreichenden Tatverdachts verneint; die Befangenheit des anklageerhebenden Staatsanwalts ist für sich genommen kein Ablehnungs- bzw. Einstellungsgrund[71]. Zwar ist das ordentliche Strafverfahren dadurch geprägt, daß eine doppelte gewissenhafte Prüfung des Tatverdachts - einmal durch die Staatsanwaltschaft i.R.d. Anklage, zum anderen durch das Gericht i.R.d. Eröffnungsbeschlusses - erfolgt. Die Befangenheit läßt befürchten, daß die Umstände der Tat entweder beschönigt werden oder mit unangebrachter Härte vorgegangen wurde; beides verträgt sich nicht mit dem Zweck des zweigeteilten Verfahrens, das primär dem Schutz des Beschuldigten vor ungerechtfertigten Vorwürfen dient[72]. Doch führt dieser Mangel nicht dazu, die Anklage als unwirksam i.d.S. zu betrachten, daß dadurch die Grundlage für das weitere Verfahren fehlt und deshalb die Einstellung von Amts wegen zu erfolgen hat[73]. Vielmehr ist die Hauptverhandlung zu eröffnen, wenn eine rechtzeitige Auswechslung des anklageerhebenden Staatsanwalts nicht gelungen ist und das Gericht trotz des Verdachtes der Befangenheit einen hinreichenden Tatverdacht bejaht[74].
Die kontrovers geführte Diskussion über die Revisibilität der Mitwirkung eines ausgeschlossenen bzw. befangenen Staatsanwalts[75] am Gerichtsverfahren findet für die fehlerhafte Anklageerhebung keine Anwendung. Während die gegensätzlichen Auffassungen zur Beteiligung eines „disqualifizierten“ Staatsanwalts an der Hauptverhandlung vertreten

---

[70] So aber LG Mönchengladbach StV 87, 333, 334; Arloth NJW 83, 207, 210.

[71] So aber Tolksdorf 133, der bereits in der Anklageerhebung eine erhebliche Belastung des Beschuldigten sieht.

[72] Das von Schairer 180 angeführte Argument, die Anklage des befangenen Staatsanwalts sei wegen der Filterwirkung des Hauptverfahrens zuzulassen, da dem Gericht eine ebenso umfassende Prüfungsbefugnis wie der Staatsanwaltschaft zusteht, ist insofern irreführend, wenngleich im Ergebnis richtig.

[73] Vgl. KMR § 200/56.

[74] Vgl. Frisch FS-Bruns 385, 414; aA Arloth NJW 83, 207, 210.

[75] Nach fast einhelliger Auffassung scheidet § 338 Nr. 5 StPO von vornherein aus (BGH NJW 80, 845; KM Vor § 22/6, 7; Krey II 438; Arloth NJW 83, 207, 210; aA Kissel § 145/7 a.E.: § 338 Nr. 5 StPO analog). Während eine Ansicht zwischen dem ausgeschlossenen (§§ 22 f. StPO) und dem befangenen (§§ 24 ff. StPO) Staatsanwalt differenziert (so Krey II 448-450; Koffka ZStW 72, 666, 672; Kissel § 145/8), kommt die hM bei beiden Fallgruppen zur Bejahung der Revisibilität nach § 337 StPO (Frisch FS-Bruns 385, 414 Fn 127; Kuhlmann DRiZ 76, 11, 16; Bruns JR 80, 397; Beulke 97; BVerfG JR 79, 28 mit Anm Bruns). Hilgendorf StV 96, 50, 53 hält §§ 23 ff. EGGVG für anwendbar.

werden, ist in der Anklageerhebung der Abschluß des Ermittlungsverfahrens zu sehen[76]. Eine Fortwirkung dieses Mangels auf das Urteil i.S.d. § 337 StPO ist nicht möglich, da hier die Begrenzungs- wie auch die Informationsfunktion der Anklageschrift gewahrt bleibt und das Urteil nicht auf Fehlern der Anklage beruht[77]. Etwas anderes gilt nur dann, wenn der klageeinreichende Staatsanwalt auch an der Hauptverhandlung teilnimmt bzw. der Sitzungsvertreter ebenfalls die notwendige Distanz zum Verfahren vermissen läßt.
Im Gegensatz zur früheren Regelung (§§ 49, 50 OWiG 1952) schreibt das OWiG in seiner aktuellen Fassung keine Ausschließungs- oder Ablehnungsgründe vor. Daher sind die allgemeinen Bestimmungen des Beamten- und Dienstrechts heranzuziehen (vgl. § 59 BBG, § 35 BRRG bzw. § 8 BAT). Der Verwaltungsangehörige hat danach dem Dienstvorgesetzten seine Befangenheit anzuzeigen und muß sich weiterer Amtshandlungen enthalten. Wirkt er gleichwohl beim Erlaß eines Bußgeldbescheides mit, so hat dies - aus denselben Gründen wie beim Staatsanwalt - keine Nichtigkeit der Entscheidung zur Folge[78].
Durch die Mitwirkung des disqualifizierten Verwaltungsangehörigen verliert der Bußgeldbescheid auch nicht seine Bedeutung als Grundlage für das Verfahren nach Einspruchseinlegung; denn der Ausschluß des Unterzeichners ist für die Frage, ob der Bescheid inhaltliche Zweifel über die Identität der Tat aufkommen läßt, ohne Bedeutung[79].

III. Zustellungsmängel

Die Staatsanwaltschaft übersendet ihre Anklageschrift dem Gericht (§ 199 II StPO), nicht dem Angeschuldigten. Dieser erhält sie regelmäßig erst aufgrund einer richterlichen Zustellungsanordnung (§ 201 I StPO)[80]. Sofern die Staatsanwaltschaft dennoch die Anklageschrift zugleich dem Angeschuldigten übersendet, dient dies allenfalls seiner Unterrichtung und ist zwar nicht schädlich[81], aber unzweckmäßig[82].

---

[76] Diesen Gesichtspunkt übersieht Schairer 181 f., wenn er die Fortwirkung des Fehlers aus dem Ermittlungsverfahren in das Urteil „in Ausnahmefällen" für möglich hält.
[77] Vgl. LR § 200/60; KMR § 200/68; BGHSt 15, 40, 45; RGSt 31, 100, 104. Vgl. auch unten E II 3 f und E III 6 f.
[78] Göhler Vor § 65/5; KK-OWiG § 65/22; OLG Karlsruhe VRS 52, 437, 439 f.
[79] OLG Karlsruhe VRS 52, 437, 440; Göhler Vor § 67/6.
[80] Zur Bewertung der hierbei auftretenden Mängel vgl. unten Teil 3 C IV 2.
[81] LR § 200/51.
[82] AA Mayer-Wegelin DStZ 84, 244, 248; sein Argument, daß andernfalls der Inhalt der Anklageschrift vor seiner Kenntnis durch den Angeschuldigten „öffentlich diskutiert" werde, ist nicht nachvollziehbar.

Ein Fehler bei der Mitteilung gemäß § 201 StPO hat keine Auswirkung auf die Wirksamkeit der Anklageerhebung, die mit der Einreichung bei Gericht abgeschlossen ist. Hat der Staatsanwalt entgegen § 199 II 2 StPO dem Gericht nicht die vollständigen Akten mit der Anklageschrift vorgelegt, so kann dies zur Ablehnung der Eröffnung mangels Überprüfbarkeit des hinreichenden Tatverdachts führen[83]; Folgen für die Anklageschrift ergeben sich daraus aber ebenfalls nicht, so daß mit der nachgeholten Aktenvorlage die Anklage ordnungsgemäß erhoben ist.
Nach § 33 II OWiG ist der Bußgeldbescheid wirksam erlassen, sobald er aktenmäßig existiert[84]. Mängel in der Zustellung sind deshalb ohne Einfluß auf die Wirksamkeit des Bescheides[85]; sie können allenfalls den Beginn der Einspruchsfrist verzögern[86]. Daher kann der Bußgeldbescheid seine Begrenzungsfunktion im gerichtlichen Verfahren auch dann wahrnehmen, wenn der Einspruch bereits vor einer wirksamen Zustellung eingelegt wurde[87].

IV. Fehlen von Prozeßvoraussetzungen

Die Erhebung einer ordnungsgemäßen Anklage ist für das weitere Verfahren Prozeßvoraussetzung. Aber auch für die Anklage selbst ist das Vorliegen bestimmter Prozeßvoraussetzungen erforderlich, da andernfalls ein Verfahrenshindernis mit den Folgen der §§ 206 a, 260 III StPO besteht[88].
So entspricht es der allgemeinen Meinung, daß das Fehlen der deutschen Gerichtsbarkeit[89] ebenso wie der auslieferungsrechtliche Spezialitätsgrundsatz[90] ein Verfahrenshindernis begründen; das gilt selbst dann, wenn diese Hindernisse später weggefallen sind[91]. Da die doppelte

---

[83] LR § 199/24.
[84] OLG Hamm VRS 49, 280, 281.
[85] Dies gilt auch für einen Verstoß gegen § 51 II OWiG, vgl. OLG Düsseldorf NJW 82, 2833.
[86] Daher erwächst der Bescheid auch nicht in Rechtskraft; vgl. OLG Koblenz VRS 68, 216, 218; OLG Karlsruhe MDR 74, 955; OLG Düsseldorf wistra 94, 39; vgl. zu den verfahrensrechtlichen Folgerungen im einzelnen Göhler § 66/4 c.
[87] Vgl. KK-OWiG § 66/23; OLG Koblenz VRS 68, 216, 218; OLG Düsseldorf NJW 70, 1937; BayObLG JR 89, 477, 478 mit Anm Göhler; aA Göhler § 66/4 b für den Fall, daß der erst im staatsanwaltschaftlichen bzw. gerichtlichen Verfahren erhobene Einspruch einen vorangegangenen Zustellungsfehler heilt.
[88] Vgl. KM Einl 145.
[89] Vgl. BGH NStZ 86, 320; 85, 361; OLG Saarbrücken NJW 75, 506, 509; DT § 3/2 b a.E.
[90] BGHSt 29, 94, 96; RGSt 32, 247, 249; OLG Oldenburg StV 95, 13.
[91] Vgl. LR § 207/61 zum selben Problem beim Eröffnungsbeschluß.

Anhängigkeit derselben Sache bei verschiedenen Gerichten zu der von Art. 103 III GG verbotenen Doppelbestrafung führen kann, ist bereits die anderweitige Rechtshängigkeit ein von Amts wegen zu berücksichtigendes Prozeßhindernis[92]. In diesem Fall ist gemäß § 12 I StPO das Gericht ausschließlich zuständig, das die Untersuchung zuerst eröffnet hat[93].
Die Anklageerhebung nach Eintritt der Strafverfolgungsverjährung gemäß §§ 78 ff. StGB ist gleichfalls unzulässig, da auch hierin ein Verfahrenshindernis zu sehen ist[94]. Die prozessuale Folge der Verjährung ist die Verfahrenseinstellung[95], nicht der Freispruch[96]. Von praktischer Bedeutung ist schließlich das Fehlen des Strafantrages (§§ 77 ff. StGB)[97]. Das Verfahren ist dann zwingend gemäß § 206 a bzw. § 260 III StPO einzustellen, wenn die Antragsfrist nach § 77 b StGB abgelaufen ist. Vor dem Fristablauf kann der Strafantrag in jeder Lage des Verfahrens nachgeholt werden[98].
Strittig ist dagegen, was prozessual bei Entdeckung des fehlenden und noch nachholbaren Strafantrags mit dem Verfahren zu geschehen habe. Nach der einen Ansicht kommt eine vorläufige Einstellung gemäß § 205 StPO in Betracht[99]; § 205 StPO soll danach den allgemeinen Rechtsgedanken enthalten, daß das Verfahren bei allen vorübergehenden Prozeßhindernissen vorläufig einzustellen sei. Dieser Ansicht steht neben dem bewußt einengenden Wortlaut[100] insbesondere der Gesetzeszweck des § 205 StPO entgegen, der vorrangig den Anspruch auf rechtliches Gehör (Art. 103 I GG) sicherstellen soll[101]. Zweckmäßigerweise ist daher eine Unterbrechung oder Aussetzung des Verfahrens bis zum Fristablauf

---

[92] Vgl. BGHSt 22, 232, 235; OLG Oldenburg GA 83, 184, 186; RGSt 46, 213, 216.
[93] BGHSt 3, 134, 137.
[94] Die früher zur Verjährung vertretenen Auffassungen (einerseits materiellrechtlich, andererseits gemischt prozeß- und materiellrechtlich) sind seit BGHSt 2, 300, 306 ff. überholt: Allein die verfahrensrechtliche Betrachtungsweise entspricht dem Gesetz.
[95] Vgl. RGSt 53, 276.
[96] Ausnahme beim Zusammentreffen mit einem schwereren, nicht nachweisbaren Vorwurf (vgl. DT Vor § 78/4 mwN).
[97] Ebenso hinsichtlich der relativen Antragsdelikte (vgl. § 232 StGB) das Fehlen eines Strafantrages mit der fehlenden staatsanwaltschaftlichen Erklärung über das Vorliegen des besonderen öffentlichen Interesses bzw. bei Ermächtigungsdelikten (§ 194 IV StGB) die fehlende behördliche Ermächtigung; vgl. hierzu DT Vor § 77/2 mwN.
[98] LK Vor § 77/13 mwN.
[99] So LK Vor § 77/11; LR § 205/23; Roxin § 40/15.
[100] AA Krause GA 69, 97, 98.
[101] Vgl. OLG Frankfurt NStZ 82, 218; OLG München NJW 78, 176; Schlüchter Strafprozeßrecht 88.

anzuordnen[102]. Wird bis zu diesem Zeitpunkt kein Strafantrag gestellt, so liegt ein endgültiges Verfahrenshindernis vor.
Ebenso wie im Strafverfahren stellt das Fehlen der deutschen Entscheidungsbefugnis im Ordnungswidrigkeitenverfahren ein Verfahrenshindernis dar[103]. Auch verhindert die Verfolgungsverjährung[104] oder das Fehlen eines Antrags bzw. einer Ermächtigung[105] die Einleitung oder Fortsetzung des Bußgeldverfahrens. Sobald Anhaltspunkte für das Vorliegen eines Verfolgungshindernisses gegeben sind, ist dies von Amts wegen zu beachten und das Verfahren ggf. einzustellen[106].
Umstritten ist, welche Folgen der Verstoß gegen den Verfassungsgrundsatz ne bis in idem (Art. 103 III GG) mit sich bringt. Während nach der herrschenden Auffassung der in derselben Sache erlassene zweite Bußgeldbescheid nichtig ist[107], versucht die Gegenansicht eine Korrektur durch die Unzulässigerklärung der Vollstreckung (§ 103 OWiG), das Wiederaufnahmeverfahren (§ 85 I OWiG i.V.m. § 359 Nr. 5 StPO) oder die Verfassungsbeschwerde (§ 90 BVerfGG)[108]. Gegen die hM spricht zum einen, daß durch die unterschiedlichen Auffassungen zur Nichtigkeit die Rechtssicherheit beeinträchtigt wird[109]; zum anderen werden bestehende prozessuale Vorschriften umgangen, obwohl sie für derartige Fälle Anwendung finden[110].
Welcher Lösung letztlich der Vorzug zu geben ist, bleibt für das Verfahren von untergeordneter Bedeutung; denn in der Praxis löst sich das Problem regelmäßig dadurch, daß gegen den zweiten Bußgeldbescheid Einspruch

---

[102] Vgl. Bloy GA 80, 161, 167.
[103] Siehe dazu Göhler Vor § 59/38-45 a mwN.
[104] Vgl. § 31 OWiG.
[105] Vgl. § 131 II OWiG; Göhler § 131/5.
[106] Göhler Vor § 59/47, 48.
[107] BayObLG DAR (Rü) 77, 209; OLG Düsseldorf NJW 86, 1505; Demuth VOR 73, 44,48; Göhler § 66/57 a; KK-OWiG § 66/70; Bauer/Wrage-Molkenthin BB 88, 1131, 1133; Tiedemann ZStW 71, 792, 810.
[108] Vgl. OLG Koblenz NStZ 81, 195; RRH § 66/36-39 mwN.
[109] Die Nichtigkeit führt zur Unbeachtlichkeit ohne vorangegangener gerichtlicher Prüfung; das Argument der hM, nur die aufgrund einer Hauptverhandlung getroffene Entscheidung ist im Bezug auf ihre Rechtskraft schutzwürdig, erscheint verfehlt. Die von Bohnert NZV 88, 201, 205 vorgeschlagene Unterscheidung nach dem Offenkundigkeitsaspekt ist zwar korrekt, in der Sache aber wenig hilfreich; dagegen ist die von Demuth VOR 73, 44, 48 vertretene Ausnahme von der Evidenztheorie abzulehnen (vgl. dazu auch BGH wistra 90, 67 mit zust. Anm Göhler NStZ 91, 73, 75).
[110] Vgl. RRH § 66/38, wobei die Subsidiarität der Verfassungsbeschwerde zu beachten ist (BVerfGE 22, 287, 290).

eingelegt und daraufhin dieses Verfahren wegen eines Verfahrenshindernisses eingestellt wird[111].

[111] Vgl.OLG Saarbrücken ZfS 92, 140, 141; OLG Zweibrücken NZV 93, 451; OLG Oldenburg NVwZ 92, 607 mit zust. Anm Göhler NStZ 93, 71, 73 sowie Göhler NStZ 94, 71, 73.

D . Mängel der äußeren Gestaltung

I. Schriftform

1. Schriftlichkeit

Der Gesetzgeber hat als nicht regelungsbedürftig vorausgesetzt, daß die Anklage im Normalfall schriftlich erhoben werden muß. Diese Notwendigkeit ergibt sich weder zwingend aus dem Wortlaut des § 200 I 1 StPO („Anklageschrift") noch aus den zustellungstechnischen Erfordernissen des § 201 StPO[1], sondern wegen der Bedeutung der Anklage für das weitere Verfahren: Sowohl die Unterrichtung des Angeschuldigten über den gegen ihn erhobenen Vorwurf als auch die Umgrenzung des Verfahrensgegenstandes in persönlicher und sachlicher Hinsicht erfordern eine überprüfbare Dokumentation der staatsanwaltschaftlichen Wertung.
Nur ausnahmsweise entspricht eine mündliche Anklage den gesetzlichen Vorschriften, nämlich im beschleunigten Verfahren gemäß § 417 StPO[2] und bei der Nachtragsanklage gemäß § 266 StPO[3]. Hierbei wird ausdrücklich die mündliche Anklageerhebung für zulässig erklärt, wobei die Protokollierung zwingend erforderlich ist (vgl. § 418 III 2 bzw. § 266 II 3 StPO). Durch die Aufnahme in die Sitzungsniederschrift werden die Unsicherheiten, die durch das Zugeständnis an die Prozeßökonomie entstehen, kompensiert[4], die mündlich erhobene Anklage ist somit ebenso schriftlich fixiert wie im ordentlichen Verfahren.
Soweit eine dieser Ausnahmen nicht vorliegt, stellt das Fehlen der Schriftlichkeit bei der Anklage einen solch wesentlichen Mangel dar, daß die Funktionen der Anklage nicht erfüllt werden können[5]. Die Konsequenz des Fehlens einer Grundlage für das gerichtliche Verfahren ist die Einstellung gemäß § 206 a bzw. § 260 III StPO; eine Nachholung der schriftlichen Anklage im anhängigen Verfahren scheidet aus oben ge-

---

[1] Vgl. auch die berechtigte Kritik von Naucke StV 90, 397, 398 an BayObLG StV 90, 395, 396 zur parallelen Frage beim Eröffnungsbeschluß.

[2] Der Staatsanwaltschaft ist es freigestellt, ob sie die Anklage schriftlich oder mündlich erhebt, vgl. § 418 III 2 StPO.

[3] Die Nachtragsanklage ist zwingend (!) mündlich zu erheben, § 266 II 1 StPO stellt keine Kann-Vorschrift dar. Eine schriftliche Nachtragsanklage muß daher erst mündlich von der Staatsanwaltschaft in der Hauptverhandlung vorgetragen werden, bevor sich das Verfahren auf diese Straftat erstreckt; vgl. KK § 266/3; BayObLG DAR (Rü) 85, 245.

[4] Vgl. LR § 212 a/7; § 266/33 unter Hinweis auf §§ 273, 274 StPO.

[5] Schmidt I 136; RG JW 28, 2262 mit Anm Oetker; RGSt 67, 59, 62.

nannten Gründen aus[6], die Einreichung einer neuen Anklageschrift bewirkt die Anhängigkeit eines neuen Verfahrens.
Ebenso verhält es sich beim Bußgeldbescheid; auch hier folgt das Gebot der Schriftform aus der Natur der Sache[7], wobei das Erfordernis der Zustellung und der in § 66 OWiG normierte Inhalt des Bescheides lediglich zusätzliche Indizien darstellen.
Allerdings ergeben sich hier Besonderheiten bei der Bearbeitung massenhaft anfallender Rechtsverstöße durch die EDV. Dabei stellt sich die Frage, wer den Bescheid zu welchem Zeitpunkt erläßt. Insbesondere kommen folgende Varianten in Betracht: Entweder verfügt der Sachbearbeiter aufgrund seiner individuellen Prüfung in aktenkundiger Form[8], daß ein Bescheid zu einem bestimmten späteren Zeitpunkt erlassen werden soll; in diesem Fall erläßt die Behörde durch den Computer den Bußgeldbescheid, sofern dieser als Erlaßdatum den Tag des Ausdrucks trägt[9].
Andererseits besteht die Möglichkeit, daß der Sachbearbeiter den Bußgeldbescheid durch Eingabe aller Daten erläßt. In diesem Fall ist der Bußgeldbescheid dem Sachbearbeiter unmittelbar zuzuschreiben, der Computer ist bloße Schreibhilfe[10]. Im Ergebnis ist es für die Wirksamkeit ohne Auswirkung, ob der Sachbearbeiter selbst oder die Behörde mittels Computer den Bußgeldbescheid erlassen hat; beide Verfahren erfüllen die Anforderungen an die Schriftlichkeit, sofern dem Bescheid ein behördlicher Willensakt nachweisbar zugrundeliegt[11].
Auch die Frage, welcher Teil bei der Verwendung von Durchschreibeformularen die Urschrift darstellt und ob sich diese bei den Unterlagen befindet, ist ohne praktische Bedeutung[12]: Entscheidend ist allein die Frage nach dem tatsächlichen Erlaß des Bußgeldbescheides.

2. Unterschrift

Mit dem Gebot der Schriftlichkeit ist noch keine Aussage darüber getroffen, ob die Anklageschrift für ihre Wirksamkeit einer handschriftlichen

---

[6] Vgl. oben B III 2.
[7] KK-OWiG 65/12; Rotberg § 66/15; OLG Stuttgart NJW 76, 1905; OLG Oldenburg VRS 42, 47, 48.
[8] Das Fehlen einer aktenkundigen Anordnung führt zur Unwirksamkeit des Bußgeldbescheides, vgl. OLG Frankfurt NJW 76, 337, 338; OLG Saarbrücken ZfS 96, 195; OLG Brandenburg ZfS 96, 36; VM 96, 61; DAR 96, 105, 106.
[9] Vgl. Göhler Vor § 65/4; OLG Frankfurt NJW 76, 337, 338.
[10] KG VRS 64, 39; OLG Hamm NJW 95, 2937.
[11] Vgl. § 51 I 2 OWiG, wo die Statthaftigkeit eines mittels EDV hergestellten Bußgeldbescheides vorausgesetzt wird; ebenso Göhler § 66/33; BT-DS VII/1261, 41.
[12] Vgl. KK-OWiG § 65/13 mwN.

Unterzeichnung bedarf; eine solche Gleichsetzung trifft weder der allgemeine Sprachgebrauch noch der Gesetzgeber[13]. Vielmehr unterscheidet das Gesetz präzise danach, ob die einfache Schriftform genügt[14] oder eine Qualifizierung dergestalt erforderlich ist, daß es einer Unterzeichnung des Schriftstückes bedarf[15].
Durch die Schriftlichkeit soll zum einen gewährleistet werden, daß der Erklärungsinhalt und die erklärende Person hinreichend deutlich entnommen werden können; zum anderen muß feststehen, daß es sich nicht nur um einen Entwurf handelt, sondern daß das Schriftstück mit Wissen und Wollen dem Gericht zugeleitet worden ist[16]. Sofern das Gesetz die Unterzeichnung eines Schriftsatzes durch einen Rechtsanwalt vorschreibt, wird damit ein weitergehender Zweck verfolgt: Durch die Unterschrift wird eine vorausgegangene inhaltliche Prüfung bekundet und die Verantwortung für den Schriftsatz übernommen, um so die Gerichte vor einer Überlastung durch den unsachlichen Vortrag juristischer Laien zu bewahren[17].
Eine Übertragung dieser Erwägungen auf die Anklageschrift (§§ 170, 200 StPO) ist bereits aus methodischen Gründen verfehlt; eine Regelungslücke, die allein zur Analogie berechtigt, liegt nicht vor. Sie wäre aber auch der Sache nach unangebracht, da die Anklageschrift nur durch die Staatsanwaltschaft erstellt werden kann, mithin die Gefahr eines unqualifizierten Vortrages durch Rechtsunkundige nicht besteht.
Es wird kaum zweifelhaft sein, daß den Erfordernissen der Schriftlichkeit im Bezug auf die Person des Erlassers sowie hinsichtlich der Abgrenzung zum bloßen Entwurf am besten durch die eigenhändige Unterschrift Genüge getan ist. Der Umkehrschluß, daß ein Abweichen von diesem Ideal zwangsläufig einen Mangel der Schriftlichkeit darstellt, wäre allerdings verfehlt[18].
Selbst in seiner formstrengen Periode hat das RG für die einfache Schriftform keine eigenhändige Unterzeichnung verlangt, sondern die auftragsgemäß hergestellte Unterschrift eines Dritten oder ein Handzeichen für ausreichend erachtet[19]. Obwohl im Anschluß an BayObLG[20] die Anforderungen an die einfache Schriftform gelockert wurden, genügte bereits die Möglichkeit eines Mißbrauchs oder einer Unfertigkeit, um ein

---

[13] Vgl. BGHSt 2, 77, 78; GmS-OGB NJW 80, 172, 174.
[14] So bei §§ 158 II, 306 I, 314 I, 341 I, 381, 396 I StPO.
[15] So bei §§ 172 III 2, 345 II, 366 II, 390 II StPO.
[16] GmS-OGB NJW 80, 172, 174.
[17] Vgl. KM § 172/33; 345/10, 16; 366/4; 390/7, jeweils mwN. Zu den Anforderungen an die Unterschrift vgl. KM Einl 129, 130.
[18] So aber RGSt 32, 277, 279.
[19] Vgl. dazu ausführlich Vollkommer 87-90 mwN.
[20] GA 05, 425.

Schriftstück bei fehlerhafter Unterzeichnung unwirksam erscheinen zu lassen[21]; erst später wurde die Verwendung des Faksimilestempels toleriert[22], wobei die Zweifel am Urheber der Erklärung solange unschädlich blieben, wie der Aussteller aus dem Schriftstück ermittelt werden konnte[23]. Dieser freie Standpunkt wurde vom BGH und den übrigen Revisionsgerichten übernommen, vom GmS-OGB bestätigt und vom Schrifttum fast einhellig gebilligt[24].

Daher ist für die äußere Schriftform ein Handzeichen ausreichend, sofern es nicht nur die Fertigung eines Entwurfes abschließt[25]. Ebenso genügt die Benutzung eines Faksimilestempels[26] - auch wenn dies der Bedeutung der Anklage kaum gerecht wird[27]. Schließlich führt selbst das vollständige Fehlen einer Unterschrift unter der Anklageschrift nicht zur Verfahrenseinstellung[28]; vielmehr ist das Gericht gehalten, im Rahmen seiner prozessualen Fürsorgepflicht mittels Freibeweis die Frage einer gewollten Weitergabe an das Gericht zu klären.

Während § 48 I 2 OWiG 1952 die eigenhändige Unterzeichnung durch den besonders qualifizierten Beamten verlangte, stellt das OWiG in seiner aktuellen Fassung für die äußere Gestaltung keine über die Schriftform hinausgehenden Anforderungen an den Bußgeldbescheid[29]. Diese Gesetzesänderung hatte ihren Grund in der Neuregelung des gerichtlichen Nachprüfungsverfahrens, da es dort nicht mehr um die Kontrolle seines Erlasses in zulässiger Weise und seiner Begründetheit geht, sondern dem Bußgeldbescheid nach Einspruchseinlegung nur noch die vorgeworfene Tat im prozessualen Sinne zu entnehmen ist[30].

Ebenso können aus § 37 III VwVfG keine Rückschlüsse hinsichtlich des Erfordernisses einer Unterschrift für den Bußgeldbescheid gezogen werden. Die in § 37 III VwVfG gestellten Anforderungen legitimieren sich gerade aus der gerichtlichen Nachprüfung im Bezug auf die Rechtmäßigkeit des Verwaltungsaktes (vgl. § 113 I 1 VwGO). Auch die Ein-

---

[21] So z.B. RG JW 29, 2745, 2746 mit zust. Anm Hegler.

[22] Vgl. RGSt 62, 53, 54; 63, 246, 248.

[23] Vgl. RGSt 67, 385, 388.

[24] Vgl. Vollkommer 89 mwN.

[25] So aber bei BayObLG JR 62, 467 mit Anm Dünnebier, wo sich aus dem Schriftstück der Wille zum bloßen Entwurf ergab.

[26] Ein Verstoß gegen Nr. 149 RiStBV hat nicht die Unwirksamkeit zur Folge, da keine Rechtsnormqualität vorliegt.

[27] So auch LR § 200/50 Fn 51.

[28] OLG Düsseldorf MDR 94, 85; OLG Stuttgart NJW 76, 1905, 1906; Schäfer 347.

[29] Vgl. OLG Frankfurt NJW 76, 337.

[30] KK-OWiG § 65/9; dies legitimiert den Unterschied zu den Anforderungen in § 275 II StPO, da der Bescheid nur ein „Angebot zur Selbstunterwerfung“ und kein autoritativer „Wahrheitsspruch“ ist, vgl. OLG Stuttgart NJW 76, 1905.

führung des § 33 II OWiG stellte keine Ausweitung der Formvorschriften dar; vielmehr dient diese Regelung zur Klärung der früheren Streitfrage, zu welchem Zeitpunkt die Verjährungsunterbrechung eintritt[31].
Daher stellt die eigenhändige Unterschrift kein konstitutives Element für den Erlaß eines Bußgeldbescheides dar. Es genügt die zweifelsfreie Feststellbarkeit, daß das Schriftstück die vom Willen der zuständigen Behörde getragene, abschließende Entscheidung darstellt[32]. Dafür sind sowohl eine Paraphierung als auch die Benutzung eines Faksimilestempels[33] ausreichende Indizien. Aber auch diese Zeichen sind nicht zwingend, wenn die entsprechenden Feststellungen - ggf. freibeweislich - getroffen werden können[34]. Dies gilt insbesondere für Bußgeldbescheide, die im Wege der EDV und damit typischerweise ohne eigenhändige Unterschrift zustandekommen[35]; ausreichend ist hier der formlose aktenmäßige Vermerk, daß das Vorliegen der Ordnungswidrigkeit und das Fehlen von Verfahrenshindernissen festgestellt wurde[36].

3. Heilung

Das Fehlen der Unterschrift ist unschädlich, sofern auf andere Weise der Nachweis erbracht worden ist, daß das Schriftstück mit Wissen und Wollen des Zuständigen weitergeleitet wurde[37]. Nach hM soll für den Fall des mißlungenen Nachweises die Unterschrift jederzeit nachgeholt werden können[38].
Diese Auffassung ist abzulehnen, da sie im Ergebnis der Nachholung einer fehlenden Anklageerhebung[39] gleichkommt; sofern im freibeweislichen Verfahren nicht festgestellt werden konnte, ob es sich nicht nur um

---

[31] Vgl. BT-DS VII/550, 216, 345; zum früheren Rechtsstreit vgl. OLG Hamm DAR 70, 249.

[32] Vgl. KK-OWiG § 65/12; OLG Düsseldorf wistra 94, 39.

[33] Selbst die auftragsgemäße Benutzung durch einen anderen Behördenangehörigen als den Namensträger genügt, weil auch dadurch die Verantwortlichkeit für den Bescheid erkennbar ist; vgl. OLG Stuttgart NJW 76, 1905, 1906; OLG Saarbrücken NJW 73, 2041, 2042; aA Rotberg § 66/15 ohne nähere Begründung.

[34] BayObLG VRS 57, 49, 50; OLG Frankfurt NJW 70, 159, 160; aA LG Wiesbaden DAR 70, 24, 25.

[35] Vgl. dazu OLG Dresden VRS 90, 39, 41, wonach der Verzicht auf Benennung des Sachbearbeiters zwar wirksam, aber wenig sachdienlich ist.

[36] Vgl. dazu OLG Brandenburg VRS 91, 57 sowie BGH DAR 97, 204, 205.

[37] Vgl. Dahs/Dahs 231; Kroschel/Meyer-Goßner 387; bei erfolgreich durchgeführtem Nachweis ist dann die Nachholung der Unterschrift ohne praktische Bedeutung und nur aus Gründen der Vollständigkeit vorzunehmen.

[38] KMR § 200/51; LR § 200/50; RGSt 37, 407, 408.

[39] Vgl. oben B III 2.

einen bloßen Entwurf handelte, so steht damit fest, daß die Anklageschrift bzw. der Bußgeldbescheid nicht erlassen wurde und damit das Schreiben ohne rechtliche Bedeutung, also nichtig ist. Wollte man eine erforderliche Unterschrift jederzeit - also auch noch im Revisionsverfahren - nachholen, so würde damit der Wille der Behörde, ein bestimmtes Verhalten einer gerichtlichen Beurteilung zuzuleiten, erst zu einem Zeitpunkt erkennbar (!), zu dem das Gericht bereits die Herrschaft über das Verfahren übernommen hat - ein untragbares Ergebnis.
Aus denselben Gründen erscheint es bedenklich, im freibeweislichen Verfahren das Fehlen der Unterschrift durch Rückfragen bei den zuständigen Entscheidungsträgern zu kompensieren; die Anhaltspunkte für eine gewollte und bewußte Weitergabe müssen sich in irgendeiner nachprüfbaren Form in den Unterlagen manifestiert haben[40]. Diese Einschränkung würde der Rechtssicherheit dienen, da dem Sachbearbeiter der entsprechende Vorgang ohne Unterlagen nach mehreren Wochen wohl kaum mehr in Erinnerung sein dürfte.

II. Angabe der Behörde

Wie oben ausgeführt[41], kommt es letztlich nicht entscheidend auf die Person des Unterzeichners, sondern auf seine Zugehörigkeit zur zuständigen Behörde an. Unter diesem Aspekt ist es erforderlich, daß sich aus der Anklageschrift die erlassende Behörde einschließlich der Ortsangabe entnehmen läßt[42]; andernfalls kann das angegangene Gericht nicht feststellen, ob die Anklage von der örtlich und sachlich zuständigen Staatsanwaltschaft herrührt. Sofern entsprechende Angaben in der Anklage fehlen, ist das Gericht aufgrund seiner prozessualen Fürsorgepflicht gehalten, im freibeweislichen Verfahren die Herkunft der Anklageschrift zu erforschen. Sollte dies nicht aufgrund des gesamten Aktenmaterials gelingen - was freilich schwer vorstellbar ist -, so führt dieser Mangel ebenso wie im Fall sachlicher oder örtlicher Unzuständigkeit[43] zur Unwirksamkeit.

---

[40] Többens (NStZ 82, 184, 185) hat bereits grundsätzliche Bedenken gegen die Anwendung des Freibeweises bei Prozeßvoraussetzungen wegen der Interessenlage beim Angeklagten; die Einschränkungen von Dünnebier (JR 62, 467, 468), daß sich der Wille zur Berufungseinlegung „aus dem Schriftstück" ergeben muß, ist nicht auf die Anklageerhebung übertragbar, so daß m.E. alle schriftlichen Erkenntnisquellen heranzuziehen sind.

[41] Vgl. oben C II 1.

[42] LR 200/50.

[43] Vgl. oben C I 1, 2.

Auch im Bußgeldbescheid ist die ausstellende Behörde anzugeben[44] und notfalls im freibeweislichen Verfahren zu ermitteln. Hierbei sind insbesondere aus den Angaben des Bescheides und aus den Absenderangaben des Umschlages Rückschlüsse auf die Behörde zu ziehen[45]. Sofern sich daraus nicht ergibt, welche Behörde tätig geworden ist, ist dieser Mangel nur unter den Voraussetzungen der Evidenz beachtlich[46].

III. Angabe des Datums

Der Gesetzgeber hat es als Selbstverständlichkeit nicht ausdrücklich erwähnt, daß auf der Anklageschrift das Ausstellungsdatum auszuweisen ist[47]. Sofern dies versehentlich unterblieben ist, schadet dieser Mangel nicht der Wirksamkeit der Anklageschrift, da ihm im Hinblick auf den Zweck der Anklage keine Bedeutung zukommt[48]. Auch für die verjährungsunterbrechende Wirkung der Anklageerhebung nach § 78 c I 1 Nr. 6 StGB ist das Datum der Anklageschrift ohne Relevanz, da es hier auf den Eingang der Akten beim Gericht ankommt[49].
Anders verhält es sich dagegen beim Bußgeldbescheid, da hier die Verjährung durch die Unterzeichnung des Schriftstückes unterbrochen wird (§ 33 I 1 Nr. 9, II OWiG). Allerdings ist dabei zu berücksichtigen, daß die Unterbrechung der Verjährung nicht der Zweck, sondern eine bloße Nebenwirkung des Bußgeldbescheides ist[50]. Die Funktion, nach Einspruchseinlegung die Grundlage für das gerichtliche Verfahren zu bilden, bleibt davon unberührt[51]. Die Unsicherheiten in Bezug auf den Eintritt der Verjährung sind nach dem Grundsatz in dubio pro reo zu lösen, sofern sich nicht aus den anderen Erkenntnisquellen der Mangel beheben läßt[52].

---

[44] Göhler § 66/33 a.
[45] OLG Hamm DAR 71, 136.
[46] Vgl. Demuth VOR 73, 44, 58; vgl. oben C I 1.
[47] Vgl. LR § 200/50; KMR § 200/51.
[48] KMR § 200/50.
[49] DT § 78 c/16; LK § 78 c/30; OLG Karlsruhe VRS 57, 114, 115; BGH StV 93, 71, 72; OLG Bremen StV 90, 25.
[50] OLG Hamm DAR 70, 249, 250.
[51] Demuth VOR 73, 44, 58.
[52] Vgl. BayObLG DAR 71, 191; OLG Hamm DAR 70, 249, 250.

E. Inhaltliche Mängel

I. Allgemeines

Wie bereits oben[1] angesprochen, kommt der Anklageschrift eine doppelte Bedeutung zu: Zum einen bestimmt die Anklage - dem Akkusationsprinzip der §§ 152, 155 I, 264 StPO folgend - den Prozeßgegenstand und führt so zu einer thematischen Bindung des Gerichts[2]. Diese Festlegung des Streitgegenstandes im Strafprozeß[3] wird - im Anschluß an Rieß[4] - als Umgrenzungsfunktion der Anklage bezeichnet. Mit dem Verfahrensgegenstand wird zugleich der Umfang der Rechtskraft festgelegt[5]. Zum anderen stellt die Anklage einen das Hauptverfahren vorbereitenden Schriftsatz dar[6], der sowohl dem Gericht als auch - nach Zustellung gemäß § 201 StPO - dem Angeschuldigten die Informationen zukommen läßt, die zur Durchführung des Verfahrens bzw. zur Verteidigung des Angeschuldigten erforderlich sind. Insoweit erfüllt die Anklageschrift eine Informationsfunktion[7].
Diese Aufgaben werden durch die in § 200 StPO aufgezählten Merkmale wahrgenommen. In ihrer Bedeutung sind sie von gleichem Gewicht[8], so daß bei der Abfassung der Anklageschrift auf beide Aspekte gleichermaßen acht zu geben ist. Diese Gleichwertigkeit in der Bedeutung trifft aber keine Aussage hinsichtlich der Behandlung der jeweiligen Mängel[9]: Dabei zeigt sich, daß die Einordnung der Anklageschrift als Prozeßvoraussetzung allein darauf beruht, daß durch sie der Prozeßgegenstand bestimmt wird.
Die ungleiche Fehlerfolge zwingt dazu, bei der Überprüfung der Zweckerfüllung strikt zwischen der Umgrenzungs- und der Informationsfunktion zu unterscheiden.

---

[1] Vgl. oben A.
[2] Das Gericht wird dadurch in seiner rechtlichen Beurteilung nicht an die Bewertung der Staatsanwaltschaft gebunden, vgl. §§ 155 II, 206, 207 II 3, 264 II StPO.
[3] So Puppe NStZ 82, 230.
[4] Vgl. LR § 200/3.
[5] Vgl. Schmidt I 274; Schlüchter Strafverfahren 364, 604.2.
[6] Schmidt Nachtrag I § 200/2, 3; Peters § 50 II 1 b; v. Kries 501; Rieß JR 87, 389, 390.
[7] Vgl. LR § 200/3, 4.
[8] Vgl. LR § 200/4.
[9] Einhellige Auffassung, vgl. KM § 200/27; KMR § 200/58; aA Krause/Thon StV 85, 252, 256; Krause StV 86, 333, 336.

II. Umgrenzungsfunktion

Der Prozeßgegenstand wird gemäß § 155 I StPO durch die Bezeichnung des Angeschuldigten einerseits und der ihm zur Last gelegten Tat im strafprozessualen Sinn (§ 264 StPO) andererseits festgelegt. Diese Angaben sind Teil des Anklagesatzes (§ 200 I 1 StPO), der gemäß § 243 III 1 StPO in der Hauptverhandlung verlesen wird.

1. Angaben zur Person

Die Bezeichnung des Angeschuldigten in der Anklageschrift dient seiner Identifizierung und hat deshalb so genau zu erfolgen, daß eine Verwechslung praktisch ausgeschlossen ist[10]. Anhaltspunkte für die anzuführenden Merkmale gibt Nr. 110 II a RiStBV. Zu den Personenangaben gehört daher zwingend der Familienname, sämtliche Vornamen (unter Hervorhebung des Rufnamens), der ausgeübte Beruf[11], Anschrift, Familienstand, Geburtstag und Geburtsort mit Kreis und Bezirk. Darüberhinaus ist ein eventuell abweichender Geburtsname, Namen und Anschriften der gesetzlichen Vertreter[12] sowie bei Ausländern die Staatsangehörigkeit[13] anzugeben. Hinsichtlich der Vornamen sind volkstümliche Abkürzungen (z.B. Sepp oder Jupp statt Josef) zu vermeiden, um der Gefahr falscher Mitteilungen aus dem oder an das BZR bzw. VZR vorzubeugen[14].
Sofern die gemäß Nr. 110 II a RiStBV anzugebenden Personalien nicht oder nur unvollständig bekannt sind und dadurch eine Identifizierung zweifelhaft wird, hat die Beschreibung in anderer, eine Verwechslung ausschließende Weise zu erfolgen; hierfür sind insbesondere „alias-Namen" oder bekannte Personenmerkmale anzugeben[15]. Bei nicht anders feststellbarer Identität kommt eine erkennungsdienstliche Behandlung (§ 81 b StPO) oder eine Gegenüberstellung (§ 58 II StPO) in Betracht[16].
Angeschuldigter i.S.v. § 200 I 1 StPO ist stets der Gemeinte, selbst wenn seine angegebenen Personalien falsch sind[17]. Sofern dabei die Anklage eine Person anführt, die tatsächlich existiert und nicht mit dem Tatver-

---

[10] V. Kries 501.
[11] Vgl. dazu näher Burchardi/Klempahn/Wetterich 458.
[12] Vgl. § 67 II JGG, § 409 II StPO.
[13] Wegen der Mitteilung an die Ausländerpolizei, vgl. Schäfer 325.
[14] KMR 200/12; Kohlhaas GA 55, 65, 66.
[15] LR § 200/9; Schmidt II § 200/5.
[16] KMR § 200/14.
[17] Schäfer 325; LR § 200/9; KMR § 200 /14; Schmidt I 290.

dächtigen identisch ist, liegt kein Fall eines Bezeichnungsmangels vor, sondern eine Personenverwechslung[18]. In diesem Fall kommt keine Auswechslung des Angeklagten in der Hauptverhandlung[19] durch Umdeutung oder Berichtigung der Anklageschrift in Betracht, sondern das Verfahren gegen den in der Anklage Bezeichneten ist fortzusetzen und endet mit seinem Freispruch; gegen den tatsächlich Tatverdächtigen ist eine eigene Anklage zu erheben.

2. Bezeichnung der Tat

a. Grundsätzliches

Bei der Beschreibung der Tat als Lebensvorgang ist zu beachten, daß die dem Gericht unterbreitete prozessuale Tat hierdurch erst konstituiert wird[20]. Die vorgeworfene Tat muß daher so exakt beschrieben werden, daß praktisch unverwechselbar feststeht, welcher historische Vorgang Gegenstand des Verfahrens werden soll[21]. Dabei führt der Anklagesatz im Idealfall[22] solche und so viele Eigenschaften einer Tat an, daß er tatsächlich nur von einem Tatindividuum erfüllbar ist[23]. Die tatsächliche Erfüllung der „Einzigkeitsbedingung" ist für eine ausreichende Tatbestimmung in der Anklage hingegen nicht notwendig; dies zeigt sich daran, daß auch ein unwahrer Tatvorwurf eine ausreichende Prozeßgrundlage darstellen kann. Weil aber ein unwahrer Tatvorwurf kein Tatindividuum bezeichnet, wenn sich der Vorfall vollkommen anders als in der Anklage behauptet zugetragen hat (also z.B. der vorgeworfene Mord in Wirklichkeit Selbstmord war), bedarf es der Feststellung, daß die Anforderungen an die Bestimmtheit unabhängig von den tatsächlichen Gegebenheiten des Einzelfalles sein müssen[24].
Welche Eigenschaften im einzelnen aufgeführt werden müssen, läßt sich nicht allgemein sagen, sondern hängt von den Umständen des jeweiligen Falles ab[25]; hierbei darf aus Gründen der Rechtsstaatlich-

[18] BGH NStZ 90, 290, 291.
[19] Sofern der Fehler vorher entdeckt wird, ist eine Eröffnung mangels Tatverdacht abzulehnen.
[20] Rieß OLGSt § 200 StPO Nr. 1, 3.
[21] RG HRR 36 Nr. 1400; LR § 200/11; Solbach JA 84, 703.
[22] Diese Anforderung steht unter dem immanenten Vorbehalt des faktisch Möglichen; ähnlich Schlüchter JR 90, 10, 12; BGH NStZ 94, 502; MDR 94, 399, 400.
[23] So Puppe NStZ 82, 230.
[24] Vgl. dazu Puppe NStZ 82, 230 f.
[25] Einhellige Auffassung in Rspr. und Lit., vgl. RGSt 3, 406, 408; BGHSt 10, 137, 140; OLG Düsseldorf NStZ 82, 335, 336; BGH NStZ 84, 229; LR § 200/11; v. Kries 501; KK § 200/4.

keit[26] nicht auf eine (vermutete) Tatsachenkenntnis des Betroffenen abgestellt werden[27]. Denn dadurch würde zum einen der Grundsatz verletzt, daß sich niemand selbst einer Straftat bezichtigen muß[28]. Zum anderen hilft ein unterstelltes Täterwissen dem Gericht nicht bei der Frage nach dem genau umgrenzten Prozeßgegenstand.

Vielmehr hat sich die Darstellung danach zu richten, wie wahrscheinlich es ist, daß ein und dieselbe Person[29] zu der angegebenen Zeit am angegebenen Ort weitere gleichartige Straftaten verübt hat[30]. Die Schilderung muß daher umso konkreter sein, je größer die Möglichkeit ist, daß der Angeschuldigte an verwechselbaren weiteren Delikten gleicher Art beteiligt war[31]. Sofern dem Angeschuldigten mehrere Taten vorgeworfen werden, muß nicht nur jede einzelne genügend konkretisiert sein, sondern darüber hinaus sind die Vorwürfe untereinander so abzugrenzen, daß sich der Betroffene gegen jede angeklagte Handlung separat verteidigen kann.

b. Anforderungen bei Einzeltaten

Als sachliche Individualisierungsmerkmale kommen allgemein die Kriterien Zeit, Ort, Art des Tätigwerdens, Opfer bzw. Gegenstand der Tat sowie angestrebter oder verwirklichter Taterfolg in Betracht[32].

Ausgangspunkt der Tatbeschreibung ist die genaue Angabe von Zeit und Raum[33], da niemand gleichzeitig an verschiedenen Orten sein kann; dies dürfte auch der Grund dafür gewesen sein, daß der Gesetzgeber - an sich überflüssigerweise - diese Merkmale der Tat i.R.d. § 200 I 1 StPO besonders hervorgehoben hat. Gleichwohl reichen diese Angaben zum einen regelmäßig nicht für die Konkretisierung der Tat aus[34], zum

---

[26] Grundsatz der Unschuldsvermutung, kein Zwang zur Selbstbezichtigung gemäß Art. 6 MRK.

[27] So aber Demuth VOR 73, 44, 55 für den Bußgeldbescheid; vgl. aber Puppe NStZ 82, 230, 231.

[28] Vgl. § 136 I 2 StPO.

[29] Es kommt dabei nicht auf die Eigentümlichkeiten des konkret Angeschuldigten an, sondern darauf, ob irgendein Täter die beschriebene Tat objektiv mehrfach begehen kann; vgl. Puppe NStZ 82, 230, 231.

[30] BGHSt 10, 137, 139; BGH GA 60, 245, 246; NStZ 84, 229.

[31] So BGH NStZ 84, 229.

[32] V. Kries 501.

[33] Vgl. BGHSt 10, 137, 140; BGH GA 60, 245, 246; MDR 94, 399, 400.

[34] Die Feststellung, der Angeschuldigte sei am 4.2.1996 um 8.07 Uhr in Passau, Höhe Innstr. 14, auf dem Bürgersteig gewesen, umreißt nicht im mindesten ein vorwerfbares Verhalten, das als Gegenstand des Prozesses taugt; vgl. OLG Karlsruhe NStZ 93, 147.

anderen sind sie für die nähere Umschreibung des Tatvorwurfs nicht unerläßlich: Für den Fall, daß Zeit und Ort nicht exakt feststellbar sind, kann[35] die Angabe eines kürzestmöglich bemessenen Tatzeitraums sowie eine möglichst genaue Beschreibung des Tatortes ausreichen, sofern die dadurch entstehenden Ungenauigkeiten durch andere Merkmale ausgeglichen werden[36].

Die Grenze der zulässigerweise zu stellenden Anforderungen ist deren tatsächliche Erfüllbarkeit[37]. Die Aussage, daß Zeit und Ort nur insoweit bezeichnet werden können, als deren Ermittlung tatsächlich möglich ist[38], zwingt aber zugleich zu dem Umkehrschluß, daß Tatzeit und Tatort so präzise als irgend möglich zu erfassen sind[39]; Fehler oder Ungenauigkeiten bei der Angabe der Tatzeit sind dagegen unschädlich, wenn die Individualisierung auf andere Weise sichergestellt ist[40]. Aus diesem Grund ist es nicht hinnehmbar, wenn im Anklagesatz die Formulierung „in nicht rechtsverjährter Zeit" gewählt wird[41]. Vielmehr erscheint die Angabe eines zeitlichen Rahmens unverzichtbar[42]. Augenfällig wird dies bei Delikten, bei denen es entscheidend auf das Alter des Opfers und damit auf eine temporäre Fixierung der Vorwürfe ankommt[43].

Denn auch um eine rechtliche Wertung in der Verjährungsfrage treffen zu können, mußte die Staatsanwaltschaft eine ungefähre Vorstellung von der Tatzeit haben; dieser - wenn auch nur vage bekannte - Zeitraum muß mittels Anklageschrift dem Gericht mitgeteilt werden, das allein zu einer abschließenden rechtlichen Würdigung des Sachverhaltes gemäß § 155 II StPO berufen ist[44].

Ein abgrenzbarer Lebensvorgang bedarf regelmäßig neben der zeitlichen und örtlichen auch der modalen Bestimmung, also der Mitteilung, auf

---

[35] Dies gilt nur, wenn der Tatzeitraum selbst verhältnismäßig kurz ist, vgl. OLG Bremen StV 90, 25, 26 mwN.

[36] BGHSt 10, 137, 140; BGHR StPO § 200 I 1 Tat 4, 1; LG Tübingen Justiz 93, 120, 121; LG Koblenz StV 96, 590.

[37] Vgl. OLG Frankfurt JR 90, 39.

[38] Die Kritik von Rieß OLGSt § 200 StPO Nr. 1, 8 schießt über das Ziel hinaus, wenngleich dem Ergebnis zuzustimmen ist.

[39] Vgl. dazu Schäpe NStZ 95, 612; Krause StV 86, 333, 336 zur Informationsfunktion; zu weit BGH GA 60, 245, 246; vgl. zum völligen Fehlen einer datumsmäßigen Festlegung LG Freiburg StV 85, 497 sowie bestätigend OLG Karlsruhe StV 86, 336.

[40] Vgl. OLG Karlsruhe MDR 82, 248.

[41] So aber BGHSt 22, 90, 91; Krause/Thon StV 85, 252, 253; Krause StV 86, 333, 335.

[42] AK § 200/7; OLG Köln VRS 90, 288, 289.

[43] Z.B. §§ 174, 176, 182 StGB.

[44] Vgl. OLG Köln JA 84, 703, 704; BGHSt 40, 138, 162.

welche Art und Weise der Angeschuldigte tätig geworden sein soll. Dies ist bei Vorhandensein von Tatzeugen oder aufgrund eines umfassenden Geständnisses des Angeschuldigten unschwer möglich, sofern sich die Einzelheiten[45] der vorgeworfenen Tatbegehung eindeutig feststellen lassen; hierzu gehört im Fall des Vollrausches (§ 323 a StGB) auch die Angabe, welche an sich strafbare Tat im schuldunfähigen Zustand begangen wurde[46].
Schwieriger ist dagegen die Frage zu beantworten, wie eine Tat im Anklagesatz zu beschreiben ist, die auf verschiedene, nicht näher aufklärbare Arten begangen werden konnte. Dabei sind zwei Fallgruppen zu unterscheiden: Die Tatsachenalternativität[47] erfaßt die Konstellationen, in denen der Täter zwar dasselbe Gesetz verletzt, aber offenbleibt, durch welche konkrete Handlung dies geschieht. Das ist z.B. der Fall, wenn von zwei sich widersprechenden Zeugenaussagen eine aus logischen Gründen falsch sein muß und daher ein genau bestimmbarer Straftatbestand nach §§ 153 ff. StGB verwirklicht wird, wobei unklar bleibt, welche der beiden Aussagen unzutreffend ist. Dem steht die Tatbestandsalternativität gegenüber, bei der durch eine einzige, nicht näher bestimmbare Handlung (bspw. hat der Angeschuldigte eine fremde Sache durch Diebstahl, Hehlerei oder Unterschlagung erlangt)[48] oder durch eine von mehreren bekannten Handlungen (einer eidlichen Zeugenaussage in erster Instanz steht eine widersprüchliche uneidliche Aussage in zweiter Instanz gegenüber, so daß entweder § 153 StGB oder § 154 StGB verwirklicht ist) eine von mehreren möglichen gesetzlichen Tatbeständen verwirklicht wurde[49].
Ein Spezifikum der Wahlfeststellung ist die schwindende Bestimmtheit des konkreten Verhaltens[50], das mittels Anklageschrift zum Gegenstand des Verfahrens gemacht werden soll; damit verbunden ist regelmäßig[51] die Unfeststellbarkeit der tatsächlichen Tatzeit und des Tatortes, so daß an sich die Umgrenzungsfunktion unerfüllbar wäre. Diese Unsicherheit kann nach hM nur dadurch wirksam ausgeglichen werden, daß die in Betracht kommenden Sachverhaltskonstellationen so genau wie möglich und insbesondere unter Hervorhebung ihrer Alternativität im Anklagesatz

---

[45] Eine exakte Bezeichnung der Tat mit ihren gesetzlichen Merkmalen ist nicht erforderlich (so Burchardi/Klempahn/Wetterich 473), ebensowenig das Anführen der Tat bei den Strafvorschriften (aA Burchardi/Klempahn/Wetterich 484).
[46] Vgl. Solbach MDR 78, 900, 901.
[47] Sog. gleichartige Wahlfeststellung, vgl. DT § 1/16 mwN.
[48] Vgl. dazu RGSt 68, 257, 258.
[49] Sog. ungleichartige Wahlfeststellung, vgl. DT § 1/17.
[50] Jacobs GA 71, 257.
[51] Vgl. aber für eine ausreichende Abgrenzung BGH NStZ 84, 133.

aufgenommen werden[52]. Nach der Gegenauffassung soll das Gericht berechtigt und sogar verpflichtet sein, das Verhalten des Angeklagten unter einem anderen als dem vorgeworfenen rechtlichen Gesichtspunkt abzuurteilen, wenn sich während der Hauptverhandlung der tatsächliche Hergang aufklärt[53]. Hierin ist aber eine unzulässige Veränderung des Prozeßgegenstandes zu sehen[54]. Denn ist nur einer der beiden in Betracht kommenden Vorgänge von der Staatsanwaltschaft angeklagt, so bedarf es beim Erkennen einer möglicherweise alternativen Tatbegehung entweder einer Nachtragsanklage (§ 266 StPO) oder einer selbständigen Anklage, die eine Verbindung beider Verfahren ermöglicht[55]. Unterbleibt dies, so ist das anhängige Verfahren einzustellen[56]; ein bloßer Hinweis nach § 265 StPO genügt nicht.
Sofern Unklarheit über Zeit, Ort und Modalitäten der Tat besteht, ist das historische Ereignis nicht mehr als bestimmter Lebensvorgang beschreibbar; vielmehr steht im Vordergrund der Betrachtung das festgestellte verwirklichte Tatergebnis. Die Konkretisierung eines bestimmten Verletzungserfolges an Rechtsgütern einer bestimmten Person impliziert dabei einen einheitlichen Lebensvorgang, der in seinem Hergang nur unzureichend beschrieben werden kann. Der konkretisierte Taterfolg bündelt die nicht näher bestimmbaren Lebensvorgänge im Moment der Rechtsgutverletzung und stellt somit ein taugliches Verfahren zur Umgrenzung dar. Der hierzu geäußerten Kritik[57], die Mitteilung des Namens des Geschädigten diene nur der Informationsfunktion, so daß es sich dabei allenfalls um tatkonkretisierende Angaben i.w.S. handle, kann deshalb nur dann gefolgt werden, wenn der Name zusätzlich zu Zeit und Ort der Tatbegehung angeführt wird. Eine Unbestimmtheit aus Gründen der Beweisbarkeit ist hinnehmbar[58], da anderenfalls unverwertbare Strafbarkeitslücken entstehen; das Abstellen auf den Taterfolg ist somit dem oben dargestellten Weg gleichwertig[59].

---

[52] Vgl. Solbach DRiZ 72, 235, 236; Schäfer 336; Kröpil NJW 88, 1188, 1190; Schröder NJW 85, 780, 782; OLG Celle NJW 88, 1225, 1226; OLG Hamm GA 74, 84; BGH NJW 55, 1240; 57, 1886, 1887; GA 67, 184; Burchardi/Klempahn/Wetterich 479, 480; Nüse GA 53, 33, 39; BGHSt 32, 146, 151.
[53] BayObLG JR 65, 428 mit abl. Anm Koffka; OLG Celle NJW 79, 228; 68, 2390, 2392 mit abl. Anm Fuchs; OLG Düsseldorf JR 80, 470.
[54] Vgl. hierzu auch Stein JR 80, 444 ff.
[55] BGHSt 32, 146, 151.
[56] Vgl. OLG Celle NJW 88, 1225, 1226; ein bloßer Hinweis nach § 265 StPO genügt nicht.
[57] Rieß OLGSt § 200 StPO Nr. 1, 5.
[58] AA Schmitt NJW 57, 1886, 1887; Koffka JR 65, 430; Sax JZ 65, 745, 748.
[59] Jacobs GA 71, 257, 258.

Bei einigen Erfolgsdelikten wird der Umgrenzungsfunktion - unabhängig von Zeit-, Orts- und Modalitätsangaben - dadurch in vollem Umfang Genüge getan, daß der verwirklichte bzw. versuchte Erfolg beschrieben wird[60]; so kann ein Mensch nur einmal getötet, ein Gegenstand nur einmal zerstört werden. Dagegen ist es denkgesetzlich nicht ausgeschlossen, daß dieselbe Person vom Täter mehrmals verletzt bzw. derselbe Gegenstand mehrfach beschädigt wird. Auch aus diesem Grund empfiehlt es sich, selbst bei Erfolgsdelikten Zeit, Ort und Modalitäten der Tat i.R.d. Bestimmbarkeit anzugeben. In diesen Fällen wird die Einzigkeitsbedingung dahingehend relativiert, daß die Doppelerfüllung der Tatbeschreibung „praktisch als ausgeschlossen"[61] erscheinen muß.

c. Anforderungen bei Mehrfachtaten

Bei mehrfach begangenen Delikten ist eine Differenzierung danach vorzunehmen, ob sich die Vorkommnisse gegen mehrere Opfer richteten oder ob stets dieselbe Person geschädigt wurde.

aa. Verletzung höchstpersönlicher Rechtsgüter ggü. einer Vielzahl von Opfern

Sofern dem Angeschuldigten vorgeworfen wird, höchstpersönliche Rechtsgüter verschiedener Personen durch mehrere[62] Handlungen verletzt zu haben, verbietet es die Natur dieser Rechtsgüter, darin eine einzige Tat i.S.v. § 264 StPO zu sehen[63]. Hierzu zählen zum einen die Fälle, in denen über einen längeren Zeitraum gesetzeswidrige Schwangerschaftsabbrüche bei mehreren Frauen vorgenommen worden sind. Die Anforderungen an die Anklageschrift haben sich dabei nicht nur danach zu richten, die vorgeworfenen Taten von bislang unbekannt gebliebenen weiteren Taten zu unterscheiden, sondern darüber hinaus sind die angeklagten Vorgänge auch untereinander hinreichend deutlich abzugrenzen[64]. Dafür sind über die Angabe von Tatort, Tatzeit und Modalitäten hinausgehende nähere Einzelheiten mitzuteilen, die eine

---

[60] Vgl. Krause/Thon StV 85, 252, 253; Puppe NStZ 82, 230, 231; BGH MDR 94, 399, 400; OLG Hamm NStZ-RR 97, 79, 80.

[61] Vgl. Puppe NStZ 82, 230, 232; OLG Karlsruhe MDR 82, 248.

[62] Anders bei der Verletzung vieler Rechtsgüter durch eine Handlung, wo die Umgrenzungsprobleme nicht besonders ausgeprägt sind, vgl. OLG Stuttgart Justiz 93, 266; BGH StV 96, 605.

[63] Vgl. BGHSt 26, 24, 26, wonach eine fortgesetzte Handlung bei der Verletzung höchstpersönlicher Rechtsgüter verschiedener Personen von vornherein ausgeschlossen ist; ebenso RGSt GSSt 70, 243, 245; vgl. auch Bauer JZ 67, 625, 627.

[64] Vgl. BGHSt 10, 137, 140.

exakte Zuordnung ermöglichen[65]. Auf bloße Vermutungen bzw. auf „Blankogeständnisse", die außer der Anzahl der zugegebenen Fälle keine Angaben enthalten, kann eine Anklage nicht gestützt werden; rechtsstaatliche Erwägungen überlagern insofern das Strafverfolgungsinteresse[66]. Als einzig verläßliches zusätzliches Unterscheidungsmerkmal erscheint in Fällen der genannten Art allein die namensmäßige Feststellung der Frauen, bei denen zu Unrecht ein Schwangerschaftsabbruch vorgenommen bzw. versucht wurde[67].
Zum anderen zählen zu den Mehrfachtaten an verschiedenen Personen die Massentötungen im Dritten Reich. Obwohl die Mitwirkung an diesen Verbrechen i.d.R. durch mehrere Handlungen verübt wurde und sich über eine gewisse Zeit hinzog, wird das Verhalten rechtlich als natürliche Handlungseinheit gewertet[68]; für die Anklageschrift hat dies zur Folge, daß nur eine Tat i.S.v. § 264 StPO im Anklagesatz konkretisiert werden muß[69]. Regelmäßig ist in diesen Fällen eine namentliche Individualisierung der Tatopfer nicht möglich, so daß eine ausreichende Bestimmbarkeit der Tat durch andere tatsächliche Angaben nötig ist. Hierfür kommt neben einer Begrenzung des möglichen Tatzeitraumes insbesondere eine genaue Umschreibung der näheren Umstände in Betracht[70], während die dem Täter angelasteten Opfer durch eine Mindestzahl zu bestimmen sind[71].

bb. Mehrfachtaten als fortgesetzte Handlung

Bis zum Beschluß des BGH GSSt vom 3.5.1994[72] fand unter bestimmten Voraussetzungen[73] eine juristische Bewältigung von Mehrfachtaten unter dem von der Rechtsprechung geschaffenen Institut der fortgesetzten

---

[65] RG HRR 38, Nr. 1265.
[66] Vgl. Schmidt JR 57, 385, 386; Zschockelt NStZ 94, 361, 365; BGH StV 86, 329. Anders bei Wirtschaftskriminalität, vgl. Bittmann/Dreier NStZ 95, 105, 107. AA bereits vom Ansatz her Nowakowski 56 ff.
[67] So im Ergebnis auch RG HRR 38, Nr. 1265; BGHSt 10, 137, 140.
[68] OGHSt 1, 321, 342; BGH JZ 67, 643, 644; NStZ 84, 229, 230; Bauer JZ 67, 625, 628.
[69] KM § 264/6.
[70] Vgl. LR § 200 Fn 17.
[71] BGH JZ 67, 643, 644; NStZ 84, 229, 230 mwN.
[72] BGHSt 40, 138 ff.
[73] Vgl. ausführlich DT Vor § 52/25-31 mwN. Diese Voraussetzungen sind im einzelnen: Volldeliktische Verwirklichung desselben Grundtatbestandes, Gleichartigkeit des angegriffenen Rechtsgutes und der Begehungsform sowie Handeln in Gesamtvorsatz.

Handlung statt[74]. Begründet wurde die Zusammenfassung mehrerer natürlicher Handlungen oder Handlungseinheiten zu einer Tat im Rechtssinne früher primär mit Gerechtigkeitserwägungen, seit Abschaffung des Kumulationsprinzips vorrangig mit praktischen Erfordernissen[75].
Unabhängig davon, ob und in welchem Umfang tatsächlich ein praktischer Nutzen in der fortgesetzten Handlung gesehen wurde, bestand bei Befürwortern wie Kritikern darüber Einigkeit, daß hier erhöhte Anforderungen an die Abfassung der Anklageschrift zu stellen sind[76]. Schwierigkeiten ergaben sich zum einen daraus, daß die fortgesetzte Handlung nicht nur zu einem einzigen Zeitpunkt und oftmals nicht nur an einem Ort begangen wurde, sondern durch eine Vielzahl gleichartiger Einzelakte gekennzeichnet ist[77]. Diese waren - ebenso wie mehrere Einzeltaten bei der Tatmehrheit nach § 53 StGB[78] - dergestalt zu individualisieren, daß sie untereinander und gegenüber (möglicherweise) weiteren begangenen Taten unterscheidbar und unverwechselbar blieben[79]. Zum anderen bedurfte es im Anschluß an diese Individualisierung zusätzlicher Ausführungen zu den Umständen, die eine Verbindung der Einzelakte zur fortgesetzten Tat rechtfertigten[80].
Diese Komplexität in der Tatbeschreibung führte zu Bestrebungen, die Anforderungen an die Anklage bei fortgesetzten Handlungen herabzusetzen, um so zu der Verfahrensvereinfachung zu gelangen, die für die Schaffung dieses Rechtsinstitutes letztlich ausschlaggebend war. Insbesondere wurde eine sachgemäße Zusammenfassung einzelner Handlungsakte für zulässig erklärt, sofern es sich um im wesentlichen deckungsgleiche Vorgänge handelt[81]; Abweichungen wären im Anschluß auszuführen.

---

74 Vgl. RGSt GSSt 70, 243, 244; siehe auch Jähnke GA 89, 376, 380.

75 DT Vor § 52/25 mwN; vgl. auch Geppert Jura 93, 649 f. sowie NStZ 96, 57, 58; Foth FS-Nirk 293, 297.

76 Krause/Thon StV 85, 252, 253; Krause StV 86, 333, 334; Schlüchter JR 90, 10, 11; Schmidt Nachtrag I § 200/12.

77 Schlüchter JR 90, 10, 11.

78 So Jähnke GA 89, 376, 377; vgl. zu den Anforderungen bei Tatmehrheit die Ausführungen unten zu dd.

79 Vgl. BGHR StPO § 200 I 1 Tat 4, 2; OLG Oldenburg NJW 52, 990.

80 In objektiver Hinsicht die Gleichartigkeit der Einzelakte und deren räumlich-zeitlicher Zusammenhang, in subjektiver Hinsicht der Gesamtvorsatz; vgl. Krause StV 86, 333, 334; OLG Bremen StV 00, 25, 26.

81 BGH GA 59, 371, 372; 73, 111; NStZ 94, 393; OLG Karlsruhe StV 81, 126, 127; NStZ 93, 147; OLG Frankfurt StV 86, 332, 333; OLG Köln JA 84, 703, 704. Eine Gefahr stellten solche vorgezogenen Erwägungen insoweit dar, als sie den Blick auf eine genaue Subsumtion des Sachverhaltes unter die einschlägigen Tatbestandsmerkmale verstellten, vgl. Zschockelt NStZ 94, 361, 364; Krause StV 86, 333, 335; BGH wistra 91, 181.

Die Mindestanforderungen orientierten sich vorrangig an der Wahrscheinlichkeit, ob verwechselbare weitere Straftaten vom Angeschuldigten möglich waren[82]. Dabei war zu prüfen, ob die verlangten Anforderungen wirklich unerläßlich für eine hinreichend genaue Umgrenzung der vorgeworfenen Handlung waren oder ob es sich nicht vielmehr um - lediglich wünschenswerte - Angaben zur Informationsfunktion handelte. Ein in diese Richtung tendierendes Bestreben der Rechtsprechung, unverzichtbare Mindestanforderungen über die Tatkonkretisierung hinaus zu erstrecken, glaubte Rieß[83] ausfindig gemacht zu haben. Die von ihm propagierte strikte Trennung zwischen Umgrenzungsfunktion und Informationsfunktion dient in hohem Maße der Rechtssicherheit und verdient daher auch heute volle Zustimmung.
Daher war an den Anklagesatz im Hinblick auf seine Umgrenzungsfunktion als Maßstab anzulegen, ob der Verfahrensgegenstand trotz der Zusammenfassung hinreichend konkretisiert war. Insofern erforderliche Angaben betrafen den Tatort, Anfang und Ende des die Taten enthaltenden Zeitraums, die Anzahl der Einzelakte einschließlich der Identifizierung der Geschädigten, den entstandenen Gesamtschaden sowie die Umstände, die eine Verbindung zur fortgesetzten Tat erforderten[84]. Dabei galt es zu beachten, daß es sich insoweit nicht um Mindestanforderungen in dem Sinn handelte, deren Fehlen oder Ungenauigkeit in einzelnen Angaben die Nichterfüllung der Umgrenzungsfunktion zur Folge hatte, sondern um einen Idealzustand der Umschreibung, dem die Praxis nur selten gerecht werden konnte[85].
Zu den für die Umgrenzung in jedem Fall unerläßlichen Angaben zählte die Bestimmung des Zeitraums, in dem die vorgeworfenen Taten begangen worden sein sollen[86]; denn nur so konnte in einem nachfolgenden Verfahren festgestellt werden, ob die später entdeckte Tat in den bereits abgeurteilten Komplex fiel und daher ein Verstoß gegen das Gebot ne bis in idem (Art. 103 III GG) in Betracht kam. War eine exakte Datumsbestimmung für Anfang und Ende der Handlung aus tatsächlichen Gründen nicht möglich, so mußte der Zeitraum möglichst eng gefaßt

---

[82] BGHR StPO § 200 I 1 Tat 4, 1; BGH MDR 94, 399, 400; Schlüchter JR 90, 10, 11; LG Tübingen Justiz 93, 120, 121.

[83] Rieß OLGSt § 200 StPO Nr. 1, 5; JR 89, 437 f. mwN.

[84] Vgl. Kinnen MDR 78, 634, 635; fehlten dagegen die Angaben zum Gesamtvorsatz, so kamen statt einer fortgesetzten Handlung Einzeltaten in Betracht, die zueinander regelmäßig in Tatmehrheit (§ 53 StGB) standen.

[85] Vgl. OLG Frankfurt JR 90, 39; Schlüchter JR 90, 10, 12; dabei durften die Anforderungen an die Umschreibung nicht überzogen werden, vgl. OLG Frankfurt StV 86, 332, 333.

[86] BayObLG OLGSt § 200 StPO Nr. 4, 11; OLG Frankfurt StV 86, 332, 333 mit zust. Anm Krause; LR § 200/14; Schäfer 329; Kroschel/Meyer-Goßner 381.

werden[87]. Daß dieses Beschränkungsgebot strikt zu beachten war, ergibt sich aus dem eben Gesagten.

Die Konkretisierung des Tatzeitraumes machte nähere Angaben zu den Einzelakten nicht überflüssig. Insbesondere führte die umfassende Erkenntnispflicht des Gerichts und die sich daran ausrichtende Rechtskraft[88] nicht dazu, daß auf eine zahlenmäßige Festlegung der Einzeltaten verzichtet werden konnte. Denn die Rechtskraft des vorangegangenen Urteils verbot nur dann die Verurteilung wegen eines später entdeckten Teilaktes, wenn dieser im neuen Verfahren auch tatsächlich als Teil einer fortgesetzten Handlung bewertet wurde[89]. Da der Angeklagte somit nicht sicher sein konnte, daß nachträglich entdeckte Einzelakte nicht mehr Gegenstand eines neuen Verfahrens werden, war den aus Art. 103 III GG resultierenden Gefahren bei der Abfassung der Anklageschrift dadurch Rechnung zu tragen, daß die angeklagten Einzelakte hinreichend individualisiert wurden[90].

Die Staatsanwaltschaft hatte dabei alle zur Verfügung stehenden Erkenntnisquellen auszuschöpfen, da anderenfalls eine prozessuale Erleichterung auf Kosten des Angeschuldigten gegangen wäre; das Institut der fortgesetzten Handlung durfte nicht dazu mißbraucht werden, aufgrund einer generalisierenden Betrachtungsweise zeitraubende Ermittlungen zu ersparen[91]. Wo dies nicht möglich war, mußte die Festlegung eines Mindestumfanges der fortgesetzten Handlung durch eine Mindestzahl der Einzelakte genügen. Wäre auch hierauf verzichtet worden, so wäre gegen das Prinzip des Tatstrafrechts verstoßen und stattdessen eine strafbare Lebensführung im Sinne eines Gesamtverhaltens sanktioniert worden[92].

---

[87] Vgl. Schäpe NStZ 95, 612; OLG Frankfurt JR 90, 39, 40; LG Tübingen Justiz 93, 120, 121; OLG Bremen StV 90, 25, 26.

[88] Das Gericht hatte alle vor dem letzten tatrichterlichen - also auch die zwischen erst- und zweitinstanzlichem - Urteil begangenen Einzelakte seiner Entscheidung zugrunde zu legen; § 331 StPO stand dem nicht entgegen, vgl. BGHSt 9, 324, 330 ff.; BGH NStZ 82, 128.

[89] In dieser Rechtsfrage ist das Gericht des Zweitverfahrens nicht an die frühere Bewertung gebunden, vgl. BGHSt 15, 268, 270; BGH NJW 85, 1173.

[90] Ebenso Schlüchter JR 90, 10, 13 f.; Geppert NStZ 96, 57, 58 bezeichnet die frühere Praxis anschaulich als Vorwurf einer „Lebensführungstat".

[91] Ruppert MDR 94, 973, 976.

[92] Vgl. Jähnke GA 89, 376, 390; BGH GA 80, 468; aA BGHR StPO § 200 I 1 Tat 9; BGH NStZ 92, 535; MDR 94, 399, 400 unter Hinweis auf Nowakowski 59. BGH NJW 94, 1663, 1668 läßt diese Frage offen, hält aber zumindest wegen einer möglichen späteren Aufspaltung in rechtlich selbständige Taten die Angabe von Mindestzahlen für zweckmäßig.

Hinsichtlich der Mindestanzahl[93] der Einzelakte konnten nur solche berücksichtigt werden, die sicher festgestellt worden sind, so daß die Anklage nicht auf Schätzungen oder überschlägige Hochrechnungen gestützt werden durfte. Dieses Problem trat insbesondere beim sexuellen Mißbrauch von Kindern auf, da regelmäßig keine weiteren Tatzeugen existierten und der Erinnerung der Opfer an die z.T. Jahre zurückliegenden Vorfälle Grenzen gesetzt sind. Um das Dilemma, einerseits dem Angeschuldigten nicht unbelegbare Taten vorzuwerfen und andererseits dem Verfolgungsinteresse des Staates und insb. des Opfers gerecht zu werden, zufriedenstellend lösen zu können, hat die Rspr. den hier aufgezeigten Weg gewählt; dies bedeutete aber nicht zugleich, daß sich an der Höhe der bislang wegen Verdachtstaten ausgesprochenen Strafen etwas ändern mußte[94]. Wo keine sichere Feststellung möglich war, fand im Bezug auf ein späteres Verfahren der Grundsatz in dubio pro reo Anwendung, so daß die neu entdeckten Taten im Zweifel als abgeurteilt galten[95]. Sobald der einzelne Vorgang aber als sicher feststand, war er bereits von anderen unterscheidbar und damit hinreichend individualisiert.

Die Frage, ob auch die Mindesthöhe des Gesamtschadens unverzichtbar ist, wurde von der herrschenden Ansicht[96] mit Hinweis auf die Erkennbarkeit des Umfanges des Schuldvorwurfes bejaht. Dem wurde zu Recht entgegengehalten, daß die Gesamtschadenshöhe[97] nicht die Tat als historischen Vorgang konkretisiert, sondern lediglich die Informationsfunktion der Anklageschrift betrifft[98]; eine Ausnahme ist allenfalls bei Betäubungsmitteldelikten zu sehen, da hier die Gesamtmenge für die rechtliche Qualifikation entscheidend ist[99]. Die Bedeutung, die im übrigen dem Schuldvorwurf im Urteil zukommt, rechtfertigt nicht ohne weiteres Rückschlüsse auf die Anforderungen, die an die Anklageschrift zu stellen sind[100].

Daß darüber hinaus eine Schilderung der Modalitäten zumindest in den Grundzügen unverzichtbar war, ergibt sich aus den Ausführungen zur

---

[93] Die Notwendigkeit, eine „Höchstzahl" anzugeben, wird erstmals von BGH MDR 94, 399, 400 behauptet (zustimmend BGHSt 40, 138, 161); Peters NStZ 94, 591, 592 bezeichnet diese Anforderung als „strafprozessualen Erdrutsch"; zw. auch KM § 200/9.

[94] Vgl. dazu Zschockelt NStZ 94, 361, 363.

[95] Jähnke GA 89, 376, 390.

[96] Vgl. OLG Frankfurt StV 86, 332, 333; BGH GA 73, 111; 80, 468; StV 86, 329; Schlüchter JR 90, 10, 14.

[97] Anders die Angabe der Schadenshöhe bei einem Einzelakt.

[98] Vgl. Rieß OLGSt § 200 StPO Nr. 1, 5.

[99] Vgl. §§ 29 a I Nr. 2, 30 I Nr. 4 BtMG.

[100] Insofern ist BGH MDR 94, 399, 400 zuzustimmen.

Einzeltat, die entsprechend anzuwenden waren[101]. Die sachgemäße Zusammenfassung durfte nicht zu Lasten der Individualisierung der Einzeltaten gehen, sondern verfolgte nur das Ziel, die bei der Schilderung einer Vielzahl von Handlungen zwangsläufigen Wiederholungen zu vermeiden.
Zur Konkretisierung der fortgesetzt begangenen Tat gehörten neben den individualisierten Einzeltaten die Umstände, die diese Vielzahl von Vorkommnissen zu der rechtlichen Einheit machten, also die Gleichartigkeit der Einzelakte[102], deren räumlich-zeitlicher Zusammenhang sowie der Gesamtvorsatz. Ein Fehlen dieser Umstände führte nicht nur zu einem Verstoß gegen das Gebot, die konkreten gesetzlichen Merkmale der Tat mitzuteilen - und damit zu einer Verletzung der Informationsfunktion -, sondern veränderte den Charakter der vorgeworfenen Tat, so daß die Mitteilung dieser Umstände auch zur Bestimmung des Verfahrensgegenstandes erforderlich war[103].

cc. Die Bedenken des BGH zur fortgesetzten Handlung

Mit der Rechtsfigur der fortgesetzten Handlung waren Nachteile verbunden, die die gerichtliche Praxis[104] nicht in überzeugender Weise zu lösen vermochte. Insbesondere lief das Institut der fortgesetzten Handlung den Wertungen und Zielsetzungen gesetzlicher Regelungen zuwider und konnte zu Ergebnissen führen, die dem Gerechtigkeitsempfinden widersprechen[105].
So war die Höchststrafe der fortgesetzten Handlung regelmäßig[106] niedriger als die sich aus § 54 II StGB ergebende Obergrenze; dies galt

---

[101] Besonderheiten gelten dabei für fortgesetzt begangene Steuerstraftaten, wenn wegen der Beteiligung mehrerer Personen die Tatbeiträge wegen der schwierigen Abgrenzung von Täterschaft und Teilnahme besonders sorgfältig darzustellen sind; vgl. OLG Düsseldorf JR 91, 385, 388 mit Anm Franzheim; NStZ 82, 335, 336. Hinsichtlich der Frage, ob ein Vergleich der geschuldeten Steuer mit der tattatsächlich angegebenen die Umgrenzungsfunktion berührt, ist der Argumentation des BayObLG NStZ 92, 403, 404 zu folgen: Die Berechnung der Steuer selbst stellt keinen Umstand dar, der zur Abgrenzung von anderen möglicherweise begangenen Steuervergehen beiträgt; so aber OLG Düsseldorf JR 91, 385, 387; 89, 435, 436; NStZ 82, 335, 336; MDR 73, 337.

[102] Sofern nicht wegen Offenkundigkeit überflüssig.

[103] Vgl. Kinnen MDR 78, 634, 635; Krause/Thon StV 85, 252, 253; OLG Schleswig-Holstein SchlHA (L/T) 92, 148, 149.

[104] Diese war im übrigen völlig uneinheitlich in den Anforderungen an die Fortsetzungstat, worunter die Rechtssicherheit erheblich litt, vgl. Geppert NStZ 96, 57, 58.

[105] Vgl. dazu insgesamt BGHSt 40, 138, 148 ff.

[106] Vgl. die Kritik bei BGH NStZ 92, 389.

selbst dann, wenn die Vielzahl der Einzelakte einen besonders schweren Fall i.S.v. §§ 176 III, 263 II StGB begründete. Vielmehr galten faktisch die Grundsätze der Einheitsstrafe contra legem[107]. Wertungswidersprüche traten auch im Zusammenhang mit dem OrgKG auf, da das Merkmal der bandenmäßigen Tatbegehung die Verübung mehrerer selbständiger Taten verlangt[108]: Gerade bei der fortgesetzten Handlung, die nach ihrer Struktur Ausdruck erhöhter Gefährlichkeit und gesteigerter krimineller Energie ist[109], waren deshalb die Sanktionen der Vermögensstrafe (§ 43 a StGB) und des Verfalls (§ 73 d StGB) unanwendbar.
Folgenschwere Probleme ergaben sich auch bei der Aburteilung einzelner Teile einer Tatserie im Hinblick auf die Rechtskraftwirkung. Mit einer (aufgrund anwaltlicher Unterrichtung) zweckgerichteten Aussage konnte der Angeschuldigte erreichen, daß nachträglich bekanntgewordene Teilakte, die Gegenstand eines neuen Verfahrens waren, von der Rechtskraft der früheren Verurteilung erfaßt wurden, während er bei einer wahrheitsgemäßen (!) Verneinung des Gesamtvorsatzes wegen einer anderen als der bereits abgeurteilten Tat erneut verurteilt werden konnte[110]. Dazu gehörten auch die Konsequenzen des nachträglichen Bekanntwerdens weiterer Teilakte sowie der erst nachträglichen Feststellung des Gesamtvorsatzes; ein bloßer Hinweis gemäß § 265 StPO genügte im Fall der fortgesetzten Handlung den berechtigten Interessen des Angeschuldigten nicht, auch wenn dies die dogmatisch richtige Vorgehensweise darstellen würde.
Anhand der Voraussetzungen einer Sicherungsverwahrung zeigt sich die Zufälligkeit von Ergebnissen, was unvereinbar mit den Grundsätzen der Rechtsstaatlichkeit ist. So wirkte sich zugunsten des Angeschuldigten aus, wenn er - trotz seines Hangs zu Straftaten - nur wegen einer einzigen fortgesetzten Tat verurteilt wurde, da § 66 II StGB die Begehung dreier selbständiger Straftaten voraussetzt[111]. Die Wertung als fortgesetzte Handlung wirkte sich dagegen nachteilig aus, wenn frühere Tatserien jeweils einzeln als fortgesetzt begangen gewertet wurden und erst die Zusammenfassung zu jeweils einer einzigen Tat im Rechtssinn eine Strafhöhe erreichte, die den Anwendungsbereich des § 66 I StGB eröffnet[112]. Ebenfalls zu sinnwidrigen Ergebnissen führte die Zusammen-

---

[107] Die sonst notwendige Anpassung der Deliktsstrafrahmen unterblieb, vgl. BT-DS IV/650, 189 ff.; V/4094, 25.
[108] BGHSt 39, 216, 217.
[109] BGH NStZ 92, 389.
[110] BGH JR 57, 384, 385 mit Anm Schmidt.
[111] LK § 66/55; vgl. zu § 20 a StGB a.F. BGHSt 1, 313, 314.
[112] Bei Annahme von Tatmehrheit entscheidet bzgl. § 66 I StGB nicht die Gesamtstrafe, sondern die jeweils zugrundeliegende Einzelstrafe; vgl. BGH NJW 87, 2313.

rechnung von Einzelmengen i.R.d. §§ 29 a I Nr. 2, 30 I Nr. 4 BtMG, da hierdurch der Deliktscharakter i.S.v. § 12 StGB geändert wurde[113].
Bedenklich war darüber hinaus auch die zeitliche und räumliche Erstreckung der Tatbegehung; für den Angeschuldigten konnten sich Nachteile im Hinblick auf Gesetzesänderungen ergeben (§ 2 II StGB)[114], ferner bezüglich der Stichtagsregelung von Straffreiheitsgesetzen[115] sowie wegen der Begehung eines Teilaktes im Geltungsbereich des StGB (§§ 3, 9 StGB) bei ansonsten überwiegender Tatbegehung im Ausland[116].
Ausschlaggebend für den Rechtsprechungswandel waren schließlich die Nachteile, die dem Angeschuldigten aus der Regelung der Strafverfolgungsverjährung erwachsen sind[117]. Durch die rechtliche Einheit der fortgesetzten Handlung wurde der Beginn der Verjährung bis zur Beendigung des letzten Teilaktes hinausgezögert[118], so daß die Verjährungsfristen bei lange andauernden Tatserien faktisch ausgeschaltet waren[119]. Die Ungleichbehandlung ggü. Tatserien, bei denen wegen der höchstpersönlichen Natur der verletzten Rechtsgüter kein Fortsetzungszusammenhang angenommen wurde, war sachlich nicht zu rechtfertigen[120].
Aufgrund dieser Mißstände, die aus der Bewertung als rechtliche Handlungseinheit resultierten und auch nicht durch strengere Maßstäbe zu beseitigen waren[121], sah sich der GSSt des BGH veranlaßt, das Rechtsinstitut der fortgesetzten Handlung faktisch aufzugeben sowie nunmehr die Fälle der Mehrfachbegehung anhand der Grundsätze zu lösen, die das Gesetz für die Behandlung mehrerer selbständiger Taten vorsieht.

dd. Mehrfachbegehung nach heutiger Ansicht

Die Änderung der Rspr. stellte keine revolutionäre Neuerung dar, sondern führte eine ausufernde Praxis auf die gesetzlich verankerten Fundamente

---

[113] Vgl. BGH NStZ 92, 389; 94, 494, 495; Ruppert MDR 94, 973, 974.
[114] Vgl. BGH NStZ 93, 535, 536 mit Anm Gribbohm.
[115] Vgl. RGSt 72, 13, 14; BGH NJW 56, 1079.
[116] Vgl. BGH MDR (H) 92, 631.
[117] BGHSt 40, 138, 153.
[118] Ständige Rspr., vgl. BGHSt 1, 84, 91; 36, 105, 109.
[119] Fischer NStZ 92, 415, 420; Foth FS-Nirk, 293, 295 ff.; Geppert Jura 93, 649, 654; Jähnke GA 89, 376, 384.
[120] Vgl. Schumann StV 92, 392, 396 Fn 35.
[121] Vgl. dazu Schäfer 328 sowie BGHSt 40, 138, 155. Vor der Aufgabe des Rechtsinstitutes versuchten insbesondere der 3. und 4. Strafsenat, durch Anlegen strengerer Kriterien einer Ausweitung der fortgesetzten Handlung entgegenzuwirken; vgl. Geppert NStZ 96, 57.

zurück[122] und ist damit ein Wendepunkt in der Rechtsentwicklung[123]. Statt eine rechtliche Handlungseinheit aus einer Vielzahl von Einzelakten zu konstruieren, sind die betroffenen Handlungen dadurch einer Aburteilung zuzuführen, daß jeder Einzelakt grundsätzlich[124] als selbständige Tat zu betrachten ist und diese einzelnen Taten in Tatmehrheit (§ 53 StGB) stehen[125].
Diese veränderte Bewertung der einzelnen Vorgänge hat u.a. Konsequenzen für die Anklageschrift: Da sich der Vorwurf nunmehr auf mehrere selbständige Taten bezieht, ist es für die Anklageschrift unerläßlich[126], jede einzelne - gleich einer Einzeltat - zu individualisieren, so daß die Angabe von geschätzten Mindest- bzw. Höchstzahlen nunmehr unzureichend ist.
Die zur Umgrenzung des Prozeßgegenstandes erforderlichen Mindestangaben sind somit heute höher anzusetzen, als dies unter der Geltung der fortgesetzten Handlung der Fall war[127]. Dies resultiert weniger aus der anderen rechtlichen Bewertung der fraglichen Vorgänge[128], als vielmehr daraus, daß die früher gemachten Zugeständnisse[129] auf das Institut der fortgesetzten Handlung beschränkt waren.
Davon abgesehen gelten die oben zur Individualisierung der Einzelakte einer fortgesetzten Handlung aufgezeigten Grundsätze auch für die

---

[122] Vgl. Zschockelt NStZ 94, 361; Ruppert MDR 94, 973, 977.
[123] So Geisler Jura 95, 74.
[124] Ausnahmen gelten für die Massentötungen im Dritten Reich, vgl. oben aa. Zur Zusammenfassung von Handlungsabläufen der Wirtschaftskriminalität vgl. Bittmann/Dreier NStZ 95, 105, 108 sowie die berechtigte Kritik von Zschockelt NStZ 95, 109.
[125] Vgl. BayObLG DAR 95, 411 zu Verstößen gegen § 21 I Nr. 1 StVG.
[126] Die Entscheidung des 5. Strafsenats des BGH (NJW 95, 1166), wonach die Schätzung des Schuldumfangs bei Serientaten zulässig sein soll, steht im offenen Widerspruch zu der geänderten Rechtsprechung und wird deshalb zu Recht als inkonsequent kritisiert, vgl. Bohnert NStZ 95, 460, 461; Erb GA 95, 430, 437; Geppert NStZ 96, 57, 63; 96, 118.
[127] Vgl. Geppert NStZ 96, 57, 61; Arzt JZ 94, 1000, 1001 hält diesem Gewinn an Konkretisierung des Prozeßgegenstandes den Konturenverlust bei der Strafzumessung entgegen, da dort auch die nun verjährten und damit nicht angeklagten Einzeltaten berücksichtigt würden (vgl. Ruppert MDR 94, 973, 974; Bittmann/Dreier NStZ 95, 105), was im Hinblick auf Art. 6 II MRK bedenklich erscheine; vgl. Geppert Jura 92, 597, 601.Gegen eine solche Tatfeststellung zweiter Klasse wendet sich auch BGH StV 95, 132; NStZ-RR 97, 130. Zschockelt NStZ 95, 109, 110 hingegen weist zu Recht darauf hin, daß das straferhöhende schuldrelevante Vorleben in der Hauptverhandlung aufgeklärt werden muß, bevor es verwertbar ist; ebenso Foth NStZ 95, 375.
[128] So auch Ruppert MDR 94, 973, 976.
[129] Vgl. oben bb.

Konkretisierung der Einzeltaten bei Tatmehrheit[130]. Es muß deshalb bei einer Serienstraftat zunächst versucht werden, die einzelnen[131] Taten nach konkreten Tatbildern zu beschreiben, also nach Modalitäten, Tatort und Tatzeit zu konkretisieren[132]. Die Konkretisierung darf nicht erst in der Hauptverhandlung erfolgen[133]. Sofern dies nicht möglich ist, hat eine zeitliche Eingrenzung zu erfolgen. Ist auch diese nicht realisierbar - was schwer vorstellbar ist, da bereits die Festlegung der Eckdaten, innerhalb derer sich die vorgeworfenen Taten ereignet haben sollen, eine zeitliche Eingrenzung des Tatvorwurfes darstellt - soll nach umstrittener Ansicht in Anwendung des Zweifelsgrundsatzes von Mindestzahlen ausgegangen werden[134].
Nach der Gegenauffassung[135] genügt die Errechenbarkeit der Höchstzahl von Einzeltaten. Zustimmung verdient hingegen die Ansicht, wonach bloße Mindest- oder Höchstzahlen von Delikten keine Grundlage für den Schuldvorwurf konkreter Einzeltaten darstellen[136]. Werden in der Hauptverhandlung weitere selbständige Taten bekannt, so genügt ein bloßer Hinweis nach § 265 StPO nicht; vielmehr setzt eine Einbeziehung in das laufende Verfahren die Erhebung einer Nachtragsanklage gemäß § 266 StPO voraus[137].
Besondere Probleme - und deshalb häufig Gegenstand revisionsrechtlicher Entscheidungen - stellen die Fälle des sexuellen Mißbrauchs von Kindern dar. Die Schwierigkeiten ergeben sich zum einen daraus, daß die Taten häufig erst nach Jahren aufgedeckt werden[138]; zum anderen sind die Opfer oftmals so jung, daß das Erinnerungsvermögen stark eingeschränkt sein kann[139]. Da die Frage nach der Anzahl der tatsächlich begangenen Einzeltaten regelmäßig[140] unbeantwortbar ist, hat sich die An-

---

[130] Ruppert MDR 94, 973, 976; BGH MDR 94, 399, 400; NStZ 95, 78; OLG Zweibrücken StV 95, 124, 125.

[131] Zum Problem der Verfahrenseinstellung nach §§ 154, 154 a StPO vgl. Geppert NStZ 96, 57, 63; Erb GA 95, 430, 439; Zschockelt NStZ 95, 109; Arzt JZ 94, 1000, 1002 sowie unten IV 2 c.

[132] BGH NStZ 94, 393; 94, 352, 353; 96, 294; Geppert NStZ 96, 57, 61.

[133] Vgl. BGH NStZ 95, 245; LG Koblenz StV 95, 127, 128.

[134] So KM § 200/9; OLG Oldenburg NZV 96, 83; BGH NStZ 95, 78; OLG Düsseldorf NStZ-RR 96, 275, 276.

[135] BGH MDR 94, 399, 400; OLG Koblenz StV 95, 119, 120.

[136] Vgl. Zschockelt NStZ 94, 361, 365; BGH NStZ 94, 393; NStZ 94, 352; ebenso wohl auch BGH StV 96, 363, 364.

[137] BGH NStZ 97, 145, 146; StV 96, 361.

[138] Vgl. BGH NStZ 95, 245; 94, 502; 96, 401.

[139] BGH MDR 94, 399, 400 mit Anm Peters NStZ 94, 591; BGH StV 96, 362; NStZ 97, 145; OLG Koblenz StV 95, 119, 120.

[140] Sofern nicht aufgrund von Tagebucheintragungen die Anzahl der Taten sicher festgestellt werden kann, vgl. Zschockelt NStZ 94, 361, 363.

klageschrift darauf zu konzentrieren, solche Taten, die dem Opfer noch in Erinnerung sind, so genau zu beschreiben, daß sie der Umgrenzungsfunktion genügen. Damit wird - ohne Beeinträchtigung der Verteidigungsposition - auch den Aspekten des Opferschutzes vor übermäßig belastenden Zeugenvernehmungen Rechnung getragen[141].
Diese beschreibbaren Taten werden regelmäßig den Beginn der Tatserie, die Vorfälle mit veränderten Modalitäten[142] sowie die zuletzt begangene Tat betreffen[143]. Die so festgestellten einzelnen Vorkommnisse sind sodann durch weitere Angaben[144] soweit zu konkretisieren, daß eine Verwechslung praktisch ausgeschlossen werden kann[145]. Sie dürfen nicht zusammenfassend in pauschaler Weise festgehalten werden, sondern sind einzeln nacheinander in ihrem konkreten Ablauf zu schildern[146].
Sofern eine solche Individualisierung nicht erreichbar ist - bspw. bei sehr jungen[147] oder geistig behinderten Kindern[148] - und lediglich die tatsächliche Begehung eines Sexualdeliktes feststeht, hat die Anklage den festgestellten Taterfolg möglichst präzise zu umschreiben und den für seine Begehung in Frage kommenden Zeitraum so weit wie möglich einzugrenzen[149]. In solchen Fällen kommt daher die Anklage nur wegen der einen sicher feststellbaren Tat in Betracht. Gleichwohl ist das Gericht nicht gehindert, seine Vermutungen darüber zu äußern, daß weitere Taten begangen worden sein könnten; es muß aber deutlich hervorheben, daß sich die Anklage nicht auf diese weiteren, nicht hinreichend deutlichen Vorwürfe bezieht[150]. Bedenken, daß bei den hier gestellten hohen Anforderungen untragbare Strafbarkeitslücken entstehen[151],

---

[141] Vgl. dazu Geisler Jura 95, 74, 82; Geppert NStZ 96, 57, 61; OLG Düsseldorf StV 96, 199, 201.

[142] Dies betrifft nicht nur die Tatausführung selbst, sondern auch Änderungen der Örtlichkeiten oder der sonstigen Rahmenbedingungen, vgl. BGH NStZ 95, 200; 97, 145, 146.

[143] Vgl. Zschockelt NStZ 94, 361, 363; 95, 109; BGH NStZ 96, 401; StV 96, 363, 364.

[144] Vgl. BGH NStZ 94, 502 („keine übersteigerten Anforderungen").

[145] Sehr weitgehend BGHR StPO § 200 I 1 Tat 9; vgl. auch BGH NStZ 94, 393, 394; NStZ (K) 95, 19; NStZ 95, 245; NJW 96, 206. Die Auffassung BGH NStZ 95, 200, wonach die Mindestzahl der begangenen Taten aus den Angaben der Anklage errechnet werden soll, geht wohl zu weit; ebenso bei BGH NStZ 95, 244, 245.

[146] So BGH NStZ 94, 393; 97, 145, 146; OLG Düsseldorf StV 96, 199, 201.

[147] Vgl. BGH NJW 96, 206; Geppert NStZ 96, 57, 63.

[148] Vgl. OLG Bamberg NJW 95, 1167.

[149] Vgl. Schäpe NStZ 95, 612. Ebenso sind die Fälle eines feststehenden Gesamterfolges zu lösen, vgl. BGH NStZ 94, 586.

[150] Vgl. dazu OLG Hamm NStZ-RR 97,139; Zschockelt NStZ 94, 361, 363.

[151] Geppert NStZ 96, 57, 63.

können angesichts des Bestimmtheitsgebotes der Anklage nicht überzeugen[152].
Nur für eine gewisse Übergangszeit ist die Frage von Bedeutung, wie nach der Abschaffung des Rechtsinstitutes der fortgesetzten Handlung mit solchen Anklageschriften zu verfahren ist, die eine fortgesetzte Handlung zum Gegenstand haben und bereits zur Hauptverhandlung zugelassen sind[153]. Aufgrund der Rechtsprechungsänderung können aus diesen Anklageschriften nur solche Vorwürfe zum Gegenstand der Hauptverhandlung gemacht werden, die den neuen Anforderungen an die Darstellung genügen. Somit ist eine Aburteilung nur hinsichtlich der Taten möglich, die als Einzeltaten ausreichend konkretisiert sind[154]; sofern nur ein Teil der angeklagten Taten ungenügend konkretisiert wurde, wird die Verfahrenseinstellung auf diesen mangelhaften Teil des Verfahrensgegenstandes beschränkt[155]. Die Anforderungen an die Bestimmtheit der Anklage sind von der Rspr. für eine Übergangszeit daran angepaßt worden, daß zur Zeit der Anklageerhebung noch ein geringeres Maß für die Individualisierung genügte[156].

3. Behandlung von Mängeln in der Umgrenzungsfunktion

Fehler, die im Zusammenhang mit der Umgrenzungsfunktion stehen, begründen nicht automatisch ein Verfahrenshindernis. Vielmehr ist zunächst danach zu unterscheiden, ob die Anklage trotz des Mangels ihre Funktion erfüllt. Handelt es sich insofern lediglich um einen sog. unwesentlichen Mangel, so daß die Anklageschrift trotz ihrer Abweichungen den Prozeßgegenstand noch hinreichend genug abgrenzt, besteht im Hinblick auf die Bewertung der Anklageschrift als Prozeßvoraussetzung keine Veranlassung zum Tätigwerden. Aus revisionsrechtlicher Sicht

---

[152] Insofern widersprüchlich BGH StV 96, 363, 364.

[153] Andernfalls - also insbesondere wenn bis zum 3.5.1994 keine Eröffnung beschlossen wurde - ist die Eröffnung der Hauptverhandlung wegen der angeklagten fortgesetzten Handlung gemäß § 204 StPO abzulehnen.

[154] Zschockelt NStZ 94, 361, 366; Hamm NJW 94, 1636, 1637; OLG Köln StraFo 95, 21, 22; LG Koblenz StV 95, 127, 128; BGHR StPO § 200 I 1 Tat 8, 2; BGH NStZ 95, 245; 94, 393, 394; zu weitgehend dagegen NStZ 95, 244, 245; 95, 200. Damit vergleichbar sind die Fälle, in denen wegen einer fortgesetzten Handlung die Hauptverhandlung eröffnet wurde, in dieser aber der Fortsetzungszusammenhang wegen Fehlen der verbindenden Elemente aufgelöst wurde, vgl. BGHR StPO § 200 I 1 Tat 2; BGH NJW 91, 2716; MDR 94, 399; in solchen Fällen ist bzgl. der nicht erwiesenen Teilakte freizusprechen, vgl. BGH NStZ (M) 88, 448 f.

[155] OLG Zweibrücken StV 95, 124, 125; OLG Karlsruhe NStZ 93, 147; Geppert NStZ 96, 57, 62.

[156] Vgl. BGH NJW 96, 206; BGHR StPO § 200 I 1 Tat 9; Geisler Jura 95, 74, 82.

kann dagegen in diesen Fällen ein richterliches Handeln erforderlich werden, da sonst - bei Vorliegen der Voraussetzungen des § 337 StPO - ein Urteil aufgehoben und das Verfahren wiederholt werden müßte[157].
Liegt dagegen ein Fehler vor, der so schwer wiegt, daß der Umgrenzungsfunktion nicht mehr Genüge getan wird - sei es, daß der Angeschuldigte nicht hinreichend identifiziert ist[158], sei es, daß die prozessuale Tat nicht ausreichend konkretisiert ist[159] -, ist bei Entdeckung des Mangels ein sofortiges richterliches Einschreiten veranlaßt; die Erhebung einer Nachtragsanklage gemäß § 266 StPO stellt keine statthafte Heilung dar[160].

a. Rückgabe der Anklageschrift

Wird der Fehler sogleich nach Einreichung der Anklageschrift - also noch vor Erlaß eines Eröffnungsbeschlusses - erkannt, ist die zunächst gebotene Maßnahme des Gerichts (bzw. des Vorsitzenden, der insofern zur Vorprüfung berechtigt ist[161]) eine Rückgabe der Anklageschrift an die Staatsanwaltschaft mit der Anregung, sie in dem für geboten erachteten Umfang zu ergänzen bzw. zu verbessern[162].
Die Staatsanwaltschaft muß dieser Aufforderung zur Nachbesserung nach hM nicht Folge leisten[163], was sich aus dem Akkusationsprinzip ergibt: Ist es Aufgabe der Staatsanwaltschaft, den Prozeßgegenstand zu bestimmen, so ist ihr auch die Art der Darstellung innerhalb der Anklageschrift eigenverantwortlich übertragen[164]. Das Gericht hat sich im Eröffnungsverfahren auf die Prüfung zu beschränken, ob die staatsanwaltschaftlichen Ausführungen den gesetzlichen Anforderungen genügen. Die Gegenauffassung[165] beruft sich auf § 264 StPO, der - obwohl er nur eine Weisung an das Gericht enthält - die Staatsanwaltschaft nicht von ihrer Verpflichtung entbindet, bereits durch die Anklage dem Gericht eine Tat in ihrem ganzen strafbaren Umfang zu unterbreiten, weshalb

---

[157] Vgl. dazu LR § 200/60 sowie unten bei f. und III 6 f.
[158] Siehe oben 1.
[159] Siehe oben 2.
[160] Vgl. oben zu B III 2.
[161] Vgl. LR § 201/5.
[162] Vgl. Schmidt Nachtrag I § 200/22; KMR § 200/63; LR § 200/56; Kroschel/Meyer-Goßner 303; Schmid Verwirkung 186; Kohlhaas GA 55, 65, 68; Geppert NStZ 96, 57, 62; OLG Marienwerder bei Alsberg 34, 35; OLG Oldenburg NJW 52, 990; OLG Stuttgart Justiz 83, 266, 267; BGHR StPO § 200 I 1 Anklagesatz 4.
[163] Vgl. Rieß JR 87, 389, 390; Meyer JR 83, 257, 258; Olbricht GA 08, 206, 209; LR § 200/56; OLG Kassel GA 1892, 183, 184.
[164] Ähnlich schon OLG Kassel GA 1892, 183, 184; vgl. Danckert StV 88, 282.
[165] OLG Marienwerder GA 06, 189, 190; KMR § 200/63; OLG Hamm NJW 74, 68, 69.

eine Klageerzwingung gemäß § 172 StPO statthaft sei[166]. Erscheint bereits eine Parallelität des Problems zum Umgrenzungsmangel zweifelhaft, so stehen dieser Auffassung auch sachliche Gründe entgegen: Der Zweck, der mit § 172 StPO verfolgt werden soll - nämlich die Herbeiführung der gerichtlichen Tatverdachtsprüfung -, wird aufgrund der umfassenden Prüfungspflicht des Gerichts bereits bei einer nur teilweisen Tatwürdigung in der Anklage erreicht[167].
Kommt die Staatsanwaltschaft einem Nachbesserungsersuchen nicht nach, so hat das Gericht entweder die Anklage zur Hauptverhandlung zuzulassen oder die Eröffnung abzulehnen[168]; eine nur vorläufige Ablehnung der Eröffnung ist vom Gesetz nicht vorgesehen, so daß diese Einschränkung überflüssig und unzulässig ist[169].

b. Tatkonkretisierung im Eröffnungsbeschluß

Teilweise wird die Auffassung vertreten, daß das Gericht des Zwischenverfahrens nach einer von der Staatsanwaltschaft verweigerten Nachbesserung der Anklageschrift befugt sein soll, selbständig eine Tatkonkretisierung im Eröffnungsbeschluß vorzunehmen[170]; § 207 StPO stehe dem nicht entgegen[171]. Begründet wird diese Ansicht damit, daß dadurch die Notwendigkeit vermieden werde, in der Hauptverhandlung eine unklare Anklage erläutern zu müssen, so daß letztlich aus Gründen der Prozeßökonomie eine frühzeitige Korrektur geboten sei[172].
Diese Meinung geht von der Prämisse aus, daß die Heilung einer der Umgrenzungsfunktion nicht genügenden Anklageschrift zumindest[173] vor der Vernehmung zur Sache möglich ist. Neben den Bedenken, die einer Tatkonkretisierung erst in der Hauptverhandlung entgegenstehen[174], ist eine solche Vorgehensweise auch aus folgender Überlegung abzulehnen: Die zur Tatkonkretisierung erforderlichen Angaben kann das Gericht des Zwischenverfahrens nur aus dem Akteninhalt entnehmen, der dem Ange-

---

[166] Ebenso OLG Hamm MDR 65, 765.
[167] Vgl. hierzu OLG Karlsruhe JR 77, 215 mit Anm Meyer-Goßner; Bliesener NJW 74, 874; KM § 172/38.
[168] Vgl. KMR § 200/64; Hamm NJW 94, 1636, 1637; Geisler Jura 95, 74, 82.
[169] Vgl. OLG Kassel GA 1892, 183; KMR § 200/63 a.E.; aA OLG Marienwerder GA 06, 189, 190; ausführlich hierzu LR 23. Aufl. § 200/40.
[170] So LR § 207/64; KM § 200/26; Rieß JR 87, 389, 391; OLG Karlsruhe NStZ 93, 147.
[171] LR § 207/11.
[172] Vgl. LR § 207/11, 64.
[173] Vgl. dazu oben B III 2.
[174] Vgl. dazu unten e sowie die Kritik bei LG Tübingen Justiz 93, 120, 121; Rieß OLGSt § 200 StPO Nr. 1, 7; Danckert StV 88, 282, 284; Schäfer 345.

schuldigten unbekannt ist[175]. Die aufgrund der Tatkonkretisierung entstandene Diskrepanz zwischen Eröffnungsbeschluß und Anklageschrift beruht daher auf Fakten, die der Angeschuldigte mangels Kenntnis nicht in seine Verteidigung einbeziehen kann, so daß gegen das Gebot eines fairen Verfahrens verstoßen würde[176].

c. Ergänzung aus dem Ermittlungsergebnis

Nach überwiegender Auffassung können Mängel in der Umgrenzungsfunktion des Anklagesatzes durch einen Rückgriff auf das wesentliche Ermittlungsergebnis[177] geheilt werden[178]. Der Gegenansicht ist zwar insofern beizupflichten, als nur der Anklagesatz, nicht aber das wesentliche Ermittlungsergebnis nach dem gesetzgeberischen Willen der Tatkonkretisierung dient[179] und somit unterschiedliche prozessuale Zwecke verfolgt werden[180].
Der Umstand, daß mit dem Anklagesatz primär Umgrenzungsaufgaben wahrgenommen werden - während es bei dem wesentlichen Ermittlungsergebnis ausschließlich um die Informationsfunktion geht[181] -, ändert aber nichts daran, daß die Anklageschrift eine prozessual einheitliche Entscheidung der Staatsanwaltschaft darstellt[182]. Durch die Mitteilung der gesamten Anklageschrift an den Angeschuldigten gemäß § 201 StPO ist sichergestellt, daß die Verteidigungsmöglichkeit durch den Rückgriff nicht eingeschränkt wird[183]. Die Regelung des § 243 III 1 StPO, wonach nur der Anklagesatz in der Hauptverhandlung verlesen wird (mit der Folge, daß es im Fall des Rückgriffes einer Erläuterung bedarf, was Gegenstand der Verhandlung sein soll[184]), hat nicht zur Folge, daß die mit der zugestellten Anklageschrift erfüllte Umgrenzungsfunktion wieder entfällt[185].

---

175 Vgl. § 147 StPO.
176 Krause/Thon StV 85, 252, 255.
177 Soweit ein solches vorhanden ist, vgl. § 200 II 2 StPO.
178 BGHSt 5, 225, 227; BGH NJW 54, 360, 361; GA 80, 108, 109; 73, 111; StV 86, 329; OLG Koblenz StV 95, 119, 120; OLG Düsseldorf NStZ-RR 96, 275, 276; OLG Köln JR 66, 429 mit zw. Anm Kohlhaas; LG Koblenz StV 96, 590; Puppe NStZ 82, 230, 232; Krause/Thon StV 85, 252, 255; Kohlhaas GA 55, 65, 70 f.; LR § 207/57 f.; Schäfer 345; KM § 200/26.
179 So unter Verweis auf die früher hL Schmidt II § 200/7; LR 23. Aufl. § 200/9, § 207/40; AK § 200/26.
180 Schmidt Nachtrag I § 200/9; Burchardi/Klempahn/Wetterich 466.
181 LR § 200/24; Paul NJW 56, 477, 478.
182 Puppe NStZ 82, 230, 232; Krause/Thon StV 85, 252, 255; Görcke JR 54, 150.
183 Krause/Thon StV 85, 252, 255.
184 So zu Recht der Hinweis bei LR 23. Aufl. § 207/40.
185 Schlüchter JR 90, 10, 14.

Die grundsätzliche Statthaftigkeit eines Rückgriffs auf das wesentliche Ermittlungsergebnis darf aber nicht darüber hinwegtäuschen, daß es sich dabei lediglich um eine „Notlösung" handelt[186]; durch entsprechende Sorgfalt bei der Fassung des Anklagesatzes sowie bei der Eröffnungsprüfung muß hier vorgebeugt werden[187]. Daraus ergibt sich zugleich, daß das Heranziehen des wesentlichen Ermittlungsergebnisses nur dann möglich ist, wenn die Anklage bereits zugelassen ist; das eröffnende Gericht kann nicht im Hinblick auf das Ermittlungsergebnis gezwungen werden, eine an sich unvollständige Anklage zuzulassen[188]. Wird der Mangel vor der Zulassung zur Hauptverhandlung entdeckt, ist die Eröffnung abzulehnen.

d. Rückgriff auf den sonstigen Akteninhalt

Sowohl der sonstige Akteninhalt als auch die allein den Angeschuldigten aufgrund eigenen Erlebens bekannten Tatsachen können nicht zur Ergänzung des unvollständigen Anklagesatzes herangezogen werden[189]. Zum einen sind die vorherige Mitteilung der Umstände und die damit verbundene Sachverhaltskenntnis Erfordernisse, die aus dem Gebot der sachgerechten Verteidigungsmöglichkeit rekrutieren; darüber hinaus hat der Betroffene selbst kein Recht auf Akteneinsichtnahme (vgl. § 147 I StPO). Zum anderen widerspräche es der Unschuldsvermutung, wenn zur Erfüllung der Umgrenzungsfunktion zu Lasten des Angeschuldigten unterstellt würde, er wisse selbst am besten über Art und Umfang seines Fehlverhaltens Bescheid[190].

e. Hinweise in der Hauptverhandlung

Sofern das Ermittlungsergebnis nicht zur Behebung des Mangels führte, soll nach hM eine Heilung durch einen den genauen Verfahrensgegenstand erläuternden Hinweis des Gerichts oder der Staatsanwaltschaft[191] möglich sein; dies müsse spätestens nach Verlesung des Anklagesatzes erfolgen[192]. Als wesentliche Förmlichkeit i.S.v. § 273 I StPO ist eine Niederlegung im Protokoll erforderlich. Die angeblichen Besonderheiten

---

[186] BGH JR 54, 149, 150; ebenso Paul NJW 56, 477 f.; aA offenbar Görcke JR 54, 150.

[187] Insofern ist der Hinweis bei Schmidt II § 200/7 berechtigt.

[188] OLG Stuttgart Justiz 83, 266, 267; LR § 200/57.

[189] LR § 207/57 a.E.; ebenso Schmidt NJW 63, 1477, 1481.

[190] So auch Puppe NStZ 82, 230, 232.

[191] LR § 243/56 f. mwN; BGH NStZ 86, 329.

[192] BGH GA 73, 111, 112; 80, 468; LR § 243/58; KM § 207/12; v. Steuber MDR 78, 889; OLG Köln JA 84, 703, 704; LG Freiburg StV 85, 479.

der fortgesetzten Handlung, daß trotz ungenügender Individualisierung ein ordnungsgemäßes Zwischenverfahren ermöglicht wurde und deshalb konkretisierende Hinweise statthaft sind[193], wurden mit der Aufgabe dieses Rechtsinstituts obsolet.
Gegen diese Art der Korrektur wurde vorgebracht, daß sie zu einer für den Angeschuldigten unzumutbaren Verteidigungssituation führen kann, wenn die Hinweise von Staatsanwaltschaft und Gericht aufgrund unterschiedlicher Einschätzung der Rechtslage inhaltlich differieren[194]. Diese Bedenken können nicht überzeugen, da eine solche Gefahr kein Spezifikum des Hinweises zur Heilung von Umgrenzungsmängeln ist[195].
Hingegen führt der Umstand, daß ein solcher Hinweis die Umgrenzungsfunktion der Anklage erfüllen soll, zur Ablehnung dieses Heilungsansatzes. Denn wie bereits oben mehrfach dargestellt, kann die mit der Trennung von Anklage und Zwischenverfahren verfolgte Intention einer doppelten Tatverdachtsprüfung nicht mehr erfüllt werden, wenn erst nach dieser Prüfung festgelegt wird, auf welchen konkreten Prozeßgegenstand sie sich bezogen hat. Der bezweckte Schutz des Angeschuldigten vor den diskriminierenden Wirkungen einer öffentlichen Hauptverhandlung wird durch eine Heilung innerhalb der Hauptverhandlung zur Farce[196]. Deshalb sind Hinweise und Erläuterungen innerhalb der Hauptverhandlung nur insoweit statthaft - und wegen der prozessualen Fürsorgepflicht auch erforderlich -, als zwar der Umgrenzungsfunktion bereits Genüge getan ist, aber gleichwohl Ungenauigkeiten von untergeordneter Bedeutung der Aufklärung bedürfen. Dies wäre z.B. dann der Fall, wenn der Prozeßgegenstand bereits durch das Ermittlungsergebnis hinreichend festgelegt ist, aber wegen der eingeschränkten Aktenverlesung nach § 243 III 1 StPO das im Ermittlungsergebnis zur Tatindividualisierung Enthaltene in der Hauptverhandlung erläutert werden muß[197].

f. Revision

Allein mit einem Mangel der Anklageschrift kann die Revision nicht begründet werden, da das Urteil nicht auf der Anklageschrift beruht (§ 337 StPO)[198] und kein Fall des § 338 StPO vorliegt. Das bedeutet aber nicht,

---

[193] So Schlüchter JR 90, 10, 15.
[194] So Krause/Thon StV 85, 252, 255.
[195] Vgl. auch Schlüchter JR 90, 10, 15.
[196] Vgl. auch AK § 200/26; Schmidt Nachtrag I § 243/28; anscheinend ebenso BGHR StPO § 200 I 1 Tat 8 a.E.
[197] Vgl. BGH NStZ 96, 295, 296.
[198] RGSt 31, 100, 104; BGHSt 15, 40, 44; KM § 200/27; LR § 200/60; KMR §200/68; Schmidt II § 200/18.

daß Mängel in der Umgrenzungsfunktion stets für die Revision unbeachtlich sind. Vielmehr gilt es auch hier zu beachten, daß das Vorhandensein einer wirksamen Anklageschrift Prozeßvoraussetzung ist.
Kommt die Anklageschrift in ihrer zur Hauptverhandlung zugelassenen Form nicht der für die Einordnung als Prozeßvoraussetzung entscheidenden Konkretisierungsfunktion nach, so fehlt es an einer wirksamen Anklage, weshalb das Revisionsgericht auf eine zulässig erhobene Revision hin das Verfahren wegen Fehlens einer Prozeßvoraussetzung von Amts wegen einzustellen hat[199]; diese Verpflichtung hätte bereits für jede vorangegangene Instanz bei Entdeckung des Mangels bestanden.
Umstritten ist hingegen, ob das Fehlen einer ordnungsgemäßen Anklageerhebung auch dann festgestellt werden kann, wenn die Revision unzulässig ist; gemeint sind damit die Konstellationen, in denen eine grds. mögliche Revision gemäß § 341 StPO form- und fristgerecht eingelegt wurde, während die Anträge nicht den §§ 344, 345 StPO entsprachen.
Dies soll nach der einen Auffassung stets möglich sein, da das Vorhandensein der Prozeßvoraussetzungen in jeder Verfahrenslage von Amts wegen geprüft werden muß[200]. Nach anderer Ansicht soll bei ungenügender Revisionsbegründung ein Prozeßhindernis keine Berücksichtigung finden[201]. Richtigerweise muß aber darauf abgestellt werden, ob eine Verfahrensvoraussetzung bereits vor Urteilserlaß fehlte und somit dort ihren Niederschlag gefunden hat, oder ob ein Hindernis erst zu einem späteren Zeitpunkt entstand; nur in letzterem Fall führen Verfahrenshindernisse auch auf eine ungenügende Revision hin zur Einstellung, da hierdurch eine neue Verfahrenslage geschaffen wurde[202].
Ist der Mangel in das Urteil eingegangen, so kann nur eine zulässige Revision in einem unmittelbaren Zugriff über eine Aufdeckung des Rechtsmangels das Urteil beseitigen, da es hier letztlich um die Nachprüfung eines fehlerhaften Urteils geht; auch dem Entlastungszweck, auf dem die Zulässigkeitsvorschriften der Revision beruhen, wäre widersprochen, wenn das Revisionsgericht bei einer Verwerfung überprüfen müßte, ob vor Erlaß des Urteils bereits Verfahrenshindernisse bestanden[203].

---

[199] Vgl. LR § 200/60; KMR § 200/69.
[200] BGH JZ 61, 390, 391 mit zust. Anm Stratenwerth 392; Schmidt JZ 62, 155, 157; Roxin § 53/60; RGSt 53, 235, 236.
[201] So BGHSt 16, 115, 119.
[202] LR § 346/34; BGH JR 69, 347, 348 mit zust. Anm Koffka 349; BayObLG JR 70, 270 mit zust. Anm Küper; Küper GA 69, 364, 365. Ebenso für das Ordnungswidrigkeitenrecht BGHSt 25, 259, 261.
[203] So auch Koffka JR 69, 349.

Sofern im Bereich der Umgrenzung ein Fehler existiert, der nicht die ungenügende Festlegung des Prozeßgegenstandes zur Folge hat, kann dadurch ein revisibler Mangel in der Informationsfunktion hervorgerufen werden[204].

III. Informationsfunktion

Neben der Umgrenzungsfunktion erfüllt die Anklageschrift auch Informationsaufgaben für alle Verfahrensbeteiligten. Während die Anklage zunächst das Gericht in die Lage versetzen soll, i.R.d. Eröffnungsentscheidung den von der Staatsanwaltschaft bejahten Tatverdacht zu prüfen[205] sowie nach einer Zulassung zur Hauptverhandlung allen Prozeßbeteiligten deren Durchführung wesentlich zu erleichtern[206], liegt für den Angeschuldigten die entscheidende Bedeutung in der Ermöglichung einer sachgerechten Verteidigung[207]. Letzteres ist dann als erfüllt anzusehen, wenn der Angeschuldigte durch die Angaben der Anklage in die Lage versetzt wird, den Subsumtionsvorgang der Staatsanwaltschaft bei Erstellung ihrer Anklageschrift nachvollziehen zu können[208]. Es liegt auf der Hand, daß diese Anforderungen nicht durch die tatkonkretisierenden Mindestangaben (die für die Umgrenzungsfunktion ausreichen) erfüllt werden können, sondern daß es hierfür weitergehender Mitteilungen in der Anklageschrift bedarf. Diese sind gleichfalls in § 200 StPO angeführt.

1. Angaben zur Person

Der Bezeichnung des Angeschuldigten kommt neben einer subjektsbezogenen Festlegung des Prozeßgegenstandes auch eine Bedeutung i.R.d. Informationsfunktion zu. So sind - obgleich sie nicht zu dem gemäß § 243 III 1 StPO zu verlesenden Anklagesatz gehören[209] - die Daten einer gegenwärtig stattfindenden Freiheitsentziehung (vgl. Nr. 110 IV RiStBV) zweckmäßigerweise hier anzuführen[210], um das Gericht über einen bevorstehenden Haftprüfungstermin (vgl. § 117 StPO) bzw. über eine Frist zur Vorlage an das OLG (vgl. §§ 121, 122 StPO) zu informieren. Die Angabe

---

[204] Vgl. dazu im näheren unten III 6 f.

[205] Solbach NStZ 87, 350, 351.

[206] Vgl. LR § 200/4; hiervon profitiert insbesondere der Sitzungsvertreter der Staatsanwaltschaft, der häufig die Anklageschrift nicht selbst verfaßt hat.

[207] So KMR § 200/5; OLG Düsseldorf NStZ-RR 96, 267, 268.

[208] Krause/Thon StV 85, 252, 255; Solbach MDR 78, 900, 901.

[209] Vgl. LR § 200/7; KM § 200/23.

[210] KK § 200/4; LR § 200/43; Kroschel/Meyer-Goßner 380; aA Kohlhaas GA 55, 65, 67, der darin eine Diskriminierung sieht.

des ausgeübten, nicht aber des erlernten Berufes informiert über die wirtschaftlichen Verhältnisse zum Zeitpunkt der Verurteilung[211].
Ebenso verhält es sich mit den Personalien des Verteidigers (vgl. Nr. 110 II b RiStBV), die das Gericht hinsichtlich der Zustellungsvollmacht informieren (vgl. § 145 a StPO, Nr. 154 RiStBV)[212]. Dagegen dürfen Religionszugehörigkeit[213], Abstammung und insbesondere Vorstrafen[214] nicht bei den Personalien angegeben werden, da sie keine für das Verfahren bedeutsamen personenbezogenen[215] Informationen enthalten.

2. Bezeichnung der Tat

Auch die Angaben zur prozessualen Tat erfüllen neben ihrer Umgrenzungsfunktion eine Informationsfunktion[216], denn die Mitteilung des Prozeßgegenstandes macht für den Angeschuldigten noch nicht erkennbar, durch welche Einzelakte der staatsanwaltschaftliche Vorwurf begangen worden sein soll[217]. Um ihre Subsumtion für den Angeschuldigten nachvollziehbar zu machen, muß die Staatsanwaltschaft zunächst alle einschlägigen[218] objektiven und subjektiven Tatbestandsmerkmale durch Tatsachen belegen[219].
Für die Fallgruppe der Wahlfeststellung[220] hat dies zur Folge, daß alle in Betracht kommenden Handlungsmöglichkeiten unter besonderer Hervorhebung ihrer Alternativität dargestellt werden müssen, damit für den Angeschuldigten nachvollziehbar wird, warum er sich den höheren Anforderungen an seine Verteidigung unterwerfen muß. Sofern eine Wahlfeststellung zwischen zwei alternativen Handlungsweisen besteht, muß der Angeschuldigte seine Verteidigung dahingehend ausrichten

---

[211] Bedeutsam wegen § 40 II StGB, vgl. auch Schneider JZ 56, 593, 594.
[212] Demselben Zweck dient - neben der Umgrenzung - auch die Angabe der Staatsangehörigkeit und der gesetzlichen Vertreter, vgl. oben II 1.
[213] Vgl. Kohlhaas GA 55, 65, 66 unter Hinweis auf Art. 3 GG.
[214] Burchardi/Klempahn/Wetterich 459; vgl. auch Solbach DRiZ 72, 235 mwN, der auf die sonst umgangene Befugnis des Vorsitzenden gemäß § 243 IV 4 StPO hinweist.
[215] Für die Vorstrafen gilt i.R.d. Strafzumessung etwas Anderes, vgl. unten 2.
[216] LR § 200/3.
[217] Vgl. dazu das Beispiel bei Krause/Thon StV 85, 252, 256.
[218] Relevant für Tatbestände mit mehreren Alternativen, vgl. Kaiser NJW 81, 1028, 1029.
[219] So Solbach MDR 78, 900, 901; LR § 200/13. Auf der anderen Seite haben die Tatbestandsmerkmale auch Auswirkung auf die Umgrenzungsfunktion, da die Konkretisierungsgenauigkeit von den Merkmalen der jeweiligen Straftat abhängig ist; vgl. hierzu Rieß JR 87, 389, 390.
[220] Einerseits Tatsachenalternativität, andererseits Tatbestandsalternativität, vgl. oben II 2 b.

können, daß weder der eine noch der andere gegen ihn gerichtete Vorwurf berechtigt ist.
I.R.d. unechten Unterlassungsdelikte ist die Garantenpflicht im Anklagesatz durch tatsächliche Angaben zu konkretisieren[221]; ebenso ist bei einem nach § 323 a StGB strafbaren Vollrausch die begangene Rauschtat im oben[222] genannten Umfang zu konkretisieren[223], da nur die Kenntnis des zur Ahndung führenden Verstoßes eine sachgerechte Verteidigung ermöglicht; deshalb ist die Gegenauffassung, die für den Anklagesatz eine Ausrichtung am Urteilsspruch für ausreichend erachtet[224], abzulehnen. Wegen der bei Fahrlässigkeitsdelikten fehlenden Unterteilung in objektiven und subjektiven Tatbestand müssen in der Anklage die tatsächlichen Umstände angegeben werden, aus denen sich die rechtlich bedeutsamen Aspekte der Pflichtwidrigkeit, der Vorhersehbarkeit sowie der Vermeidbarkeit ergeben[225].
Nachwievor umstritten ist die Einordnung der rechtsfolgenrelevanten Tatsachen. Hierzu zählen die Regelbeispiele, die unbenannten besonders oder minder schweren Fälle, die Voraussetzungen für Maßregeln der Sicherung und Besserung, Nebenstrafen und Nebenfolgen sowie die Annahme der verminderten Schuldfähigkeit. Die für die Rechtsfolgen allgemein geltenden Vorschriften - insb. § 46 StGB - fallen nach einhelliger Auffassung nicht hierunter[226], so daß die früher zu den Voraussetzungen des Rückfalls geführte Diskussion aufgrund der Aufhebung des § 48 StGB durch das 23. StÄG überholt ist[227]. Sofern sich der BGH bislang mit dieser Frage befaßt hat, stellte er lediglich fest, daß die Merkmale der Rechtsfolgenzumessung nicht zum notwendigen tatkonkretisierenden Inhalt des Anklagesatzes gehören[228]. Aus dieser mit Recht erfolgten Verneinung einer Umgrenzungsaufgabe kann aber nicht auf die Erfordernisse im Hinblick auf die Informationsfunktion geschlossen werden[229].
Die Lösung des Problems ergibt sich stattdessen aus der Funktion, die dem Anklagesatz zukommt. Zwar ist die Festlegung des Verfahrens-

---

[221] Vgl. LR § 200/15; KMR § 200/26; Schneider JZ 56, 593, 594.
[222] Vgl. oben II 2 b.
[223] Solbach MDR 78, 900, 901.
[224] Kinnen MDR 78, 634.
[225] Vgl. Schäfer 327; Solbach DRiZ 72, 235, 236.
[226] Vgl. LR § 200/18.
[227] Vgl. zu dieser Frage auch Solbach DRiZ 72, 235, 237; LR § 200/20; Kaiser NJW 81, 1028, 1029 gegen Mecker DRiZ 72, 359; Schlüchter Strafverfahren 402.2 Fn 54.
[228] Vgl. BGH NJW 61, 1222; 69, 941; 80, 897; BGHSt 29, 274, 276.
[229] So aber KK § 200/9, der die Beschränkung der ablehnenden Auffassung des BGH auf die Frage der Tatkonkretisierung verkennt.

gegenstandes vorrangige, nicht aber ausschließliche Aufgabe des Anklagesatzes[230]. Vielmehr soll der Anklagesatz den Angeschuldigten auch über den Umfang des Anklagevorwurfes einschließlich der verhängbaren Strafen und Maßnahmen[231] informieren; sofern sich das Vorliegen besonderer Umstände auf die Rechtsfolgen auswirkt, müssen diese mitgeteilt werden, da der Angeschuldigte seine Verteidigung auf diese Aspekte - die für ihn im Vergleich zu den Tatbestandsmerkmalen von mindestens gleich hoher Bedeutung sind[232] - einrichten können muß.
Die von der Gegenmeinung[233] befürwortete Unterscheidung zwischen tatbezogenen Rechtsfolgeregeln (z.B. § 243 I 2 StGB), die im Anklagesatz anzuführen seien, und personenbezogenen Umständen (z.B. §§ 21, 61 StGB), die dort nicht dargelegt werden dürften, überzeugt bereits wegen der aus § 265 II StPO folgenden Hinweispflicht nicht[234]. Auch genügt eine bloße Erwähnung der einschlägigen Normen bei den anzuwendenden Strafvorschriften für die Information nicht, da der Angeschuldigte, der keinen Verteidiger hat, damit regelmäßig nichts anzufangen weiß[235].
Schließlich stellt die Aufnahme der in Betracht kommenden Umstände in das wesentliche Ergebnis der Ermittlungen keinen geeigneten Ersatz für die Ausführungen im Anklagesatz dar[236]. Zwar würde dadurch der Angeschuldigte - sofern nicht ein Fall des § 200 II 2 StPO vorliegt - vom vermuteten Vorhandensein rechtsfolgenrelevanter Umstände informiert, doch würde deren Bedeutung im Vergleich zu den Tatbestandsmerkmalen aus Sicht des Angeschuldigten zu sehr zurücktreten[237]. Zum anderen würden die Schöffen, die die Anklageschrift wegen § 30 II GVG nicht kennen, aufgrund der Verlesung des Anklagesatzes nach § 243 III 1 StPO nur einen Teil der Umstände erfahren, die für die Entscheidung bedeutsam sind[238]. Ein deshalb erforderlicher Hinweis nach § 265 II StPO

---

[230] KK § 200/10; LR § 200/19; Rieß JR 87, 389, 390.
[231] Vgl. Kaiser NJW 81, 1028, 1029.
[232] Aus ihnen ergibt sich unmittelbar eine Änderung des Strafrahmens.
[233] LR 23. Aufl. § 200/12; KM § 200/10; Burchardi/Klempahn/Wetterich 476-478; Kroschel/Meyer-Goßner 381 f.; Schlüchter Strafverfahren 402.2 Fn 54; noch weitgehender Kinnen MDR 78, 634.
[234] Vgl. Kaiser NJW 81, 1028, 1029.
[235] Vgl. auch Solbach MDR 78, 900, 901; KK § 200/14 a.E.; LR § 200/19; aA KM § 200/14.
[236] So aber KM § 200/10; Kroschel/Meyer-Goßner 381 f.; Burchardi/Klempahn/Wetterich 459.
[237] Vgl. LR § 200/19; Solbach DRiZ 72, 235, 236 f. Aus der Fassung des Anklagesatzes muß klar werden, welche Sanktionen verhängt werden können, vgl. Kaiser NJW 81, 1028, 1029.
[238] KK § 200/10.

und die Gefahr seines Übersehens ist durch die Aufnahme in den Anklagesatz vermeidbar[239].
Trotz des Umfangs der erforderlichen Sachverhaltsangaben hat sich die Darstellung im Anklagesatz auf das Notwendige zu beschränken und Weitläufigkeiten zu vermeiden, um seiner vorrangigen Umgrenzungsfunktion gerecht zu werden; erforderlichenfalls sind weitere Einzelheiten zur Ergänzung im wesentlichen Ergebnis der Ermittlungen mitzuteilen. Auf diese Weise wird eine Konzentration des zu verlesenden Anklagesatzes auf das Wesentliche des Vorwurfes erreicht.
Neben dem Erfordernis einer ausreichenden Verständlichkeit[240] hat die Tatbeschreibung den Eindruck zu vermeiden, der geschilderte Sachverhalt stehe bereits als sicher fest; dies gelingt sprachlich am besten durch einen entsprechenden Einleitungssatz[241] bzw. durch eine konjunktivische Darstellung[242]. Hierdurch wird nicht nur einem Befangenheitsverdacht des Angeschuldigten gegen den Staatsanwalt[243] vorgebeugt, sondern zugleich die Unvoreingenommenheit der Schöffen bei der Verlesung des Anklagesatzes gemäß § 243 III 1 StPO sichergestellt. Aus demselben Grund ist auch mit größter Sorgfalt darauf zu achten, daß die Tatbeschreibung keine Beweiswürdigungen enthält.
Diese in der Rspr. einhellig vertretene Auffassung[244] beruht auf der Annahme eines unterschiedlichen Akteneinsichtnahmerechts der Laienrichter und der Berufsrichter. Während den Schöffen die - optische oder akustische - Kenntnis der im Ermittlungsergebnis enthaltenen Beweiswürdigung zur Wahrung ihrer Unbefangenheit versagt wird, ist die umfassende Aktenkenntnis der Berufsrichter wegen §§ 199, 219, 221, 238 StPO zwingend. Eine vordringende Auffassung in der Literatur sieht in der Unterscheidung eine Verletzung des Gleichstellungsgebotes aller Richter (§ 30 I GVG) trotz gemeinsam zu tragender Verantwortung[245] für das Urteil[246].

---

[239] Vgl. zum Korrespondenzverhältnis mit § 265 II StPO Schäfer 332 f.
[240] Vgl. LR § 200/5; Kroschel/Meyer-Goßner 379; Burchardi/Klempahn/Wetterich 471.
[241] So die in Bayern übliche Formulierung.
[242] Gebräuchliche Form in Baden-Württemberg.
[243] Vgl. dazu oben C II 2.
[244] Vgl. RGSt 32, 318, 319; 53, 176, 178; 69, 120, 124; BGH NJW 54, 483, 484; JR 61, 30 mit Anm Schmidt; GA 60, 314; offengelassen bei BGH JR 87, 389 mit Anm Rieß sowie Danckert StV 88, 282.
[245] Mit Recht beanstandet Danckert StV 88, 282, 283, daß einem Akteneinsichtsrecht die Verpflichtung zum gründlichen Aktenstudium korrespondieren müßte; aA Rüping JR 76, 269, 272.
[246] Vgl. Schreiber FS-Welzel 941, 953; Atzler DRiZ 91, 207; Hanack JZ 72, 313, 314; Rüping JR 76, 269, 272; Terhorst MDR 88, 809; Volk FS-Dünnebier 373, 383;

3. Gesetzliche Merkmale der Straftat

Die Anforderungen an die Bezeichnung der Tat stehen in einer Wechselbezüglichkeit zu den gesetzlichen Merkmalen der Straftat: Erst aus der Strafnorm ergibt sich, welche Angaben des zugrundeliegenden Sachverhaltes in den Anklagesatz aufzunehmen sind, um die staatsanwaltschaftliche Subsumtion für den Angeschuldigten und das Gericht nachvollziehbar zu machen[247]. Die Anforderungen an die Darstellung haben sich dabei nicht am Urteil (§ 267 I StPO) zu orientieren, da diesem hier eine anders geartete Funktion zukommt[248]: Während die Urteilsformel nur knapp feststellt, weswegen eine Verurteilung ausgesprochen wurde, muß der Anklagesatz weiter ausholen, um die notwendigen Informationen über den erhobenen Vorwurf zu geben[249]. Daher gehen die Anforderungen der gesetzlichen Merkmale über die reine Aufzählung der Tatbestandsmerkmale hinaus[250].
Sofern sowohl ein vorsätzliches als auch ein fahrlässiges Verhalten strafbar ist, muß die in Betracht kommende Schuldform angegeben werden[251]. Ebenfalls unstreitig sind die Benennung der Erscheinungsform[252] und der Teilnahmeform[253]. Bei einem aus mehreren Alternativen oder Modalitäten bestehenden Tatbestand ist nur das konkret Vorgeworfene anzuführen[254]; werden dagegen Merkmale kumulativ zur Last gelegt, so sind sie auch kumulativ im Anklagesatz zu benennen[255]. Nach hM sind auch die Konkurrenzen zu bezeichnen[256]. Schließlich sind die gesetzlichen Merkmale der Tatbestände anzuführen, die sich mit den Besonderheiten der Rechtsfolgenzumessung befassen[257].

Kissel § 30/2-4.

[247] V. Kries 502 f. bezeichnet diesen Vorgang als „Spezialisierung".

[248] So Solbach MDR 78, 900, 901 überzeugend gegen die von Kinnen MDR 78, 634 vertretene Gegenansicht; vgl. auch Kaiser NJW 81, 1028, 1029; Rieß JR 89, 437.

[249] Vgl. Solbach DRiZ 72, 235, 236; Kaiser NJW 81, 1028, 1029.

[250] LR § 200/17; Schmidt II § 200/9; BHG JR 54, 149, 150 mwN.

[251] OLG Düsseldorf JMBlNRW 79, 259.

[252] Versuch, Unternehmen oder Vollendung, vgl. Schäfer 330.

[253] Also unmittelbare und mittelbare Täterschaft, Mittäter- und Nebentäterschaft, Anstiftung und Beihilfe; vgl. BGH NStZ (Pf/M) 83, 358.

[254] OGH NJW 49, 355, 356; Burchardi/Klempahn/Wetterich 471; Reuter JR 57, 116; Schneider JZ 56, 593, 594; Solbach DRiZ 72, 235; BGH NStZ 84, 133; 85, 464.

[255] Vgl. LR § 200/17.

[256] Vgl. KK § 200/12 mwN; aA bzgl. Realkonkurrenz Pusinelli JR 49, 506, 507.

[257] LR § 200/20; KK § 200/12; Solbach DRiZ 72, 235, 237; Hanack JZ 71, 218, 220; aA LR 23. Aufl. § 200/15; KM § 200/11.

4. Anzuwendende Strafvorschriften

Durch die Angabe der anzuwendenden Vorschriften wird dem Gericht und dem Angeschuldigten eine Überprüfung der „Schlüssigkeit" der Anklageschrift anhand des Gesetzes ermöglicht[258]. Die Art der Darstellung orientiert sich dabei üblicherweise[259] an den Anforderungen, die das Gesetz in § 260 IV 2, V 1 StPO an das Urteil stellt; die oben zu 3. geäußerten Bedenken kommen hier nicht zum Tragen, da sowohl Urteil als auch Anklagesatz insoweit in gleicher Weise den strafrechtlichen Vorwurf enthalten[260].
Demnach ist bei der Wiedergabe der anzuwendenden Strafvorschriften zwischen der rechtlichen und der gesetzlichen Bezeichnung der Straftat zu unterscheiden. Der rechtlichen Bezeichnung ist zweckmäßigerweise - aber nicht zwingend - eine Tatqualifikation gemäß § 12 StGB voranzustellen[261]. Die vorgeworfenen Tatbestände werden entsprechend ihrer gesetzlichen Überschrift benannt; wenn eine solche fehlt (insb. im Nebenstrafrecht) oder nicht paßt (z.B. die Überschrift des § 132 a StGB für einen Vorwurf gemäß § 132 a I Nr. 4 StGB), hat die Bezeichnung in anschaulicher und verständlicher Weise so genau wie möglich zu erfolgen[262]. Kann ein Tatbestand vorsätzlich und fahrlässig verwirklicht werden, ist die einschlägige Schuldform anzugeben, sofern sich diese nicht ohnehin aus der gesetzlichen Überschrift ergibt. Darüber hinaus sind Erscheinungs- und Teilnahmeformen sowie das Konkurrenzverhältnis anzugeben. Dabei ist besondere Sorgfalt auf die Darstellung zu verwenden, wenn mehrere Angeschuldigte und/oder mehrere Taten angeklagt werden.
Die gesetzliche Bezeichnung soll es dem Angeschuldigten ermöglichen, sich über deren Inhalt zu informieren[263]. Daher sind die Vorschriften so eindeutig und verständlich zu bestimmen, daß sie unschwer aufzufinden sind; dem Laien regelmäßig ungeläufige Abkürzungen bei der Gesetzesbezeichnung sind deshalb bei der Darstellung zu vermeiden. Da auch dieser Teil des Anklagesatzes gemäß § 243 III 1 StPO aus Gründen einer möglichst weitgehenden Information der Verfahrensbeteiligten verlesen wird, sind hier neben allen einschlägigen Straftatbeständen des besonderen wie allgemeinen Teils des StGB die Vorschriften anzugeben, die

---

[258] Schäfer 331.
[259] Vgl. KMR § 200/28 f.; LR § 200/22; KM § 200/13 f.; AK § 200/13; Kroschel/Meyer-Goßner 383.
[260] Vgl. Solbach MDR 78, 900, 901.
[261] KMR § 200/28; LR § 200/21; KM § 200/13.
[262] Vgl. zum selben Problem beim Urteil Granderath MDR 84, 988.
[263] LR § 200/4.

sich - über die allgemeinen Bemessungsregeln hinausgehend - mit der konkreten Rechtsfolge befassen[264]. Dies gilt auch für die Vorschriften der Nebenstrafen und Nebenfolgen[265], da es für die Verteidigung nur auf die tatsächliche Verhängung ankommt, nicht aber auf die systematische Einordnung der Rechtsfolge[266].

5. Wesentliches Ergebnis der Ermittlungen

Nach dem Gesetz ist die Wiedergabe des wesentlichen Ermittlungsergebnisses bei Anklagen zum Strafrichter (§ 200 II 2 StPO) und zum Jugendrichter (§ 39 JGG), bei der neuen Anklageschrift nach § 207 III StPO sowie bei der Nachtragsanklage (§ 266 II StPO) verzichtbar[267]. Gleiches gilt für die Anklageerhebung im beschleunigten Verfahren gemäß § 418 StPO[268]. Von diesen Erleichterungsmöglichkeiten soll gemäß Nr. 112 I RiStBV kein Gebrauch gemacht werden, wenn die Sach- oder Rechtslage Schwierigkeiten bereitet[269].
Das wesentliche Ermittlungsergebnis dient dem Angeschuldigten als Ersatz für die ihm verwehrte Akteneinsicht[270]. Er soll damit - ebenso wie die berufsmäßigen Richter[271], der Sitzungsvertreter der Staatsanwaltschaft[272] und die Verteidigung - in komprimierter Form über den Sachverhalt, die Beweislage und die sonst entscheidungserheblichen Umstände nach Abschluß des Ermittlungsverfahrens informiert werden[273].

---

[264] So in Entsprechung des oben näher Dargestellten: Solbach MDR 78, 900, 901; KK § 200/14; KMR § 200/29; LR § 200/22; aA KM § 200/14; LR 23. Aufl. § 200/ 15; BGH NJW 69, 941.

[265] So Hanack JZ 71, 218, 220; aA BGH NJW 69, 941; RGSt 33, 398, 399. LR § 200/22 a.E. hält dies zumindest für zweckmäßig.

[266] Vgl. OLG Hamm MDR 71, 776; BGHSt 18, 288, 289; BGH MDR 52, 244.

[267] In diesem Fall sind die im folgenden dargestellten Angaben an anderer Stelle außerhalb des Anklagesatzes zu machen, vgl. LR § 200 Fn 44.

[268] Vgl. KM § 212/11; LR § 212 a/4.

[269] AK § 200/20 hält auch für die nicht schwierigen Verfahren ein knapp gehaltenes Ermittlungsergebnis aus Gründen der Selbstkontrolle für geboten, vgl. auch Peters § 50 II 1b.

[270] Vgl. zur Akteneinsicht Lüttger NJW 51, 744, 745; aA Frohn GA 84, 555, 564.

[271] Nach hM darf den Laienrichtern das Ergebnis der Ermittlungen weder überlassen noch verlesen werden, um ihre Unbefangenheit nicht zu gefährden; vgl. dazu ausführlich unten 6 f.

[272] Regelmäßig erfährt der Sitzungsvertreter erst kurzfristig, in welchen Verfahren er vor Gericht auftritt, so daß eine knappe Inkenntnissetzung über das Ermittlungsverfahren ausreichen muß; vgl. dazu Burchardi/Klempahn/Wetterich 508.

[273] LR § 200/24; KMR § 200/39; BGH JR 54, 149; Paul NJW 56, 477, 478; aA Börker JP 55, Heft 41, 2 f., wonach nur gegenüber dem Angeschuldigten eine Informationsfunktion zukommt.

Während der Anklagesatz die Tatumstände enthält, aus denen sich die Verwirklichung des angelasteten gesetzlichen Tatbestandes ergibt, legt das Ermittlungsergebnis offen, aus welchen Gründen die im Anklagesatz enthaltenen Tatumstände als gegeben erachtet werden[274]. Diese Aufgaben sind strikt voneinander zu trennen: Zum einen darf in die Tatbeschreibung des Anklagesatzes keine Beweiswürdigung einfließen[275], zum anderen dient das Ermittlungsergebnis nicht der Tatkonkretisierung und damit der Umgrenzungsfunktion, sondern erfüllt ausschließlich eine Informationsaufgabe[276].

Da sich das Gesetz über den Inhalt des wesentlichen Ergebnisses der Ermittlungen ausschweigt, ergibt sich dieser aus seinen Aufgaben. Vorrangig soll eine Begründung für die Erhebung des Anklagesatzes geliefert werden, also die Aspekte offengelegt werden, die den hinreichenden Tatverdacht i.S.v. § 170 I StPO aus der Sicht der Staatsanwaltschaft belegen. Dafür genügt nicht die inhaltsleere Floskel, der Angeklagte bestreite zwar die Tat, werde aber durch die bezeichneten Beweismittel überführt werden[277]. Andererseits würde es zu weit gehen, wenn der gesamte Verlauf der Ermittlungen wiedergegeben werden müßte.

Bereits der Wortlaut des § 200 II 1 StPO besagt, daß das „Ergebnis" der staatsanwaltschaftlichen Untersuchungen mitzuteilen und auf das „Wesentliche" zu beschränken ist. Diesem Zweck wird eine geschlossene urteilsähnliche Darstellung, die den Eindruck bereits getroffener Feststellungen erweckt, nicht gerecht[278]. Vielmehr sind die Leitlinien der Beweisführung aus Sicht der Staatsanwaltschaft anzugeben, also eine Gegenüberstellung der Einlassungen des Angeschuldigten und der gemäß § 200 I 2 StPO anzugebenden Beweismittel entsprechend ihrer Gewichtung[279]; letztere dienen der Vorbereitung der Hauptverhandlung, indem sie den Angeschuldigten über die für erforderlich erachteten Beweismittel unterrichten, damit seine Mitwirkungsrechte im Eröffnungsverfahren (vgl. § 201 StPO) in vollem Umfang eingesetzt werden können[280]. Der leugnende[281] Angeschuldigte soll also anhand des Ermitt-

---

[274] KK § 200/15; Danckert StV 88, 282, 283; Solbach NStZ 87, 350, 351; Schäfer 342; v. Kries 504.

[275] BGH JR 87, 389 mit Anm Rieß; Danckert StV 88, 282. Ausführlich dazu unten bei 6 f.

[276] LR § 200/24; Paul NJW 56, 477; aA Görcke JR 54, 150; vgl. zur Frage, ob das Ermittlungsergebnis bei Mängeln des Anklagesatzes ergänzend herangezogen werden kann, oben II 3 c.

[277] Vgl. KMR § 200/41; KK § 200/16.

[278] So Kroschel/Meyer-Goßner 386 f.

[279] KMR § 200/41; Solbach NStZ 87, 350, 351; Paul NJW 56, 477, 478.

[280] Vgl. dazu ausführlich LR § 200/32-37.

[281] Sofern der Angeschuldigte glaubwürdig geständig ist, bedarf es keiner Beweis-

lungsergebnisses nachvollziehen können, aufgrund welcher Gesichtspunkte er aus der (vorläufigen) Sicht der Staatsanwaltschaft als überführt anzusehen ist; nur mit dieser Kenntnis kann er seine Verteidigung sachgerecht vorbereiten[282]. Ferner hat sich der Umfang des Ermittlungsergebnisses an der Bedeutung der Straftat zu orientieren[283].

Die Darlegungen zur Beweiswürdigung dienen nicht nur der Information des Angeschuldigten, sondern sollen zunächst dem Richter die Grundlagen zur Kenntnis bringen, die für seine Bewertung der Verurteilungswahrscheinlichkeit gemäß § 203 StPO erforderlich sind. Darüber hinaus teilt das Ermittlungsergebnis dem Gericht die Umstände mit, die das Tatgeschehen über das Maß des für den Anklagesatz Erforderlichen hinaus beleuchten (was insbesondere bei umfangreichen und schwierigen Sachverhalten erforderlich sein kann[284]) sowie einen Überblick über die Persönlichkeit des Angeschuldigten geben, soweit dies für das Hauptverfahren bedeutsam werden kann; letzteres ergibt sich aus dem Ermittlungsauftrag des § 160 III StPO.

Soweit es der gesetzliche Tatbestand der Strafvorschrift oder die Bestimmung der Rechtsfolgen erfordern, sind hier im gebotenen Umfang der Lebenslauf des Angeschuldigten und seine persönlichen Verhältnisse dazulegen[285] sowie insbesondere auf verwertbare Vorstrafen einzugehen[286]. Darüber hinaus sind die Grundlagen für die Zumessung von Rechtsfolgen anzugeben, also für die Berechnung der Tagessatzhöhe (§ 40 II StGB), die Strafzumessung (§ 46 StGB), die Strafaussetzung zur Bewährung (§ 56 StGB), die Verwarnung mit Strafvorbehalt (§ 59 StGB), das Absehen von Strafe (§ 60 StGB) sowie allgemein für Nebenstrafen und -folgen[287]. Sofern mit der hier vertretenen Auffassung die Umstände und Merkmale für die Verhängung bestimmter Rechtsfolgen bereits im Anklagesatz dargelegt wurden[288], sind diese im Ermittlungsergebnis allenfalls zu präzisieren bzw. zu erläutern[289]; andernfalls müssen sie hier dargestellt werden[290].

---

würdigung; vgl. KK § 200/16; LR § 200/37. Hier reduziert sich die Informationsfunktion auf Null, vgl. OLG Düsseldorf StV 97, 10.

282 Kroschel/Meyer-Goßner 386; BGH NJW 54, 360, 361; LR § 200/27; OLG Düsseldorf StV 97,10.

283 Burchardi/Klempahn/Wetterich 499.

284 LR § 200/27; Kroschel/Meyer-Goßner 386.

285 Vgl. dazu näher Burchardi/Klempahn/Wetterich 501-503.

286 LR § 200/28; KMR § 200/42; AK § 200/17.

287 Vgl. Nr. 110 II g RiStBV.

288 Vgl. oben 2.

289 Vgl. LR § 200/28; KK § 200/17.

290 Insofern konsequent KM § 200/19.

Nur ausnahmsweise sind im Ermittlungsergebnis rechtliche Ausführungen zu machen; diese können dann veranlaßt sein, wenn es sich um neuartige Rechtsfragen handelt oder bereits im Ermittlungsverfahren kontroverse Meinungen vertreten wurden sowie insbesondere wenn die Staatsanwaltschaft in entscheidungserheblicher Weise von der bisherigen Rspr. abweichen will[291]. Ob dagegen Ausführungen zu Rechtsgebieten, die für den Strafjuristen nicht alltäglich sind, tatsächlich erforderlich sind[292], erscheint zweifelhaft, da es insofern nicht um die Bekräftigung einer eigenen Rechtsauffassung, sondern um eine allgemeine Erläuterung der Rechtslage geht.
Hierher gehören auch Ausführungen zur Verjährungsunterbrechung oder zum Vorliegen eines Strafantrages bzw. des (besonderen) öffentlichen Interesses an der Strafverfolgung (§ 376 StPO, §§ 183 II, 232, 248 a StGB)[293]. Die Gegenmeinung, die diese Fragen im Anklagesatz behandelt[294], verkennt, daß es sich dabei weder um die Tat im prozessualen Sinn noch um gesetzliche Merkmale der Straftat handelt[295].
Schließlich sind im Ermittlungsergebnis Ausführungen zur Prozeßgeschichte zu machen, insbesondere zur Beschränkung des Verfahrensstoffes gemäß § 154 a I StPO[296] sowie § 154 I StPO[297].

6. Behandlung von Mängeln in der Informationsfunktion

a. Ablehnung der Eröffnung

Ebenso wie bei der Umgrenzung hängt die Statthaftigkeit einer Heilung des Informationsmangels vom Zeitpunkt ab. Sofern der Fehler sofort nach Einreichung der Anklageschrift vom Gericht entdeckt wird, ist auch hier[298] die zunächst gebotene Maßnahme die Rückgabe an die Staatsanwalt-

---

291 So Burchardi/Klempahn/Wetterich 506; LR § 200/29; enger bei KM § 200/19; AK § 200/18; Kroschel/Meyer-Goßner 387; KMR § 200/44.

292 So LR § 200/29.

293 Bei Privatklagen und Antragsdelikten bedarf es nicht notwendigerweise des Hinweises auf das Vorliegen des (besonderen) öffentlichen Interesses, da sich dieses bereits aus der Tatsache der Anklageerhebung ergibt (vgl. OLG Oldenburg GA 59, 187); wird das besondere öffentliche Interesse zusätzlich zu einem Strafantrag erklärt, so ist der Hinweis wegen der Rücknahmebefugnis nach § 77 d StGB geboten, vgl. LR § 200/30; Schäfer 337 a.E.

294 KK § 200/18; KMR § 200/24; Burchardi/Klempahn/Wetterich 486; Schäfer 337.

295 So LR § 200/30; Kroschel/Meyer-Goßner 387; Schmidt Nachtrag I § 200/11.

296 Vgl. Nr. 101 a III RiStBV.

297 LR § 200/31.

298 Ebenso wie bei der Umgrenzungsfunktion, vgl. oben II 3 a. Vgl. auch Fezer NStZ 95, 297, 298.

schaft mit der Anregung, den Mangel zu beheben; gleichwohl ist die Staatsanwaltschaft nach hM nicht gezwungen, diesem Verlangen nachzukommen.
Dies wirft die Frage auf, wie mit der eingereichten Anklageschrift zu verfahren ist, wenn die Staatsanwaltschaft eine Nachbesserung verweigert. Nach der einen Auffassung soll aus der Gleichwertigkeit von Umgrenzungs- und Informationsfunktion[299] folgen, daß auch hier die Eröffnung der Hauptverhandlung wegen eines bestehenden Verfahrenshindernisses abzulehnen ist, sofern der Mangel der Informationsfunktion so essentiell ist, daß er der Anklageschrift ihre Wirksamkeit als Prozeßvoraussetzung nimmt[300]. Dazu sollen solche Mängel führen, die eine sachgerechte Verteidigung schlechthin nicht mehr ermöglichen[301].
Dem kann mit der hM nicht gefolgt werden; denn die gleiche Wertigkeit von Umgrenzungs- und Informationsfunktion trifft noch keine Aussage über die Fehlerfolge. Diese ergibt sich vielmehr daraus, welche Auswirkungen eine Beeinträchtigung der jeweiligen Aufgabe hat. Bei der Umgrenzungsfunktion ist dies - wie dargelegt - die fehlende Konkretisierung des Prozeßgegenstandes, die - insoweit unbestritten - eine Prozeßvoraussetzung für das weitere Verfahren ist. Ein Verstoß gegen die Informationsfunktion berührt demgegenüber allein die Fähigkeit des Angeschuldigten, sich sachgerecht gegen das ihm Vorgeworfene zu verteidigen[302].
Insofern soll nicht die Bedeutung dieser Aufgabe in Abrede gestellt werden[303], wenn eine andere Fehlerfolge als bei der Umgrenzung bejaht wird; denn die Frage, ob ein bestimmter Mangel zu einem Verfahrenshindernis führt, hängt nicht in erster Linie vom Gewicht des Verstoßes ab[304]. Will man das Institut der Prozeßvoraussetzung funktionstüchtig erhalten, so ist sein Anwendungsgebiet auf solche Fehler zu

---

[299] Vgl. oben zu I.
[300] So Krause/Thon StV 85, 252, 256; Krause StV 86, 333, 336 a.E.; LG Dresden StV 96, 203, 204; OLG Schleswig NStZ-RR 96, 111; OLG Düsseldorf StV 97, 10, 11. Offengelassen bei OLG Düsseldorf JR 89, 435, 436 mit kritischer Anm Rieß sowie für gravierende Mängel BGH NStZ 95, 297 mit abl. Anm Fezer.
[301] Als Musterbeispiel wird dafür von Krause/Thon StV 85, 252, 256 die Entscheidung BGH NStZ 84, 133 angeführt, bei der weder die einschlägige Tatbestandsalternative des § 308 StGB angegeben noch das Gefährdungsmerkmal der 2. Alt. mit Tatsachen belegt wurde.
[302] Vgl. OLG Düsseldorf JMBlNRW 79, 259; BGH NStZ (K) 95, 19; aA LG Dresden StV 96, 203, 204.
[303] So aber der Vorwurf von Krause StV 86, 333, 336.
[304] Vgl. Rieß OLGSt § 200 StPO Nr. 1, 4.

begrenzen, die eine sofortige Einstellung des Verfahrens aus übergeordneten Aspekten erfordern[305].

Einer gelegentlich verlangten Ausweitung der Verfahrenshindernisse auf Fehler, die unmittelbar gegen Verfassungsgrundsätze verstoßen[306], ist nicht nur aus dogmatischen Gründen entschieden entgegenzutreten[307]; die Qualifizierung als Verfahrenshindernis hängt nämlich nicht vorrangig vom Gewicht des Verstoßes, sondern von der gesetzgeberisch gewollten Unzulässigkeit einer Sachentscheidung ab. Bei schwerwiegenden Verstößen gegen die Informationsfunktion besteht insbesondere auch keine Notwendigkeit, ein Prozeßhindernis zu konstruieren: Die Interessen des Angeschuldigten bleiben aufgrund der ohnehin bestehenden Heilungsmöglichkeiten in gleichem Umfang wie bei einer Ausweitung des Rechtsinstituts gewahrt[308]. Somit stellt auch ein schwerwiegender Verstoß gegen die Informationsfunktion kein Verfahrenshindernis dar, so daß die Eröffnung der Hauptverhandlung nicht aus diesem Grund abgelehnt werden darf[309].

Andererseits darf der Richter des Eröffnungsverfahrens auch nicht gezwungen werden, bei einer verweigerten Nachbesserung der Anklageschrift durch die Staatsanwaltschaft trotz eklatanter Mängel das Verfahren sehenden Auges voranzutreiben; hierzu zählen bspw. ein vollständiges Fehlen der gesetzlichen Merkmale oder der Gesetzesvorschriften, deren offensichtliche Falschbezeichnung oder das unerlaubte Fehlen des Ermittlungsergebnisses. Für diesen Fall ist er als berechtigt anzusehen, die Mitteilung der Anklageschrift (§ 201 I StPO) zu verweigern[310]; diese Vorgehensweise ist von der oben dargelegten und verneinten Möglichkeit einer vorläufigen Eröffnungsablehnung zu trennen[311]. Schließlich kann das Gericht die Eröffnung der Hauptverhandlung wegen eines nicht hinreichend dargelegten Tatverdachts nach § 204 StPO ablehnen, sofern so gravierende Mängel in der Informationsfunktion vorliegen, daß das Gericht an einer eigenen Beurteilung gehindert ist[312].

---

305 Vgl. KM Einl 148 mit ausführlicher Darstellung des Meinungsstandes.

306 Insbesondere der Grundsatz des fair trail und das Rechtsstaatsprinzip, vgl. Krause/Thon StV 85, 252, 256.

307 Vgl. die Kritik von Rieß JR 89, 437, 438, OLGSt § 200 StPO Nr. 1, 4 sowie JR 85, 45, 47.

308 Vgl. dazu die folgenden Ausführungen unter b-f.

309 LR § 200/58; Rieß JR 87, 389, 391.

310 KM § 200/27; LR § 200/58; AK § 200/27; Häger GedS-Meyer 171, 174; Fezer NStZ 95, 297, 298. Diese Zustellungsablehnung ist beschwerdefähig, § 304 I StPO.

311 Häger GedS-Meyer 171, 174 Fn 13; insofern unklar BGH JR 87, 389.

312 Vgl. dazu unten b.

b. Hinweise im Eröffnungsverfahren

Ein Mangel der Anklageschrift in ihrer Informationsfunktion kann zu erhöhten Unterrichtungspflichten des Gerichts führen, um den Fehler der Staatsanwaltschaft durch eigene Hinweise zu kompensieren. Die Bedenken, die sich für die Mängel der Umgrenzungsfunktion aus § 155 I StPO ergaben, finden hier keine Entsprechung[313]; es geht hier nicht um eine Festlegung des Verfahrensgegenstandes entgegen dem Akkusationsprinzip, sondern um die Erteilung solcher Informationen, die trotz der Nachlässigkeit der Staatsanwaltschaft für das Gericht erkennbar sind und deren Mitteilung Verständnisschwierigkeiten beim Angeschuldigten vermeiden hilft. Eine Verweisung auf Hinweise im Hauptverfahren nach § 265 StPO würde dem Sinn von § 201 StPO zuwiderlaufen.
Damit sind aber zugleich die Grenzen einer solchen richterlichen Heilung dargetan: Fehlt nämlich beispielsweise das wesentliche Ergebnis der Ermittlungen gänzlich - obwohl dies mangels Anwendbarkeit der Ausnahmevorschriften erforderlich wäre -, ist regelmäßig auch für den Richter des Eröffnungsverfahrens nicht nachvollziehbar, aufgrund welcher Umstände die Staatsanwaltschaft hinreichenden Tatverdacht i.S.v. § 199 StPO angenommen hat. Ein solch gravierender Mangel kann nicht durch erläuternde Hinweise behoben werden, sondern zwingt das Gericht zur Nichteröffnung der Hauptverhandlung gemäß § 204 I StPO wegen nicht hinreichend dargelegtem Tatverdacht[314].
In den nicht so schwerwiegenden Fällen stellt sich die Frage, zu welchem Zeitpunkt innerhalb des Eröffnungsverfahrens der Hinweis des Gerichts erfolgen soll. Um den mit dem Eröffnungsverfahren verfolgten Verteidigungszweck[315] für den Angeschuldigten in vollem Umfang zu erhalten, ist ein möglichst früher Zeitpunkt vorzugswürdig. Wird der Hinweis erst mit dem Eröffnungsbeschluß (§§ 203, 207 StPO) erteilt[316], so ist der Mangel gleichfalls für das weitere Verfahren geheilt[317]; die Beeinträchtigung im

[313] AA Krause/Thon StV 85, 252, 257; abzulehnen auch Kroschel/Meyer-Goßner 303, die insofern nicht differenzieren.

[314] Auf diesen Unterschied zum eben behandelten Problem der Prozeßvoraussetzung sei ausdrücklich hingewiesen; diesen Aspekt übersieht OLG Schleswig NStZ-RR 96, 111, 112 ebenso wie auch OLG Düsseldorf StV 97, 10, 11. Vgl. hierzu Fezer NStZ 95, 297, 298.

[315] Vgl. § 201 StPO.

[316] Rieß JR 87, 389, 391 erblickt darin eine erweiterte Anwendung des § 207 II StPO, die dem Gericht die Befugnis und Verpflichtung zur eigenständigen Formulierung des Eröffnungsbeschlusses auferlegt.

[317] Vgl. LR § 200/58 für den Fall, daß erst aufgrund eigenen Aktenstudiums die Straftat im materiell-rechtlichen Sinn festgestellt werden kann und im Eröffnungsbeschluß gemäß § 207 II Nr. 3 StPO dargelegt wird.

Hinblick auf die Verteidigung gemäß § 201 StPO ist aber folgenlos[318], da Anträge und Einwendungen in gleichem Umfang auch noch in der Hauptverhandlung vorgebracht werden können.

c. Ergänzung aus dem Ermittlungsergebnis

Sofern an sich im Anklagesatz anzugebende Positionen, die nur der Informationsaufgabe dienen[319], erst im zweiten Teil der Anklage (§ 200 II StPO) dargelegt werden, ist dies zwar rechtsfehlerhaft, aber unschädlich und somit nicht heilungsbedürftig, da der Angeschuldigte hierdurch keinen Informationsverlust erleidet[320]. Dasselbe gilt für die Mitteilung der Beweismittel entgegen § 200 I 2 StPO im Ermittlungsergebnis.

d. Rückgriff auf den sonstigen Akteninhalt

Eine Heilung von Informationsmängeln durch Rückgriff auf den Akteninhalt scheidet von vornherein aus. Da mit dieser Funktion der Anklage vorrangig die Unterrichtung des Angeschuldigten verfolgt wird, müßte dieser zumindest die Möglichkeit haben, persönlich die für seine Verteidigung erforderlichen Informationen zu erlangen. Nach § 147 I StPO ist das Einsichtnahmerecht aber dem Verteidiger vorbehalten[321]. Vom Betroffenen kann nicht verlangt werden, daß er zur Erreichung der gesetzlich vorgeschriebenen Informationen einen Verteidiger einschaltet.

e. Hinweise in der Hauptverhandlung

Hinweise sind grundsätzlich auf solche Mängel zu beschränken, die auf Ungenauigkeiten des Anklagesatzes zurückzuführen sind. Unzulänglichkeiten des Ermittlungsergebnisses dürfen dagegen nicht durch Hinweise in der Hauptverhandlung geheilt werden, weil sonst das Verlesungsverbot[322] bezgl. des Ermittlungsergebnisses umgangen würde. Wird der Mangel erst nach Eröffnung der Hauptverhandlung bemerkt, so bedarf es einer Klarstellung in der Hauptverhandlung[323]. Diese kann von der

---

[318] KMR § 200/60.

[319] So z.B. die anzuwendenden Strafvorschriften oder ihre gesetzlichen Merkmale, vgl. KMR § 200/56.

[320] Krause/Thon StV 85, 252, 257; KMR § 200/61.

[321] Dies scheint BGH NStZ 95, 297 übersehen zu haben; vgl. auch OLG Düsseldorf StV 97, 10.

[322] Vgl. § 243 III 1 StPO; zum Problem der Aktenkenntis durch Schöffen die folgenden Ausführungen unter f.

[323] Vgl. BGH NStZ (Pf/M) 83, 358; Geppert NStZ 96, 57, 62; Geisler Jura 95, 74, 82; ausführlich zu § 265 I StPO Schlothauer StV 86, 213, 216.

Staatsanwaltschaft anläßlich der Verlesung des Anklagesatzes gegeben werden, da ihr durch § 243 III StPO die Aufgabe übertragen ist, die Anklage verständlich herauszustellen und dabei die eigene Rechtsansicht darzulegen[324]; aus demselben Grund ist die Staatsanwaltschaft gehalten, einen prozessual unzulässigen Inhalt des Anklagesatzes[325] nicht zu verlesen.

Solange der Verfahrensgegenstand unverändert bleibt[326], ist auch das Gericht befugt und unter Umständen verpflichtet, nach der Verlesung und insbesondere ohne Anregung durch die Staatsanwaltschaft den Anklagevorwurf zu erläutern[327]. Der richterliche wie auch der staatsanwaltschaftliche Hinweis - der sowohl rechtlicher wie auch sachlicher Natur sein kann (§ 265 I, IV StPO) - stellen eine wesentliche Förmlichkeit der Hauptverhandlung dar und sind deshalb gemäß § 273 I StPO in die Sitzungsniederschrift aufzunehmen[328]. Bedenken wegen inhaltlicher Unterschiede in den Hinweisen von Staatsanwaltschaft und Gericht[329] sind auch[330] i.R.d. Informationsfunktion unbegründet, da in jedem mündlichen Verfahren die Möglichkeit besteht, daß unterschiedliche Rechtsauffassungen vorgetragen werden. Hierauf beruhende Irritationen stehen deshalb einer Fehlerbehebung durch Hinweise nicht entgegen, sondern verpflichten allenfalls das Gericht zu weitergehenden Ausführungen.

Andererseits sind die Gründe, die bei der Umgrenzungsfunktion zur Verneinung eines heilenden Hinweises führten[331], hier nicht einschlägig, da der Verfahrensgegenstand bereits vor den Erläuterungen feststeht und aufgrund der Hinweise innerhalb der Hauptverhandlung dem Informationsbedürfnis des Angeschuldigten Genüge getan ist; sein Schutz wird hier wegen der möglichen Aussetzung der Hauptverhandlung in keiner Weise verkürzt[332].

---

324 LR § 243/56; KK § 243/33. Die Staatsanwaltschaft hat zwar die Dispositionsbefugnis über die Klage gemäß § 156 StPO durch die Rechtshängigkeit verloren, was sie aber nicht an einer Erläuterung des unveränderten Prozeßgegenstandes hindern kann. Vgl. auch BT-DS IV/178, 40; kritisch dazu Schmidt Nachtrag I § 243/23.

325 Insbesondere die Teile eines Anklagesatzes, die eine Beweiswürdigung enthalten; vgl. dazu Rieß JR 87, 389, 390; KM § 200/27; KMR § 200/59 a.E. sowie die unter e. folgenden Ausführungen.

326 BGH GA 63, 188, 189.

327 LR § 243/57; zu weitgehend KK § 243/33.

328 BGH GA 73, 111, 112; NStZ 84, 133.

329 So Krause/Thon StV 85, 252, 257.

330 Vgl. zum parallelen Problem bei der Umgrenzungsfunktion oben II 3 e.

331 Vgl. oben II 3 e.

332 BHG MDR (H) 78, 111 f.; zu pauschal v. Steuber MDR 78, 889.

f. Revision

Selbst schwerwiegende Fehler der Informationsfunktion führen nach der hier vertretenen Ansicht nicht zur Verfahrenseinstellung wegen des Fehlens einer Prozeßvoraussetzung[333]. Deshalb stellt sich die Frage, ob in der Verletzung der Informationsfunktion ein revisibler Mangel zu sehen ist.
Grundsätzlich stellt eine den Anforderungen des § 200 StPO ungenügende Information keinen solchen Rechtsfehler dar, der vom Revisionsgericht überprüft werden kann; denn auch auf diesem[334] Makel kann das Urteil nicht i.S.v. § 337 StPO beruhen[335]. Hingegen kann ein Mangel, der sich nicht unmittelbar auf die Festlegung des Prozeßgegenstandes bezieht[336], prozessuale Handlungspflichten des Gerichts auslösen, so daß die Fehlerhaftigkeit der Anklageschrift auf diese Weise in die Hauptverhandlung hineinwirken kann[337]. In solchen Fällen liegt ein Verfahrensfehler des erkennenden Gerichts und nicht mehr ein Mangel der Anklage vor[338]. Sofern die erforderlich gewordenen[339] klarstellenden Erläuterungen oder Hinweise zur Rechts- bzw. Sachlage (§ 265 I, IV StPO) nicht erfolgt sind[340], kann eine Verfahrensrüge (§ 344 II 2 StPO) diese Unzulänglichkeiten einer Revision zuführen. Dasselbe gilt, wenn nach einem erteilten Hinweis ein an sich begründeter Antrag auf Aussetzung gemäß § 265 IV StPO abgelehnt worden ist[341], da auch dies zur unzulässigen Verteidigungsbeschränkung führt. Dabei reicht es für das Beruhen des Urteils auf diesem Mangel aus, wenn eine andere Verteidigung nicht ausgeschlossen werden kann; es ist nicht erforderlich, daß diese naheliegt[342].
Besondere Probleme wirft die Frage auf, welche Folgen sich - unter Verletzung des § 243 III 1 StPO - aus dem Verlesen des Ermittlungsergebnisses bzw. eines Anklagesatzes, der Elemente der Beweiswürdigung enthält, ergeben. Dabei bereitet die Zuordnung dieser Frage

---

[333] AA Krause/Thon StV 85, 252, 256; vgl. dazu näher oben zu a.
[334] Ebenso wie bei der Umgrenzungsfunktion, vgl. oben II 3 f.
[335] RGSt 31, 100, 104; BGHSt 15, 40, 44; KMR § 200/68; LR § 200/60; KM § 200/27.
[336] Also neben Mängeln der Informationsfunktion auch solche der Umgrenzungsaufgabe, die noch nicht so weit gehen, daß der Verfahrensgegenstand im Unklaren bleibt.
[337] LR § 200/60; BGH NStZ 85, 464, 465.
[338] Vgl. Schmid Verwirkung 183.
[339] Vgl. dazu oben e.
[340] Für den Beweis eines erteilten Hinweises ist allein die Sitzungsniederschrift statthaft, vgl. § 274 StPO sowie BGH NStZ 84, 133.
[341] KMR § 200/70.
[342] Vgl. KM § 265/48 mwN.

hinsichtlich der Aufgaben einer Anklage keine Schwierigkeiten; insb. ist in der Verlesung der Anklageschrift keine sog. Prozeßfunktion zu sehen[343]. Vielmehr ergibt sich die Zugehörigkeit zur Informationsfunktion daraus, daß - wie oben dargelegt - die Anklage nicht nur den Angeschuldigten, sondern alle Prozeßbeteiligten - freilich in unterschiedlichem Umfang - informieren soll. Daß durch die Verlesung des Ermittlungsergebnisses bzw. der Prozeßwürdigung über den von § 200 I 1 StPO vorgeschriebenen Inhalt hinausgegangen wird und somit die Laienrichter zu viel statt zu wenig Informationen erhalten, steht dem nicht entgegen. Denn die Informationsfunktion der Anklage besagt, daß die Prozeßbeteiligten „im erforderlichen Maß" unterrichtet werden müssen; was im Hinblick auf die Schöffen erforderlich ist, gilt es im folgenden näher festzulegen. Während die Überinformation des Angeschuldigten sanktionslos bleibt[344], hängt die Folge hinsichtlich der Schöffen von der grundsätzlichen Frage ab, inwieweit Laienrichter Aktenkenntnis haben dürfen bzw. müssen.

Die Revisionsgerichte vertreten seit jeher die Auffassung, daß die Laienrichter keinen Einblick in die Akten haben dürfen und ihnen auch nicht mündlich Teile des Ermittlungsergebnisses mitgeteilt werden dürfen, da sie aufgrund einer fehlenden juristischen Schulung sonst regelmäßig nicht mehr in der Lage wären, nach deren Kenntnis unvoreingenommen und ausschließlich aufgrund der Hauptverhandlung zu urteilen[345]. Diese Ansicht erhielt die Zustimmung des früher einhelligen Schrifttums[346] und fand seinen Niederschlag in Nr. 126 III RiStBV[347].

In seiner Entscheidung vom 2.12.1986[348] hat der BGH ausdrücklich offengelassen, ob an dieser Auffassung festzuhalten ist. Diese Äußerung wurde von Teilen der Literatur als möglicher Wandel in der Rspr. be-

---

343 So aber Danckert StV 88, 282, 283; vgl. auch Rieß JR 87, 389, 391; Schäfer 347.

344 Beachte aber für Jugendstrafsachen § 48 JGG, wonach durch die Kenntnisnahme des Ermittlungsergebnisses keine Erziehungsnachteile entstehen sollen. Daraus soll sich auch für das allgemeine Strafverfahren ein Verbot herabsetzender Formulierungen ergeben, vgl. LR § 200/26.

345 Vgl. RGSt 32, 318, 319; 53, 176, 178; 69, 120, 123; BGHSt 13, 73, 75; BGH GA 60, 314; NJW 54, 483, 484; MDR (D) 73, 119; LG Hamburg MDR 73, 69 mit Anm Stadie; OLG Schleswig NStZ-RR 96, 111, 112; anders BGH NStZ (Pf/M) 84, 15 für den Fall, daß noch während des Verlesens der Fehler behoben wird.

346 Vgl. Schmidt JR 61, 31; Schmidt I 438, 440; Schmidt II § 261/6; LR § 261/31; Roxin § 44/4; Schmid Verwirkung 186; Beulke 408; KM § 200/22 im Gegensatz zu § 30 GVG/2; KK § 261/14; Peters 557; Bedenken bei Schäfer 341; LR Einl Kap. 13/61. AA früher allein Schäfer JR 32, 196, 199.

347 Hierbei handelt es sich lediglich um einen - für den Richter ohnehin unverbindlichen - Hinweis auf die gegenwärtige Rspr., vgl. Rieß JR 87, 389, 391 Fn 25.

348 JR 87, 389.

trachtet[349]. Nach einer in jüngerer Zeit oftmals vertretenen Ansicht gebiete es die Gleichrangigkeit nach § 30 I GVG, den Schöffen in gleichem Umfang wie den berufsmäßigen Richtern den Zugang zu den Ermittlungsergebnissen zu gewähren; da sie in gleicher Weise die Verantwortung für die Urteile tragen, müßten sie sich ebenso umfassend informieren können, wie dies für Berufsrichter vorgesehen ist[350].

Die Schwierigkeiten bei der Suche nach einer interessengerechten Lösung ergeben sich aus der Unvereinbarkeit des Untersuchungsgrundsatzes mit den Prozeßmaximen der Mündlichkeit und Unmittelbarkeit[351]. Es ist daher die Aufgabe der Legislative, einem dieser Prinzipien in der praktischen Anwendung den Vorrang zu geben. Diese Entscheidung hat der historische Gesetzgeber im Hinblick auf § 243 III 1 StPO unter sorgsamer Abwägung aller Aspekte[352] getroffen, indem er das Mündlichkeits- und Unmittelbarkeitsprinzip über die Betätigungsmöglichkeiten des Laienrichters stellte.

Der Gegenmeinung [353] ist darin Recht zu geben, als auch nach der Rspr. die Schöffen nicht vollständig vor Beeinflussungen, die außerhalb der Hauptverhandlung erfolgen, geschützt werden; sie führt als Beispiele die einseitige Berichterstattung in den Medien, die Verlesung eines aufgehobenen Urteils und den großzügig gewährten formfreien Vorhalt aus den Ermittlungsakten an. Die besondere Begründung, warum gerade die Kenntnis der Anklageschrift anders zu beurteilen sei, ist darin zu sehen, daß es bei den genannten Beispielen um eine unvermeidbare Erlangung von Informationen geht, die an sich nicht für die Schöffen bestimmt sind. Bei der Verlesung nach § 243 III 1 StPO ist durch die Beschränkung auf § 200 I 1 StPO eine solche Kenntniserlangung dagegen gerade vermeidbar, was sich als Grund für die inhaltliche Ungleichbehandlung darstellt. De lege lata[354] ist deshalb die Mitteilung eines über den Anklagesatz hinausgehenden Inhalts als prozeßordnungswidrig anzusehen.

---

[349] Rieß JR 87, 389, 393; aA Danckert StV 88, 282, 284 sowie Terhorst MDR 88, 809, die richtigerweise im BGH-Urteil eine Bestätigung der bisherigen Rspr. sehen.

[350] Vgl. dazu Schreiber FS-Welzel 941, 953; Volk FS-Dünnebier 373, 383; Hanack JZ 72, 313, 315; Rüping JR 76, 269, 272; Terhorst MDR 88, 809, 810; Atzler DRiZ 91, 207; Kissel § 30/2 f.; Kemmer 54.

[351] So Kemmer 53. Insofern ist die Akteneinsicht der Berufsrichter als Zugeständnis an die praktischen Erfordernisse zu betrachten und berechtigt nicht zu einer über das unbedingt erforderliche Maß hinausgehenden Unterwanderung des Unmittelbarkeitsgrundsatzes.

[352] Vgl. die Darstellung bei Schreiber FS-Welzel 941, 942.

[353] Rieß JR 87, 389, 392.

[354] Ob eine Stärkung der laienrichterlichen Position de lege ferenda wünschenswert und erforderlich ist, erscheint zweifelhaft; vgl. dazu die Forderungen der oben

Ist somit als Zwischenergebnis zu vermerken, daß das Verlesen von Ermittlungsergebnissen bzw. beweiswürdigenden Elementen nicht gesetzeskonform ist, so wirft dies die Frage nach den verfahrensrechtlichen Folgen auf. Entgegen der früher in der Rspr. vertretenen Auffassung kann eine Revision nicht allein auf das Unmittelbarkeitsprinzip gestützt werden[355]; denn dies würde bedeuten, daß bereits die bloße Kenntnis von außerhalb der Hauptverhandlung liegenden Ereignissen stets zu einem revisiblen Rechtsverstoß führt, sofern nur das Beruhen i.S.v. § 337 StPO nicht ausgeschlossen werden kann[356]. Daß das bloße Wissen solcher Umstände nicht für eine Revision genügen kann, ergibt sich bereits aus den Einschränkungen, die das Gesetz selbst im Hinblick auf das Unmittelbarkeitsprinzip macht[357].
Vielfach wird § 261 StPO wegen der gesetzlichen Ausprägung des Unmittelbarkeitsgrundsatzes als verletzte Norm angeführt[358]. Danach genügt nicht die bloße Kenntnis vom Akteninhalt, sondern der revisible Vorwurf besteht in der aufgrund der Kenntnis bewirkten Überzeugungsbildung. Der Verfahrensfehler soll demnach also darin liegen, daß sich der Schöffe wegen des zusätzlich erlangten Wissens sein Urteil nicht aus dem Inbegriff der Hauptverhandlung gebildet hat[359]. Somit verlagert sich die Frage einer tatsächlichen Beeinflussung der Schöffen vom Aspekt des Beruhens (für das bereits die nicht auszuschließende Möglichkeit genügt[360]) auf den Verfahrensfehler selbst, der zur Überzeugung des Revisionsgerichts feststehen muß[361]. Dabei ergibt sich freilich das Problem, daß es sich bei der Überzeugungsbildung um einen inneren Vorgang handelt, der dem Beweis kaum zugänglich ist[362].
Dem Dilemma, daß dadurch das unstatthafte Verlesen faktisch nicht von der Revision erfaßbar ist, tritt eine Literaturmeinung mit dem Einwand entgegen, bei massiven, aber nicht vollständig aufklärbaren Zweifeln an der Ordnungsmäßigkeit des Verfahrens müsse nicht der volle Beweis

---

unter Fn 351 angeführten Literatur.

355 So aber RGSt 32, 318, 319; 53, 176, 178; 69, 120, 122.

356 Ebenso Rieß JR 87, 389, 392.

357 Vgl. z.B. § 249 II StPO.

358 Vgl. die neuere Rspr. seit BGHSt 13, 73, 75 sowie Dahs/Dahs 255.

359 Vgl. dazu Rieß JR 87, 389, 392.

360 Vgl. KM § 337/37-39.

361 Vgl. KM § 337/10-12; diese Unterscheidung übersieht dagegen Terhorst MDR 88, 809, 810.

362 Allenfalls käme hierfür eine Stellungnahme des Schöffen in Betracht, worin er die Beweggründe für das von ihm gefällte Urteil darlegt; vgl. dazu BGH MDR (D) 73, 19.

erbracht werden, sondern es genüge die bloße Wahrscheinlichkeit eines Verfahrensfehlers[363].

Dieser Auffassung kann aber mit der hM aus systematischen wie dogmatischen Gründen nicht gefolgt werden[364]. Dies wäre für die hier fragliche Konstellation auch aus praktischen Gründen nicht zwingend, da der eigentliche Verfahrensmangel in der Mißachtung des gesetzlich vorgeschriebenen Ablaufes der Hauptverhandlung zu sehen ist[365]. §§ 243, 244 StPO bestimmen den Gang der Hauptverhandlung dahingehend, daß vor der Vernehmung des Angeklagten die Verlesung des Anklagesatzes zu erfolgen hat und erst nach der Sacheinlassung mit der Beweisaufnahme begonnen werden kann. Die Verlesung des Ermittlungsergebnisses bzw. eine Einbeziehung von Teilen daraus enthält aber eine Beweiswürdigung der Staatsanwaltschaft, die trotz ihrer Schriftform inhaltlich dem Plädoyer entspricht[366] und somit dem Schluß der Beweisaufnahme vorbehalten bleibt[367].

Daher liegt der Verfahrensfehler in der Verletzung der Vorschriften über den Ablauf der Hauptverhandlung (§§ 243 III 1, IV, 244 I StPO). Das Urteil beruht auch auf diesem Mangel, da eine Beeinflussung nicht ausgeschlossen werden kann. Die insofern abweichende Auffassung des BGH[368] kann nicht überzeugen; während für den Fall einer unterbliebenen Verlesung des Anklagesatzes festgestellt wurde, die Schöffen wüßten so nicht, auf welche Punkte sie in der Hauptverhandlung besonders achten müßten[369], soll im umgekehrten Fall einer verlesenen Anklage mit nicht gesetzeskonformem Inhalt das Beruhen i.S.v. § 337 StPO ausgeschlossen sein. Diese Differenzierung erscheint nicht sachgerecht, da in beiden Fällen die Laienrichter nicht im gesetzlich vorgeschriebenen Umfang informiert werden[370].

IV. Gegenüberstellung mit Inhaltsmängeln des Bußgeldbescheides

1. Allgemeines

Wie bereits oben mehrfach angesprochen, kommt dem Bußgeldbescheid im Einspruchsverfahren eine Aufgabe zu, die mit der Anklageschrift im

---

363 Vgl. LR § 337/76; Rieß JR 87, 389, 392.

364 Vgl. BGH JR 62, 108, 109 mit abl. Anm Schmidt; KM § 337/12 mwN; Danckert StV 88, 282, 285.

365 Diese Auffassung vertritt zu Recht Danckert StV 88, 282, 284 f.

366 Vgl. Danckert StV 88, 282, 285.

367 Vgl. § 258 StPO.

368 JR 87, 389.

369 BGH NStZ 84, 521.

370 So auch Danckert StV 88, 282, 285.

ordentlichen Strafverfahren vergleichbar ist: Zum einen muß der Bußgeldbescheid den erhobenen Vorwurf in persönlicher, sachlicher und rechtlicher Hinsicht abgrenzen. Diese Funktion berührt sowohl den Betroffenen als auch das Gericht, da dieses dem Bußgeldbescheid nach erhobenem Einspruch die vorgeworfene Tat im prozessualen Sinn entnimmt, wobei eine Rechtmäßigkeitsprüfung nicht stattfindet. Zum anderen gebieten rechtsstaatliche Erwägungen, den Betroffenen wegen des dem Bußgeldbescheid zugrundeliegenden Angebots zur Selbstunterwerfung[371] darüber zu informieren, worauf der erhobene Vorwurf gestützt wird. Nur so kann der Adressat beurteilen, inwieweit die Vorhaltungen auf der Grundlage der amtsbekannten Tatsachen berechtigt erscheinen, ob infolgedessen das Einlegen eines Einspruchs Erfolg verspricht und wie im Fall des Einspruchs die Verteidigung vorbereitet werden kann[372]. Der Einspruch führt zu einer Kontrolle durch das Gericht, das innerhalb der Grenzen der prozessualen Tat völlig neu in der Sache entscheidet. Die Informationsfunktion hat deshalb nur bis zum Zeitpunkt der Einspruchseinlegung Bedeutung und entfaltet daher ausschließlich gegenüber dem Betroffenen Wirkung. Sofern der Betroffene keinen (ordnungsgemäßen) Einspruch einlegt, wird der Bußgeldbescheid rechtskräftig und vollstreckbar (§§ 67 I, 89 OWiG). Somit kommt dem Bußgeldbescheid bei unterbliebenem Einspruch zugleich die Funktion eines Vollstreckungstitels zu[373].

2. Umgrenzungsfunktion

Ebenso wie bei der Anklageschrift muß der Verfahrensgegenstand im Bußgeldbescheid im Hinblick auf den Betroffenen und die ihm vorgeworfene Ordnungswidrigkeit konkretisiert werden.

a. Angaben zur Person

Die Angaben zur Person müssen dabei so ausführlich sein, daß eine Verwechslung des Betroffenen praktisch ausgeschlossen ist[374]. Besondere Probleme wirft ein Bußgeldbescheid auf, der an eine Firma adres-

---

371 Beachte dabei den Unterschied zum Unterwerfungsverfahren, das früher in § 67 OWiG 1952 geregelt war und wegen des Verstoßes gegen Art. 19 IV GG für verfassungswidrig erklärt wurde; vgl. dazu KK-OWiG § 65/9.

372 Vgl. KK-OWiG § 65/6; Demuth VOR 73, 44, 52; OLG Hamm VRS 49, 128, 129.

373 KK-OWiG § 65/7; § 66/21-28.

374 Vgl. zur Anklageschrift oben II 1.

siert ist; denn Betroffener i.S.v. § 66 I Nr. 1 OWiG kann nur eine natürliche Person sein[375].
Eine Geldbuße gegen eine juristische Person oder eine Personenvereinigung kann dagegen regelmäßig[376] nur als Nebenfolge einer von einer natürlichen Person begangenen Straftat oder Ordnungswidrigkeit festgesetzt werden[377]. Daher ist bei einem Einzelkaufmann der Bußgeldbescheid an diesen selbst zu richten[378]. Sofern im übrigen mittels Freibeweisverfahren[379] festgestellt werden kann, daß ein Kaufmann als Alleininhaber hinter der Firma steht und damit ausschließlich er als Verantwortlicher in Betracht kommen kann, ist in der fehlerhaften Adressierung lediglich eine folgenlose Ungenauigkeit in der Bezeichnung des Betroffenen zu sehen[380]. Kann dagegen die Identität nicht zweifelsfrei festgestellt werden und besteht insofern Verwechslungsgefahr, so genügt der Bußgeldbescheid nicht seiner Umgrenzungsfunktion[381].

b. Bezeichnung der Tat

Der Bußgeldbescheid muß die Tat so konkret umschreiben, daß nach den Ausführungen zweifelsfrei feststeht, welcher Lebensvorgang von dem Vorwurf erfaßt wird. Umstritten ist, nach welchen Kriterien die Erkennbarkeit beurteilt werden soll. Nach der einen Auffassung ist auf den Betroffenen abzustellen, da der Bußgeldbescheid im Sinne eines Tatvorwurfs an seine Adresse gerichtet ist[382]; deshalb dürfe der Empfängerhorizont nicht außer Betracht bleiben.
Diese Sichtweise führt aber zu einer Beschränkung der Verteidigungsrechte, da der Betroffene gezwungen würde, zur Festlegung des gegen ihn erhobenen Vorwurfes auf sein (unterstelltes) eigenes Tatwissen zurückzugreifen; dies widerspricht dem Gedanken der Unschuldsvermutung (Art. 6 II MRK), der auch im Bußgeldverfahren Anwen-

---

[375] OLG Saarbrücken NJW 69, 1497; OLG Schleswig SchlHA (E/J) 77, 195; Beck/Berr 41.
[376] I.R.d. § 30 IV OWiG kann eine Geldbuße selbständig festgesetzt werden; vgl. dazu RRH § 66/24;
Göhler § 66/47.
[377] Doller DRiZ 81, 201; zw. Tiedemann NJW 88, 1169.
[378] KK-OWiG § 66/50.
[379] Z.B. durch eine Auskunft aus dem Handelsregister, vgl. Göhler § 66/5 mwN.
[380] KK-OWiG § 66/50; Vgl. OLG Hamm NJW 73, 1624, 1625; OLG Koblenz VRS 67, 361; BayObLG JR 73, 28, 29 mit Anm Göhler; OLG Saarbrücken NJW 69, 1497.
[381] OLG Hamm NJW 73, 1624, 1625; JR 71, 383, 384 mit Anm Göhler; OLG Schleswig SchlHA (E/J) 77, 195; OLG Düsseldorf VRS 82, 360, 361.
[382] Göhler § 66/12; BGH NJW 93, 3081, 3083; OLG Hamm VRS 50, 58; Demuth VOR 73, 44, 55; RRH § 66/26; Beck/Berr 39.

dung findet. Vielmehr muß die Tatbeschreibung im Sinne einer objektiven Eindeutigkeit erfolgen, so daß eine Verwechslung mit anderen Taten nach den Gesetzen der Logik und nach allgemeinen Erfahrungssätzen praktisch ausgeschlossen ist[383]. Die Unterschiede von Straf- und Ordnungswidrigkeitenverfahren rechtfertigen insofern keine Ungleichbehandlung[384]; denn ebenso wie die Anklageschrift legt der Bußgeldbescheid den Verfahrensgegenstand nicht nur für die Betroffenen fest, sondern nach Einspruchseinlegung gerade auch für das Gericht.

Ausgangspunkt einer sicheren und zuverlässigen Festlegung in tatsächlicher Hinsicht ist - auch nach dem Wortlaut des § 66 I Nr. 3 OWiG[385] - die Angabe von Begehungszeit und -ort. Allerdings ist die korrekte Zeitangabe keine unerläßliche Wirksamkeitsvoraussetzung; entscheidend ist allein, ob die Gefahr einer Verwechslung besteht[386]. Bei unterschiedlichen Angaben in Ausfertigung und Urschrift des Bußgeldbescheides kommt es auf die Angaben in der Urschrift an[387].

Ein taugliches Kriterium für die Behandlung mangelhafter Angaben im Verkehrsrecht ist die Unterscheidung danach, ob der Verstoß folgenlos geblieben ist; war dies der Fall, so ist die Gefahr einer Verwechslung wegen der Wahrscheinlichkeit gleichgelagerter Taten besonders hoch. Anders liegt der Fall, wenn der Betroffene z.B. nach einem Verkehrsverstoß von einem Polizeibeamten zur Rede gestellt wurde[388] oder es als Folge des Verstoßes zu einer Kollision kam[389]. In diesen Konstellationen treten zusätzliche Ereignisse zum vorgeworfenen Verstoß, die - auch bei fehlerhaften Angaben zur Tatzeit - eine Individualisierung und damit eine Konkretisierung i.S.d. Einzigartigkeitstheorie erlauben[390].

Daß sich der Betroffene an derartige Vorfälle leichter erinnern wird als an folgenlose Verstöße, ist zwar richtig, aber aus den eben dargestellten Gründen nicht entscheidend. Kann also der Verstoß trotz der unrichtigen Zeitangabe aufgrund der zusätzlichen, die Tatfolgen betreffenden Ausführungen näher umschrieben werden, so ist dem Konkretisierungsgebot Genüge getan; ist dies dagegen wegen der Folgenlosigkeit des Verstoßes nicht der Fall, so ist die möglichst genaue Zeitangabe ein grund-

---

[383] Puppe NStZ 82, 230, 231; KK-OWiG § 66/12, 53.
[384] Vgl. zu diesem Streit bei der Anklageschrift oben II 2 a.
[385] Ebenso der Wortlaut des § 200 I 1 StPO.
[386] OLG Düsseldorf MDR 80, 958; OLG Köln VRS 64, 286; OLG Hamm VRS 49, 128, 130.
[387] OLG Köln VRS 50, 222, 223; KK-OWiG § 66/40. Wegen des Zustellungsmangels beginnt die Einspruchsfrist nicht, vgl. RRH § 66/32.
[388] So OLG Köln NStZ 82, 123; Göhler JR 70, 312; aA OLG Düsseldorf DAR 80, 184, 185 mit zust. Anm Scholzen DAR 80, 173, 174.
[389] Vgl. KK-OWiG § 66/13; OLG Schleswig NJW 70, 158, 159.
[390] Puppe NStZ 82, 230, 232.

sätzlich[391] unverzichtbares Abgrenzungskriterium[392]. Eine Heilung des Mangels in Form einer nachträglichen Berichtigung kommt nur in den engen Grenzen der Offensichtlichkeit eines Übertragungs- oder Schreibfehlers in Betracht[393].

Ebenso ist die fehlerhafte Ortsangabe unschädlich, wenn es sich um ein offensichtliches Mißverständnis handelt und die näheren Umstände zweifelsfrei ergeben, welcher Ort gemeint ist[394]. Die Offensichtlichkeit dieses Fehlers ist beispielsweise bei der mangelhaften Angabe des Begehungsortes trotz einer unmittelbar nach der Tat durchgeführten Polizeikontrolle gegeben. Hier ist keine Verwechslungsgefahr begründet[395]. Handelt es sich dagegen um einen im obigen Sinne folgenlosen Verkehrsverstoß, so ist neben dem Ort und der Straße auch die Stelle genauestmöglich zu konkretisieren, an der es zu dem vorgeworfenen Ereignis gekommen sein soll; daher ist die konkret mißachtete Ampel bzw. bei Geschwindigkeitsüberschreitungen der exakte Streckenabschnitt zu benennen[396].

Eine Besonderheit gilt für solche Geschwindigkeitsverstöße, die anläßlich der Kontrolle eines Lkw-Fahrtenschreibers festgestellt werden; während die Tatzeit ebenso wie die gefahrene Geschwindigkeit anhand des Schaublattes exakt bestimmbar ist[397], kann der jeweilige Tatort[398] allenfalls anhand der Begleitpapiere und der Tatzeit zurückgerechnet und somit annähernd begrenzt werden[399]. Nach einer Entscheidung des

---

391 Eine Ausnahme ist für den Fall zu machen, daß vor dem Haus eines alleinlebenden Kfz-Halters ein Pkw mit vorschriftswidriger Bereifung steht. Obwohl nicht festgestellt werden kann, wann genau eine verbotene Fahrt stattgefunden hat, so ist als vorgeworfene Tat die letzte Fahrt vor der polizeilichen Feststellung zum Verfahrensgegenstand zu machen; vgl. Puppe NStZ 82, 230, 231; BayObLG NStZ 87, 82; aA OLG Stuttgart DAR 72, 193; zw. Jasniszewski NStZ 82, 107, 111.

392 So auch KK-OWiG § 66/53; Göhler § 66/42; AG Gemünden NJW 80, 1477, 1478.

393 Vgl. die bei KK-OWiG § 66/53 angeführten Entscheidungen zu Uhrzeit, Tag, Monat und Jahr.

394 Vgl. OLG Hamm VRS 47, 203; OLG Düsseldorf VRS 63, 140; Gebhardt § 25/9; Göhler JR 70, 312.

395 KG VRS 57, 435, 436.

396 Vgl. KG VRS 48, 444, 445; OLG Hamm VRS 54, 54, 55; BayObLG DAR (Rü) 82, 261; OLG Bremen StV 87, 53, 54; BayObLGSt 95, 135, 138.

397 BayObLG DAR 95, 412, 413; OLG Düsseldorf VRS 90, 296, 299; NStZ-RR 96, 376, 377; LG Münster DAR 95, 303 mit Anm Berr.

398 Entscheidend sind weder der Kontrollort noch der Firmensitz, sondern der Ort der Geschwindigkeitsüberschreitung, vgl. AG Aalen NZV 93, 206 sowie Gebhardt § 25/8 mwN.

399 Göhler § 66/43; AG Aalen NZV 93, 206; OLG Hamm NZV 92, 159, 161. Zu weit dagegen Suhren NZV 92, 271; Röttgering ZfS 94, 31.

BayObLG soll das Fehlen einer Angabe zum Tatort die Wirksamkeit des Bußgeldbescheides nicht beeinträchtigen, da es sich bei Geschwindigkeitsüberschreitungen von Lkw nicht um orts- oder situationsbezogene, sondern um fahrzeugbezogene Verstöße handelt[400]. Im Unterschied zum Pkw, dessen Geschwindigkeitslimit auf Autobahnen allein durch Verkehrszeichen oder besondere Umstände der Witterung bzw. der Verkehrsdichte festgelegt wird, beträgt die gesetzlich zulässige Höchstgeschwindigkeit für Lkw 80 km/h (vgl. § 18 V Nr. 1 StVO). Daher soll es auf den Begehungsort nicht entscheidend ankommen, da das Fahren mit einer Geschwindigkeit über 80 km/h überall verboten ist; aufgrund der exakten Angabe der Tatzeit und des Fahrers bestehe keine Verwechslungsgefahr.
Ein solcher Verzicht mag aus praktischer Sicht angenehm erscheinen, zwingend ist er aus den oben genannten Gründen (Rückrechenbarkeit anhand der Begleitpapiere) nicht. Vielmehr sollte gerade unter dem Aspekt der sachgerechten Verteidigung an dem Erfordernis einer genauestmöglichen Beschränkung der vorgeworfenen Tat festgehalten werden. Eine solche Einschränkung der Verteidigungsmöglichkeiten ist ohne Auswirkung auf die Eigenschaft des Bußgeldbescheides als Prozeßvoraussetzung[401]; die Gegenmeinung[402] überschätzt die subjektiven Tatbestandsmerkmale einer Geschwindigkeitsüberschreitung.
Neben Angaben zur Tatzeit und zum Tatort sind Ausführungen zu den Tatmodalitäten notwendig, um den mit dem Bußgeldbescheid erhobenen Vorwurf nachvollziehbar zu machen. Dieser Aufgabe wird die bloße Wiedergabe der Kennziffer und des Wortlauts des Bußgeldkataloges nicht gerecht[403]. Vielmehr muß der Bußgeldbescheid eindeutig erkennen lassen, welche Tatsachen die Verwaltungsbehörde[404] für erwiesen hält. Welche Angaben zur Erfüllung der Abgrenzungsfunktion erforderlich sind, ist stets vom Einzelfall abhängig; so muß der Tatvorwurf einer Gefährdung anderer Verkehrsteilnehmer Ausführungen dazu treffen, worin die Gefährdung konkret gesehen wird[405]. Hingegen genügt bei einem Unfall neben der Angabe der Kfz-Kennzeichen ein Hinweis auf die Kollision; die theoretische Möglichkeit, daß sich zur annähernd selben Zeit am selben

[400] BayObLG VRS 90, 293, 294 im Anschluß an OLG Düsseldorf VRS 87, 51, 52; vgl. auch OLG Hamm ZfS 94, 187; DAR 96, 324 f.; AG Marl ZfS 94, 30.
[401] Vgl. BGHSt 23, 336, 340.
[402] Suhren NZV 92, 271.
[403] Vgl. OLG Düsseldorf VRS 38, 351, 352.
[404] Da die Begrenzung des Tatgeschehens Aufgabe der Verwaltungsbehörde ist, kann die bloße Beifügung einer Anzeige nicht diesen Anforderungen genügen; vgl. OLG Hamm DAR 71, 249, 250; OLG Stuttgart Justiz 78, 477, 478; OLG Düsseldorf VRS 63, 466.
[405] OLG Hamm VRS 39, 65, 67.

Ort ein zweiter Unfall ereignete, begründet keine Verwechslungsgefahr[406].
Sind bei einem Verkehrsunfall im Bußgeldbescheid die Tatbeiträge der Beteiligten verwechselt worden, so ist trotz dieses Mangels das Tatgeschehen hinreichend begrenzt[407]. Bei einfachen Ordnungswidrigkeiten kann eine schlagwortartige Bezeichnung genügen, solange die Verständlichkeit des Bußgeldbescheides unter dieser Vereinfachung nicht leidet; deshalb reicht die bloße Wiedergabe der abstrakten Normmerkmale regelmäßig nicht aus[408].

c. Die geänderte Rechtsprechung zur fortgesetzten Handlung

Der Beschluß des Großen Senats für Strafsachen vom 3.5.1994[409] setzt sich zwar nicht explizit mit dem Fortsetzungszusammenhang im Ordnungswidrigkeitenrecht auseinander; gleichwohl wächst dieser Entscheidung wegen der faktischen Aufhebung der Rechtsfigur[410] auch für dieses Rechtsgebiet eine große Bedeutung zu[411]. Der von Geppert[412] angesprochene Weg einer partiellen Fortgeltung des Fortsetzungszusammenhangs ist nämlich nicht gangbar, da die Entscheidung des Großen Senats nicht auf Kriminalstraftaten beschränkt ist, sondern diese nur zum Anlaß für die Aufgabe der Rechtsfigur auf allen Gebieten genommen hat.
Aufgrund der neuen Rspr. genügt es nicht mehr, wenn im Bußgeldbescheid der Beginn und das Ende einer über einen längeren Zeitraum begangenen Ordnungswidrigkeit angegeben wird. Vielmehr muß bei strikter Anwendung der neuen Grundsätze jede einzelne begangene Ordnungswidrigkeit im Bußgeldbescheid aufgeführt werden. Insofern ergeben sich keine Unterschiede zu den notwendigen Angaben in der Anklage - hier wie dort sind die Einzeltaten anzuführen.

---

[406] Vgl. KK-OWiG § 66/13; BGHSt 23, 336, 342; OLG Düsseldorf DAR 70, 136; OLG Köln JR 70, 34 mit zust. Anm Kohlhaas; Göhler JR 70, 312; Demuth VOR 73, 44, 54.
[407] OLG Frankfurt NStZ 92, 89; OLG Düsseldorf VRS 80, 219, 220.
[408] KK-OWiG § 66/13 mwN.
[409] BGHSt 40, 138 ff.
[410] Vgl. Hamm NJW 94, 1636, 1637.
[411] Vgl. AG Sigmaringen DAR 95, 33, 34 mit Anm Dorner; Jagow VD 95, 193; Göhler wistra 95, 300, 301 unterstellt dem GSSt, er habe mit dem Begriff Nebenstrafrecht das Ordnungswidrigkeitenrecht „offensichtlich einbezogen". Seine Ausführungen beschränken sich im folgenden aber auf Ordnungswidrigkeiten im wirtschaftlichen Tätigkeitsbereich und sind nicht auf Fragen des Verkehrsrechts übertragbar.
[412] NStZ 96, 118, 119.

Die Verbindung mehrerer Tatbestandsverwirklichungen zu einer fortgesetzten Handlung ist vom BGH jedoch nicht absolut ausgeschlossen worden, sondern setzt nunmehr voraus, daß dies zur sachgerechten Erfassung des verwirklichten Unrechts und der Schuld unumgänglich ist, was sich nach dem Straftatbestand richtet[413]. I.R.d. Strafrechts wird die Unumgänglichkeit mit dem Hinweis auf §§ 53, 54 StGB verneint; dort wird bei Tatmehrheit die verwirklichte höchste Strafe erhöht, wobei die Gesamtstrafe die Summe der Einzelstrafen nicht erreichen darf (sog. Asperationsprinzip).
Im Unterschied dazu kennt das Ordnungswidrigkeitenrecht keine derartige Erhöhung, sondern schreibt in § 20 OWiG die gesonderte Festsetzung mehrerer verwirklichter Geldbußen sowie ggf. Nebenfolgen vor (sog. Kumulationsprinzip). Diese starre Addition kann aber gerade zu derartigen Härten führen, die seinerzeit Anlaß für die Schaffung[414] der Rechtsfigur der fortgesetzten Handlung waren[415].
Grundsätzlich ist bei mehrfach begangenen Verstößen die Addition der Einzelstrafen nicht zu beanstanden, so beispielsweise beim wiederholt begangenen Rotlichtverstoß (§§ 37, 49 III Nr. 2 StVO). Solche Verkehrsverstöße werden regelmäßig[416] nicht durch die ununterbrochene Fahrt zu einem einzigen Delikt vereint, da der Verkehrsteilnehmer bei jeder veränderten Verkehrslage dem Sorgfaltsgebot erneut genügen muß[417]. Eine mehrfach erfolgte Geschwindigkeitsüberschreitung (§§ 3, 49 I Nr. 3 StVO) anläßlich einer bestimmten Fahrt kann nur dann als eine in natürlicher Handlungseinheit begangene Ordnungswidrigkeit geahndet werden, wenn diese Verstöße zeitlich und räumlich unmittelbar nacheinander erfolgt sind und nicht durch ein zwischenzeitlich verkehrsgerechtes Verhalten unterbrochen wurden[418].
Eine Dauerordnungswidrigkeit liegt dagegen vor, wenn ein kontinuierlicher Verstoß gegen die gleiche Geschwindigkeitsbeschränkung auf

---

413 BGHSt 40, 138, 158.

414 Vgl. dazu Jung GedS-Schulz, 183, 185.

415 Im Gemein- und Partikularrecht galten die Grundsätze des Kumulationsprinzips, vgl. Geisler Jura 95, 74, 78; Foth FS-Nirk 293, 297; Keppler NJ 94, 530.

416 Eine Ausnahme kommt allenfalls bei der sog. Polizeiflucht in Betracht; dort verbindet der Täterentschluß, sich einer ordnungsgemäßen Blutprobeentnahme zu entziehen, alle bei der Fluchtfahrt begangenen Delikte zu einer natürlichen Handlungseinheit; vgl. Jagusch/Hentschel Einl 150 a mwN; Sowada NZV 95, 465, 467.

417 Vgl. OLG Hamm DAR 76, 138; AG Marl ZfS 94, 30; Jagusch/Hentschel Einl 150 a.

418 BayObLG DAR (B) 90, 363; DAR 95, 412, 413; OLG Hamm ZfS 94, 187, 188; OLG Düsseldorf NZV 88, 195, 196; 94, 118, 119; DAR 93, 480, 481; AG Sigmaringen DAR 95, 33, 34.

einer einheitlichen Fahrstrecke begangen wird[419]. Damit wird im Ergebnis derjenige Autofahrer privilegiert, der bei seiner Fahrt permanent zu schnell fährt - ein Resultat, das ebenso befremdlich ist wie die kritisierten Wertungen der fortgesetzten Handlung. Mehrere an sich in Tatmehrheit stehende Geschwindigkeitsüberschreitungen können durch eine Dauerordnungswidrigkeit, die nicht einen bloßen Formalverstoß darstellt, zu einem tateinheitlich begangenen Delikt verklammert werden[420]. Bei tateinheitlich begangenen Delikten besteht die Gefahr der Doppelbestrafung mit der Folge, daß bei Offensichtlichkeit des Verstoßes gegen den Grundsatz ne bis in idem Nichtigkeit, anderenfalls bloße Unwirksamkeit und damit mangels Einspruch Vollstreckungsfähigkeit gegeben ist[421]. Anders verhält es sich bei mehreren bewußten[422] Fahrten ohne mitgeführtem Führerschein oder bei einem sich täglich wiederholenden Verstoß gegen §§ 3, 24 I Nr. 2 a LadSchG wegen Überschreitung der Öffnungszeiten[423]. In derartigen Fällen kommt die Annahme einer Dauerordnungswidrigkeit nicht in Betracht, da der geschaffene rechtswidrige Zustand durch das zwischenzeitliche Fahren mit zulässiger Geschwindigkeit[424] bzw. die allabendliche Schließung des Ladens wieder aufgehoben wurde[425]. Auch stellen die wiederholten Tatbestandsverwirklichungen keine Handlungseinheit dar, da tatbestandsbezogene Gründe eine Verbindung der Einzelhandlungen zu einer Bewertungseinheit nicht angezeigt erscheinen lassen[426]. Sollte der Beschluß des Großen Senats des BGH tatsächlich dazu führen, daß bei einem wiederholt begangenen Verstoß eine Addition der zu verhängenden Sanktionen erfolgt, so kann dies in den eben genannten Fällen zu Geldbußen in einer solchen Gesamthöhe führen, die außerhalb jeder Relation zur Schuldangemessenheit[427] stehen.

---

[419] Vgl. BayObLG DAR 93, 358; Jagusch/Hentschel § 3 StVO/56.

[420] Vgl. Göhler Vor § 19/30 b; Dorner DAR 95, 34, 35.

[421] Vgl. dazu Gebhardt § 25/11.

[422] Bei fahrlässigen Handlungen kam es auch unter der früheren Rspr. nicht zur Annahme eines Gesamtvorsatzes, vgl. Jagow VD 95, 193, 194.

[423] Vgl dazu Geisler Jura 95, 74, 83.

[424] Vgl. AG Sigmaringen DAR 95, 33, 34; OLG Düsseldorf DAR 93, 480, 481; OLG Oldenburg NZV 96, 83 zu § 6 PflVG.

[425] Vgl. Göhler Vor § 19/17; Geisler Jura 95, 74, 83 Fn 86.

[426] Vgl. Wessels § 17 II 3; Geisler Jura 95, 74, 83.

[427] Das Gebot schuldangemessenen Strafens bzw. Ahndens steht unter dem Schutz der Verfassung, vgl. BVerfG NJW 94, 1339; BayObLG NJW 94, 2303, 2305 weist auf diese Konfliktmöglichkeit hin, ohne einen konkreten Lösungsansatz anzubieten; zu pauschal dagegen Jagusch/Hentschel Einl 134. Vgl. zum Problem auch KK-OWiG § 20/2, 7; Widmaier NJW 71, 1158, 1161 sowie Gebhardt DAR 96, 1, 3.

Dasselbe gilt für das Mehrfachtäterpunktesystem (vgl. VwV zu § 15 b StVZO), wenn für die nachgewiesenen Einzeltaten kumulativ Punkte im Verkehrszentralregister eingetragen werden und infolgedessen die Fahrerlaubnis entzogen werden müßte. So verhält es sich bspw. beim Verstoß gegen § 6 PflVG: In einem vom VG Gießen[428] zu beurteilendem Fall wurden wegen 15 Einzeltaten insgesamt 90 Punkte eingetragen und deswegen die Fahrerlaubnis wegen Ungeeignetheit (§ 3 Nr. 3 S. 1 VwV zu § 15 b StVZO) entzogen. Das VG Gießen hat die Entziehung der Fahrerlaubnis im konkreten Fall für rechtswidrig erklärt, da die Höhe der Punkte ausschließlich aus der neuen BGH-Rspr. resultiere, weshalb von der Ausnahmemöglichkeit nach § 3 Nr. 3 S. 2 VwV Gebrauch gemacht wurde. Denn allein durch die Rechtsprechungsänderung hat sich an der Beurteilung der Kraftfahreignung nichts geändert[429]. Gegen die Entziehung der Fahrerlaubnis spricht zudem, daß die vorgesehenen Vorwarnstufen den Betroffenen nicht erreichen konnten[430]. Die in der Literatur[431] erhobene Forderung nach einer bundeseinheitlichen Begrenzung durch den Gesetzgeber wurde im Entwurf zur Änderung des StVG[432] berücksichtigt; danach wird der Betroffene in solchen Fällen so gestellt, als hätte er lediglich 10 Punkte (§ 4 V 1 des Entwurfes).
Sofern trotz nachgewiesener Verstöße nur in einzelnen wenigen Fällen ein Bußgeld verhängt und im übrigen aus Opportunitätsgründen eingestellt würde (§ 47 OWiG), so wäre darin ein massiver Verstoß gegen das Legalitätsprinzip zum Zwecke der Vermeidung unerwünschter Ergebnisse zu sehen[433]. Darüber hinaus wäre ein solches Vorgehen als rein pragmatische Lösung denselben Vorwürfen ausgesetzt, die den Großen Senat im Bezug auf den Fortsetzungszusammenhang zur Rechtsprechungsänderung veranlaßt haben.
Da auch die vom BGH eröffnete[434] Ausnahme für die Weitergeltung der fortgesetzten Handlung - nämlich die am Tatbestand zu bemessende Unumgänglichkeit zur sachgerechten Erfassung des verwirklichten Un-

---

428 DAR 95, 379; vgl. hierzu auch Hahn, ADAC-motorwelt 9/95, 68.
429 So das Ergebnis des 33. Verkehrsgerichtstages, vgl. Ludovisy/Streubel DAR 95, 151, 154.
430 Jagow VD 95, 193, 195.
431 Otting DAR 95, 381; Geppert NStZ 96, 118, 120.
432 BT-DS XIII/6914 (Stand: 7.2.1997).
433 Ebenso Jagow VD 95, 193, 194; Geppert NStZ 96, 118, 119 Fn 93; Arzt JZ 94, 1000, 1002; aA wohl Göhler § 20/2, 6 sowie in wistra 95, 300, 302.
434 Wobei in den gegenwärtigen gesetzlichen Regelungen kein Tatbestand enthalten ist, zu dessen Merkmalen gerade die fortgesetzte Begehungsweise gehört mit der Folge, daß diese Rechtsfigur weiterhin Geltung besitzen würde; vgl. AG Sigmaringen DAR 95, 33, 34; Hamm NJW 94, 1636, 1637.

rechts[435] - hier nicht zur Anwendung gelangt, bedarf es für eine befriedigende Lösung einer Initiative des Gesetzgebers[436]; den Instanzgerichten sind durch den BGH-Spruch im Hinblick auf den Fortsetzungszusammenhang die Hände gebunden[437]. Eine Gesetzesänderung könnte sich zum einen auf die Ordnungswidrigkeiten selbst beziehen, indem bei solchen Tatbeständen, die üblicherweise über einen längeren Zeitraum verwirklicht werden[438], auch die fortgesetzte Begehung als eine einzige Rechtsverletzung definiert wird. Zum anderen kommt eine Anpassung des § 20 OWiG an das Kumulationsprinzip der §§ 53, 53 StGB in Betracht[439], um so die Rahmenbedingungen für das Ordnungswidrigkeitenrecht zu schaffen, die für den BGH im Hinblick auf die Strafzumessung das ausschlaggebende Korrelat darstellten[440].

d. Behandlung von Mängeln der Umgrenzungsfunktion

Sofern die Person des Betroffenen nicht hinreichend individualisiert oder hinsichtlich der vorgeworfenen Ordnungswidrigkeit eine Verwechslungsgefahr mit weiteren gleichartigen Taten besteht, ist darin ein wesentlicher Mangel der Abgrenzungsfunktion zu sehen, der die Unwirksamkeit des Bußgeldbescheides zur Folge hat. Ebenso wie bei der Anklageschrift ist in jeder Lage des Verfahrens das Vorliegen eines wirksamen Bußgeldbescheides zu prüfen. Solange[441] die den Bescheid erlassende Behörde zugleich die Verfolgungsbehörde ist, kann sie jederzeit - selbst nach formeller Rechtskraft infolge unterbliebenem Einspruch[442] - bei Erkennen der Unwirksamkeit den Bescheid zurücknehmen.
Sofern die Verfolgungszuständigkeit auf die Staatsanwaltschaft übergegangen ist, hat diese das Verfahren wegen einer fehlenden Prozeßvoraussetzung einzustellen; wird der Mangel erst im gerichtlichen Verfahren entdeckt, so erfolgt dort die Einstellung durch Beschluß bzw.

---

[435] Vgl. BGHSt 40, 138, 158; BayObLG NZV 95, 456.

[436] Ebenso wohl Jagow VD 95, 193, 194; Keppler NJ 94, 530, 531 sieht im Anknüpfen an den materiellen Tatbestand nur das Mittel zum Zweck der Aufhebung und fordert generell eine gesetzliche Einführung des Rechtsinstituts.

[437] Zu Recht wendet Arzt JZ 94, 1000, 1002 gegen die neue Rspr. ein, daß sich das Karussel der Argumente in dieser Billigkeitsdiskussion unter neuen begrifflichen Etiketten weiterdrehen wird.

[438] So das oben angesprochene Bsp. des § 6 PflVG.

[439] So wohl auch KK-OWiG § 20/7; zust. Bohnert NStZ 95, 460 Fn 8; Geppert NStZ 96, 118, 119. Das von Göhler § 20/2 angedeutete Praktizieren des Asperationsprinzips ist contra legem und daher ohne Gesetztesänderung inakzeptabel.

[440] Vgl. BGH NJW 94, 1663, 1668.

[441] Also bis zum Eingang der Akten bei der Staatsanwaltschaft, vgl. § 69 IV OWiG.

[442] Vgl. BayObLG DAR (Rü) 77, 209.

Urteil. Nach einer wirksamen Zurücknahme des fehlerhaften Bußgeldbescheides kann ein neuer Bescheid erlassen werden[443], sofern zwischenzeitlich kein unbehebbares Verfahrenshindernis (insbesondere Verjährung) eingetreten ist. Dasselbe gilt nach einer Verfahrenseinstellung wegen eines Verfahrenshindernisses, da diese keine materielle Rechtskraft entfaltet[444].

Die Notwendigkeit einer neuerlichen Verbescheidung mit dem Risiko der zwischenzeitlichen Verjährung könnte dadurch vermieden werden, daß der fehlerhafte Bußgeldbescheid ergänzt wird. Eine Heranziehung des wesentlichen Ermittlungsergebnisses wird beim Anklagesatz allgemein für zulässig gehalten[445], eine Ergänzung durch den sonstigen Akteninhalt wird dagegen von der wohl überwiegenden Meinung abgelehnt[446].

Letzteres wird auch beim Bußgeldbescheid kontrovers diskutiert. Nach der einen Auffassung bedeutet das Gebot der hinreichenden Bestimmtheit nicht, daß das Gericht allein aus dem Inhalt des Bußgeldbescheides die zur Last gelegte Handlung entnehmen dürfe; die Heranziehung des Akteninhalts entspreche vielmehr dem System des schriftlichen Verfahrens bis zum Erlaß des Bußgeldbescheides[447].

Dieser Ansicht kann nicht gefolgt werden, da sie nicht die zwingend gebotene Unterscheidung vornimmt[448]. Es müssen nämlich die Fälle, in denen wegen einer ungenügenden Tatkonkretisierung die Gefahr von Verwechslungen besteht, von jenen Konstellationen getrennt werden, bei denen Schreib-, Übertragungs- oder Verständnisfehler vom Standpunkt des Betroffenen aus[449] offenkundig sind. Die von Göhler[450] zum Beleg für seine These angeführten obergerichtlichen Entscheidungen[451] betreffen überwiegend die letztgenannten Mängel, bei denen eine Korrektur i.R.d. Freibeweises und damit unter Rückgriff auf den Akteninhalt unzweifelhaft möglich ist[452].

Ist dagegen die vorgeworfene Tat so ungenau umschrieben, daß eine Abgrenzung zu anderen denkbaren Delikten nicht möglich ist, so ist der Bußgeldbescheid wegen der Rechtsstaatlichkeit des Verfahrens grundsätzlich unwirksam. Es kann nämlich bei einer fehlerhaften amtlichen

---

443 OLG Stuttgart VRS 68, 128, 129; OLG Düsseldorf NJW 86, 1505.
444 OLG Hamm NJW 73, 1624, 1626; OLG Schleswig SchlHA (E/J) 77, 195.
445 Vgl. oben II 3 c.
446 Vgl. oben II 3 d.
447 Göhler § 66/39 a; Demuth VOR 73, 44, 54; OLG Hamm NStZ 87, 515.
448 BayObLGSt 95, 135, 138; vgl. auch Göhler JR 70, 312, 313.
449 Vgl. OLG Köln NStZ 82, 123.
450 Göhler § 66/39 a.
451 OLG Hamm VRS 49, 128, 131; OLG Koblenz MDR 76, 1043, 1044; GA 79, 149, 150; OLG Köln VRS 62, 57.
452 KK-OWiG § 65/29; § 66/53.

Mitteilung nicht unterstellt werden, daß der Betroffene selbst am besten wisse, welche Tat gemeint sei; dies verstößt gegen die Unschuldsvermutung des Art. 6 II MRK. Etwas Anderes hat allenfalls dann zu gelten, wenn dem Akteninhalt zu entnehmen ist, daß der Betroffene am Tatort gestellt und mit dem konkreten Vorwurf konfrontiert wurde[453]; in diesem Fall ist eine Verwechslungsgefahr aufgrund ungenauer Angaben im Bußgeldbescheid ebenso unbegründet wie bei der strafrechtlichen Tatkonkretisierung durch Mitteilung des Ermittlungsergebnisses. Die Konkretisierung anläßlich der behördlichen Anhörung genügt dagegen nicht[454].

Eine Ergänzung des verwechselbaren Tatvorwurfes aus dem Akteninhalt ist auch unter Rechtskraftaspekten abzulehnen, da sonst nicht beurteilt werden könnte, welche Tat durch den Bußgeldbescheid geahndet werden soll[455]; an der Rechtskraft des Bußgeldbescheides kann der Akteninhalt nicht teilnehmen[456]. Der von Göhler vorgeschlagene Weg, bei auftretenden Zweifeln den Umfang der Rechtskraft zugunsten des Betroffenen zu bestimmen[457], setzt ein entsprechendes Tätigwerden des Betroffenen voraus, führt zu unnötiger Rechtsunsicherheit und ist aus diesen Gründen abzulehnen.

Unstreitig ist dagegen, daß die Konkretisierung des Bußgeldbescheides nicht durch eine kommentarlose Verweisung auf eine beigefügte Anzeige des Zeugen ersetzt werden darf[458]. Dies hat seinen Grund in der den Verwaltungsbehörden zugewiesenen Aufgabe, selbständig das Tatgeschehen im Bußgeldbescheid zu begrenzen; die unreflektierte Übernahme einer erstatteten Anzeige würde dazu führen, daß letztlich der Zeuge die Umschreibung und Begrenzung des Tatvorwurfes vornimmt.

Anders ist der Fall des formularmäßigen Bußgeldbescheides zu beurteilen, in welchem zur Erläuterung einer auf der Vorderseite angegebenen Schlüsselzahl auf die rückseitig abgedruckten tatkonkretisierenden Ausführungen verwiesen wird[459]. Selbst dieser Erklärungen bedarf es dann nicht, wenn dem Betroffenen die Bedeutung der Schlüsselzahl bekannt ist[460].

---

[453] Puppe NStZ 82, 230, 232; Demuth VOR 73, 44, 55.

[454] Vgl. dazu ausführlich Puppe NStZ 82, 230, 233; aA OLG Hamm VRS 49, 128, 129.

[455] OLG Hamm DAR 78, 79 .

[456] Vgl. KK-OWiG § 66/14.

[457] Göhler JR 70, 312; ebenso Demuth VOR 73, 44, 48.

[458] OLG Hamm VRS 41, 52, 53; 43, 374; OLG Düsseldorf VRS 63, 466; OLG Karlsruhe Justiz 78, 477, 478; Demuth VOR 73, 44, 56; KK-OWiG § 66/13.

[459] OLG Hamm VRS 50, 58.

[460] OLG Celle MDR 78, 250.

3. Informationsfunktion

Neben der Umgrenzungsfunktion kommt dem Bußgeldbescheid - ebenso wie der Anklageschrift - die Aufgabe zu, den Betroffenen ausreichend zu informieren. Rechtsstaatliche Erwägungen gebieten es, den in Rechtsfragen unerfahrenen Bürger ohne Inanspruchnahme eines Rechtskundigen und ohne gesonderte Akteneinsicht in die Lage zu versetzen, daß er den gegen ihn konkret erhobenen Vorwurf erkennen kann[461]. Nur so ist der Betroffene in der Lage, die Erfolgsaussichten eines Einspruchs zu beurteilen und sich ggf. in einer Hauptverhandlung erfolgreich verteidigen zu können[462].

a. Beweismittel

Der Informationsfunktion dient insbesondere die in § 66 I Nr. 4 OWiG zwingend vorgeschriebene Angabe der Beweismittel. Der Betroffene soll dadurch zum einen die Stichhaltigkeit des gegen ihn erhobenen Vorwurfs beurteilen können und zum anderen prüfen, welche Beweise er noch zu seiner Verteidigung beibringen kann[463]. Deshalb ist eine möglichst genaue[464] Bezeichnung im Bescheid erforderlich, da die bloße Angabe der Beweisart dem verfolgten Ziel nicht genügt[465]. Der alleinige Hinweis im Bußgeldbescheid auf die Akten des Rechts- und Ordnungsamtes[466] stellt einen derartigen Verstoß dar.

b. Hinweise, Aufforderungen und Belehrungen

Gemäß § 66 II OWiG muß der Bußgeldbescheid verschiedene Mitteilungen enthalten, um den Betroffenen über die Art, Form und Frist des zur Verfügung stehenden Rechtsbehelfes, über die mit der Einlegung des Einspruchs verbundenen rechtlichen Konsequenzen sowie über Eintritt und Folgen der Rechtskraft zu informieren[467]. In verschiedenen Sondergesetzen sind weitere Belehrungsvorschriften enthalten. So schreibt § 25 VIII StVG eine Belehrung über den Beginn der Fahrverbotsfrist vor;

---

[461] OLG Düsseldorf DAR 70, 219; Metzger NJW 69, 2160, 2161. Hierzu zählt auch die Angabe der Bußgeldvorschriften gemäß § 66 I Nr. 3 OWiG, vgl. OLG Hamm VRS 50, 58.

[462] BGHSt 23, 336, 339, BayObLG VRS 38, 448, 450; OLG Hamm NJW 70, 579.

[463] OLG Celle NJW 70, 580.

[464] Aber nicht das Ergebnis, vgl. Göhler § 66/18.

[465] BayObLG MDR 70, 440; OLG Hamm VM 72, 30, 31; OLG Celle NJW 70, 580; KK-OWiG § 66/20; Göhler § 66/18.

[466] OLG Schleswig SchlHA (L/G) 88, 121.

[467] KK-OWiG § 66/29.

ebenso bedarf es einer entsprechenden Mitteilung zum Beginn des Jagdverbotes gemäß § 41 a IV BJagdG bzw. den landesrechtlichen Jagdvorschriften.
Durch den Hinweis auf die Einspruchsmöglichkeit (§ 66 II Nr. 1 a OWiG) wird dem Betroffenen verdeutlicht, daß der Spruch der Verwaltungsbehörde nur bei einer Selbstunterwerfung verbindlich wird[468]. Der Hinweis auf die Möglichkeit einer nachteiligen Entscheidung (§ 66 II Nr. 1 b OWiG) ermöglicht es dem Betroffenen, die Risiken einer Einspruchseinlegung beurteilen zu können. Die Mitteilungen zur Bußgeldzahlung und zur Zahlungsunfähigkeit (§ 66 II Nr. 2 a, b OWiG) sowie zur Säumnisfolge (§ 66 II Nr. 3 OWiG) sind aufschiebend bedingt für den Fall der Rechtskraft und teilen dem Betroffenen die Folgen eines unterbliebenen Einspruchs mit. Die Belehrung zum Fristbeginn eines Fahrverbots bzw. Jagdverbots soll helfen, Mißverständnisse zu vermeiden[469] und dient damit gleichfalls der Information des Betroffenen.

c. Behandlung von Mängeln der Informationsfunktion

Vom hohen Stellenwert der Informationsfunktion für das Ordnungswidrigkeitenverfahren ist die Frage zu trennen, welche Konsequenzen die mangelhafte Aufgabenerfüllung mit sich bringt. Ebenso wie bei der Anklage[470] führen auch beim Bußgeldbescheid selbst schwerwiegende Fehler nicht zur Verfahrenseinstellung, solange darin nicht zugleich ein Mangel der Abgrenzungsfunktion zu sehen ist.
Die fehlende oder unzureichende Angabe der Beweismittel berührt nicht die Wirksamkeit des Bußgeldbescheides[471], da es keinen Vertrauensschutz des Betroffenen dahingehend gibt, daß das Gericht nur die im Bußgeldbescheid angegebenen Beweise erhebt. Allenfalls begründet der Mangel einen Anspruch auf Aussetzung der Hauptverhandlung gemäß § 71 OWiG i.V.m. § 246 II StPO nach dem notwendigerweise vor Durchführung der Hauptverhandlung zu gebenden Hinweis[472].
Auch hat eine Belehrung, Aufforderung oder Mitteilung im oben dargelegten Sinn selbst bei erheblichen Mängeln nicht die Unwirksamkeit des Bußgeldbescheides zur Folge[473]. Fehlt der Hinweis auf die Einspruchs-

---

[468] KK-OWiG § 66/30.
[469] KK-OWiG § 66/36.
[470] Vgl. oben III 6.
[471] OLG Köln JR 70, 34, 35; BayObLG MDR 70, 440; OLG Celle NJW 70, 580; OLG Düsseldorf NJW 70, 962; OLG Frankfurt DAR 70, 50; OLG Hamm MDR 71, 1029; Demuth VOR 73, 44, 57; Göhler § 66/18, 50; RRH § 66/31; KK-OWiG § 66/45; aA Metzger NJW 69, 2160, 2161.
[472] OLG Hamm MDR 71, 1029.
[473] BayObLG DAR (Rü) 85, 248; KK-OWiG § 66/46; Göhler § 66/26; Demuth VOR

möglichkeit (§ 66 II Nr. 1 a OWiG) oder ist er unvollständig, so ist der Antrag auf Wiedereinsetzung in den vorigen Stand wegen Versäumung der Einspruchsfrist (§ 52 I OWiG i.V.m. § 44 S. 2 StPO) gerechtfertigt[474]. Unterbleibt die Belehrung über die mögliche Verhängung der Erzwingungshaft (§ 66 II Nr. 3 OWiG), so ist deren Anordnung wegen § 96 I Nr. 3 OWiG bis zur Nachholung der Belehrung[475] unzulässig. Schließlich führt auch ein Verstoß gegen die Belehrungspflichten über den Beginn des Fahr- bzw. Jagdverbotes (§ 25 VIII StVG, § 41 a IV BJagdG) nicht zur Unwirksamkeit der Nebenfolge[476]. Der aus einer unzureichenden Belehrung resultierende Irrtum ist ein Tatbestandsirrtum i.S.v. § 16 I StGB[477]. Da der Betroffene nicht ohne Einholung entsprechender Erkundigungen von einem Verbotsbeginn erst mit Ablieferung ausgehen darf[478], begründet dieses Versäumnis einen Fahrlässigkeitsvorwurf mit der Folge, daß er sich beim Führen eines Fahrzeuges gemäß § 21 II Nr. 1 StVG strafbar macht. Respektiert er dagegen trotz der mangelhaften Belehrung das Fahrverbot und unterläßt trotz Nichtablieferung des Führerscheins das Führen von Kfz, so hat der Mangel zur Folge, daß die Frist schon ab Rechtskraft der Bußgeldentscheidung mit dem tatsächlichen Verzicht läuft[479].
Die Mängel der Informationsfunktion können vor Beginn der Hauptverhandlung durch Akteneinsicht des Verteidigers bzw. in der Hauptverhandlung durch die Erläuterung des Schuldvorwurfes durch den Amtsrichter geheilt werden. Ggf. ist die Hauptverhandlung auszusetzen, um dem Betroffenen eine weitere Vorbereitung seiner Verteidigung zu ermöglichen[480].

4. Vollstreckungsfunktion

Nach §§ 89, 90 OWiG sind Bußgeldbescheide vollstreckbar, sobald sie rechtskräftig geworden sind. Damit kommt ihnen - anders als der Anklageschrift - eine dritte Funktion zu, nämlich die eines Vollstreckungstitels. Es muß deshalb neben dem Adressaten[481] auch die Rechtsfolge klar geregelt sein, also eine Geldbuße in bestimmter Höhe ausge-

---

73, 44, 58.

474 RRH § 66/34; Demuth VOR 73, 44, 58; OLG Frankfurt NJW 53, 1725; BayObLG NJW 53, 1234, 1235.

475 KK-OWiG § 66/46; RRH § 66/35.

476 KK-OWiG § 66/47.

477 OLG Celle VRS 54, 128, 130; BayObLG DAR (Rü) 81, 242.

478 BayObLG VRS 62, 460, 461; KK-OWiG § 66/47.

479 Jagusch/Hentschel § 25 StVG/21.

480 BGHSt 23, 336, 337; KK-OWiG § 66/43.

481 Vgl. oben 2 a.

sprochen[482], etwaige Nebenfolgen eindeutig nach Art und Umfang bestimmt sowie eine Kostenentscheidung nach § 105 OWiG i.V.m. § 464 I StPO getroffen werden[483].
Bei Tatmehrheit muß gemäß § 20 OWiG für jede Ordnungswidrigkeit eine gesonderte Geldbuße festgesetzt werden[484]. Wird gegen den Betroffenen dennoch eine Gesamtgeldbuße verhängt, ist gleichwohl eine der Art nach zulässige und auch vollstreckbare Rechtsfolge angeordnet, so daß der Bußgeldbescheid wirksam ist[485]. Wird gegen mehrere Betroffene eine gemeinschaftliche Geldbuße verhängt, so ist der Bußgeldbescheid als Vollstreckungstitel ungeeignet, da er eine Rechtsfolge ausspricht, die das OWiG nicht kennt[486].
Bei der Anordnung eines Fahrverbots (§ 25 StVG) als Nebenfolge[487] sind Umfang und Dauer genau zu bestimmen. Das Fahrverbot beträgt 1 bis 3 Monate und erfaßt nicht zwangsläufig alle Kfz, vielmehr sind unter strengen Voraussetzungen Ausnahmen für bestimmte Arten möglich[488]. Fehlt eine solche Beschränkung, so gilt das Fahrverbot als unbeschränkt[489]. Da § 25 VI 1, 3 StVG von einer Anrechnung der Dauer einer vorläufigen Entziehung der Fahrerlaubnis (§ 111 a StPO) oder Verwahrung, Sicherstellung oder Beschlagnahme des Führerscheins (§ 94 III StPO) als Regelfall ausgeht, bedarf es der besonderen Anordnung nach § 25 VI 2 StVG, wenn ausnahmsweise die Anrechnung unterbleiben soll; das versehentliche Unterlassen dieses Ausspruches hat die Anrechnung zur Folge[490].
Umstritten ist, welche Folgen das Verhängen eines zeitlich unbestimmten Fahrverbots hat. Nach der einen Auffassung[491] gilt das Fahrverbot dann für die gesetzliche Mindestfrist von 1 Monat, nach der Gegenauffassung[492] soll es sich um eine unwirksame Anordnung handeln. Zwar gibt die Behörde mit der zeitlich unbestimmten Verhängung des Fahrverbots zu erkennen, daß sie dem Grunde nach eine solche Sanktion verhängen

---

[482] Die computermäßige Festsetzung der vom Bußgeldkatalog vorgesehenen Geldbuße genügt hierfür nicht; vgl. OLG Saarbrücken ZfS 96, 195.
[483] KK-OWiG § 66/21.
[484] KK-OWiG § 66/22; Göhler § 66/19.
[485] KK-OWiG § 66/69; RRH § 66/10.
[486] OLG Karlsruhe MDR 74, 955.
[487] Entsprechendes gilt für die anderen gesetzlich vorgesehenen Nebenfolgen, vgl. §§ 22, 29 a OWiG, §§ 8 ff. WiStG, § 39 BJagdG.
[488] Vgl. KK-OWiG § 66/26; Jagusch/Hentschel § 25 StVG/11 mwN. Hieran hat auch die Entscheidung des BVerfG DAR 96, 196 nichts geändert.
[489] KK-OWiG § 66/69.
[490] KK-OWiG § 66/69; Jagusch/Hentschel § 25 StVG/17.
[491] Vgl. Göhler § 66/24; RRH § 66/11.
[492] KK-OWiG § 66/69; § 65/29.

will. Gleichwohl kann dieser Fall nicht anders behandelt werden als die Festsetzung einer Geldbuße, deren Höhe nicht bestimmt ist; dort wird eine solche sachliche Ergänzung einhellig für unzulässig gehalten[493], der Bescheid ist insofern auch nicht auslegungsfähig. Etwas Anderes gilt hinsichtlich der Nebenfolgen, wenn gegen den Bußgeldbescheid Einspruch eingelegt wurde; eine im Bußgeldbescheid fehlerhafte oder versehentlich unterbliebene Festsetzung eines Fahrverbots kann nach entsprechendem Hinweis in der Hauptverhandlung wegen der Möglichkeit einer Verschlechterung (§ 66 II Nr. 1 b OWiG) angeordnet werden[494].
Da auch die Verfahrenskosten der Vollstreckung unterliegen, muß der Bußgeldbescheid eine Kostenentscheidung enthalten; fehlt sie, so fallen die Kosten der Staatskasse zur Last[495].

[493] Vgl. Göhler § 66/48; RRH § 66/32; KK-OWiG § 65/29.
[494] Vgl. Jagusch/Hentschel § 25 StVG/17 mwN.
[495] KK-OWiG § 66/69; Göhler § 66/30; RRH § 66/11.

Teil 3: Mängel des Eröffnungsbeschlusses

A. Funktionen des Eröffnungsbeschlusses

Der Eröffnungsbeschluß beendet das Zwischenverfahren und führt in das Hauptverfahren über. Daraus ergeben sich eine Vielzahl von Auswirkungen mit unterschiedlich weitreichenden Folgen.
So wird mit dem Beschluß über die Eröffnung der Hauptverhandlung der Beschuldigte nunmehr als Angeklagter bezeichnet (§ 157 StPO). Gleichzeitig geht die Verfahrensherrschaft endgültig auf das Gericht über[1], das beschließende Gericht erlangt die Eigenschaft eines erkennenden Gerichts[2], das Verfahren wird rechtshängig[3]. In der Eröffnungsentscheidung erfolgt letztmalig eine Prüfung der örtlichen Zuständigkeit (§ 16 S. 1 StPO) sowie der Zuständigkeit besonderer Spruchkörper (§ 6 a S. 1 StPO) von Amts wegen[4].
Als abschließende Entscheidung des Zwischenverfahrens dokumentiert der Eröffnungsbeschluß dessen Ergebnis, so daß sich die Bedeutung des Eröffnungsverfahrens in ihm niederschlägt. Das Gericht prüft dort, ob der Angeschuldigte hinsichtlich der ihm in der Anklageschrift vorgeworfenen Straftat hinreichend verdächtig ist. Der Umstand, daß das erkennende Gericht vor Beginn der Hauptverhandlung eine Verurteilung für wahrscheinlich erklärt, führte zu dem Vorwurf, das Gericht habe sich tatsächlich[5] oder zumindest aus Sicht des Angeschuldigten[6] die Beschuldigungen der Anklage zu eigen gemacht und sei daher voreingenommen.
Im Verfahren nach §§ 407 ff. StPO übernimmt der Strafbefehl die Funktion des Eröffnungsbeschlusses[7]. Wegen der urteilsgleichen Wirkung des Strafbefehls ist umstritten, ob für seinen Erlaß eine Schuldwahrscheinlichkeit im Sinne eines hinreichenden Tatverdachts genügt[8] oder die volle richterliche Überzeugung i.S.v. § 261 StPO zu fordern ist[9]. Die Verdachtstheorie beruft sich auf den Wortlaut des § 408 II 1 StPO, übersieht dabei aber, daß diese Vorschrift nur den Fall der Ablehnung eines Strafbefehl-

---

[1] Vgl. § 156 StPO.
[2] Vgl. BGH NJW 52, 234; KG JR 81, 168, 169; OLG Köln NJW 93, 608 mwN.
[3] BGHSt 29, 225, 229. Oetker spricht insofern von einem „Urteilsauftrag", vgl. GS 30, 241, 250 sowie GS 34, 85, 89.
[4] Die sachliche Zuständigkeit wird in jeder Verfahrenslage von Amts wegen geprüft, vgl. § 6 StPO.
[5] Roesen NJW 59, 1861; Roxin § 40/3.
[6] Schmidt NJW 63, 1081.
[7] Vgl. oben Teil 2 A; anders bei § 408 a StPO.
[8] So KM Vor § 407/1; Schlüchter Strafverfahren 788.5; Roxin § 66/7; ähnlich BVerfGE 3, 248, 253.
[9] Lüttger GA 57, 193, 209; LR 23. Aufl. § 407/56; Rieß JR 88, 133.

erlasses regelt; einen Umkehrschluß auf die Voraussetzungen eines Erlasses rechtfertigt dies aber nicht.
Nach § 408 III StPO darf der Richter den Strafbefehl nur erlassen, wenn keine Bedenken entgegenstehen. Allerdings erscheint es in der Tat zweifelhaft, ob in einem summarischen Verfahren wie dem Strafbefehl dieselbe persönliche Gewißheit des Richters verlangt werden kann wie bei der Urteilsfällung aufgrund vorangegangener Hauptverhandlung (§ 261 StPO)[10]. Richtigerweise sollte hier Maßstab sein, ob für den Richter nach der Aktenlage berechtigte Zweifel bestehen oder ob er auf dieser Beurteilungsgrundlage[11] von der Schuld überzeugt ist.
Zur Hebung der Autorität des erkennenden Gerichts als unabhängige und unvoreingenommene Instanz[12] wurde § 207 StPO durch Art. 7 Nr. 5 StPÄG 1964 dahingehend neugefaßt, daß statt eines ausdrücklich die Tat konkretisierenden Eröffnungsbeschlusses (§ 207 I StPO a.F.) nunmehr die staatsanwaltschaftliche Anklage zur Hauptverhandlung zugelassen (§ 207 I StPO n.F.) und dem Gericht eine Änderungsbefugnis (§ 207 II StPO n.F.) eingeräumt wird. Der Eindruck einer Distanzierung des erkennenden Gerichts vom Anklagegegenstand wurde durch die Änderung des § 243 III 1 StPO unterstrichen, wonach der Staatsanwalt den Anklagesatz zu verlesen hat[13]. Zu diesen Änderungen sei angemerkt, daß es sich hierbei nur um optische Korrekturen handelte[14]; inhaltlich setzt die Eröffnung nach wie vor die Bejahung des hinreichenden Tatverdachts voraus, vgl. § 203 I StPO[15].
Trotz der anhaltenden Kritik[16] ist am Institut des Eröffnungsverfahrens in seiner jetzigen Form festzuhalten, erfüllt es doch eine prozessual wertvolle und den Angeschuldigten schützende Doppelfunktion: Einerseits wird der Anklagesatz durch die Zulassung zum integrierenden Bestandteil des Eröffnungsbeschlusses[17], wobei der Prozeßgegenstand

---

[10] So der Einwand von Schaal GedS-Meyer 427, 441.
[11] Mit derselben Einschränkung auch Rieß JR 88, 133, 134.
[12] So Göbel MDR 62, 437.
[13] Nach § 243 StPO a.F. verlas der Vorsitzende oder ein Mitglied des Gerichts den Eröffnungsbeschluß, vgl. LR § 243/50.
[14] Schmidt Nachtrag I § 243/23; LR Vor § 198/14 a.E.; Göbel MDR 62, 437; Schmidt NJW 63, 1081, 1082.
[15] Roxin § 40/3 nennt dies „eine verbale Verschleierung"; nach Schmid Verwirkung 185 erschöpft sich die Bedeutung des Eröffnungsbeschlusses in einem „Negativum", da nur bescheinigt werde, daß ein Grund für die Zurückweisung der Klage fehle. Vgl. auch OLG Köln JR 66, 429 mit Anm Kohlhaas.
[16] Während früher vorwiegend die Beseitigung des Zwischenverfahrens gefordert wurde, wird jetzt die Trennung von eröffnendem und erkennendem Gericht vorgeschlagen; vgl. dazu ausführlich LR Vor § 198/13-20.
[17] BGH GA 73, 111; 80, 108, 109; Schmid Verwirkung 186.

aufgrund der Änderungsbefugnis gemäß § 207 II StPO tatsächlich und rechtlich fixiert werden kann. Der gegen die Umgestaltungsmöglichkeit des § 207 II erhobenen Kritik[18] kann nicht gefolgt werden, da hierin kein Verstoß gegen das Akkusationsprinzip gesehen werden kann[19]; vielmehr ermöglicht die frühzeitige Korrektur eine bessere Verteidigungsmöglichkeit, als es bei einem Hinweis nach § 265 StPO während der Hauptverhandlung der Fall wäre[20].

Andererseits bewahrt das Zwischenverfahren den Angeschuldigten vor den psychischen und sozialen Belastungen[21] einer regelmäßig öffentlichen Hauptverhandlung (§ 169 GVG), wenn von vornherein eine Einstellung oder ein Freispruch zu erwarten ist. Diese negative Kontrollfunktion schützt den Angeschuldigten vor grundlosen Hauptverhandlungen, entlastet damit die Justiz und erspart Zeugen und Sachverständigen ein überflüssiges Erscheinen in der Hauptverhandlung[22].

Diese Filterwirkung ist die hauptsächliche Bedeutung des Zwischenverfahrens[23], so daß der Eröffnungsbeschluß als Verfahrensabschluß die Ausübung der negativen Kontrollfunktion belegen muß. Wegen seiner grundlegenden Auswirkung auf das weitere Verfahren stellt der Erlaß eines ordnungsgemäßen Eröffnungsbeschlusses eine Verfahrensvoraussetzung dar[24].

---

[18] Vgl. Schmidt NJW 63, 1081, 1086.

[19] Vgl. Peters § 51 II 2; gleichwohl ist die Kritik von Kohlhaas JR 66, 430 berechtigt, daß § 207 II StPO n.F. den Staatsanwalt zu etwas nicht Gewolltem zwinge.

[20] Vgl. LR Vor § 198/18.

[21] Vgl. Roesen NJW 59, 1861; KMR Vor § 199/17; Schwarze GS 1884, 294, 297.

[22] Vgl. LR Vor § 198/11.

[23] So auch Roxin § 40/2.

[24] Vgl. LR § 207/5 mwN; Peters § 55 I.

B. Fehlen des Eröffnungsbeschlusses

I. Vollständiges Fehlen einer Eröffnungsentscheidung

Ausgangspunkt der Betrachtung von Mängeln hat die Konstellation des vollständigen Fehlens als denkbar schwerwiegendster Verstoß zu sein. Wie oben festgestellt, ist das Vorliegen eines Eröffnungsbeschlusses Prozeßvoraussetzung und damit eine Prämisse für das gerichtliche Verfahren. Diese Funktion ist unzweifelhaft nicht zu erfüllen, wenn eine Entscheidung über die Eröffnung des Hauptverfahrens von vornherein fehlt. Sofern also in Bezug auf das gesamte Verfahren oder hinsichtlich einzelner prozessualer Taten bzw. einzelner Angeschuldigter kein Eröffnungsbeschluß ergangen ist, hat die Einstellung des Verfahrens zu erfolgen[1].

Die Zulassung zur Hauptverhandlung ist beschlossen, wenn aus der Eröffnungsentscheidung ein diesbezüglicher endgültiger Wille des Gerichts zu entnehmen ist; durch die Fassung des Beschlusses muß hinreichend sichergestellt sein, daß es sich dabei nicht nur um einen Entwurf, sondern um die Eröffnungsentscheidung selbst handelt[2].

Für die Beurteilung von Mängeln einer tatsächlich zustandegekommenen Eröffnungsentscheidung ist der Vergleich zu ziehen, ob der jeweilige Fehler so schwer wiegt, daß er einem vollständigen Fehlen des Eröffnungsbeschlusses gleichkommt. Es ist deshalb bei jeder Abweichung zu prüfen, ob trotz des Mangels die Aufgaben als Verfahrensvoraussetzung erfüllt werden können, also ob der Eröffnungsbeschluß seine Funktion, das Zwischenverfahren abzuschließen und das Hauptverfahren zu eröffnen, noch zu erfüllen vermag[3].

II. Verlust der Beschlußurkunde

Vom Fehlen einer Eröffnungsentscheidung ist der Fall abzugrenzen, daß die über einen ordnungsgemäß zustandegekommenen Eröffnungsbeschluß ausgestellte Urkunde abhanden gekommen ist; dies ist der Fall, wenn die Urkunde nicht mehr in den Akten auffindbar ist oder ungewollt vernichtet wurde.

Daher stellt sich die Frage, welche Bedeutung dieser Urkunde zukommt. Das Gesetz hebt die Entscheidung über die Eröffnung in den Rang einer Prozeßvoraussetzung. Die hierüber ausgestellte Urkunde ist dieser Ent-

---

[1] Vgl. BGH JZ 58, 93; Schmidt I 261; Schmid Verwirkung 181; BGH NStZ (K) 94, 227.

[2] Vgl. OLG Hamburg NJW 62, 1360; OLG Celle VRS 15, 126, 127.

[3] Vgl. Meyer-Goßner JR 81, 379, 380.

scheidung zeitlich nachgeordnet[4], so daß ihr lediglich eine Dokumentationsfunktion zukommen kann; hinsichtlich der mit dem Zwischenverfahren zusammenhängenden Aufgaben ist die Urkunde daher ohne Bedeutung[5].
Aus dieser Beweisfunktion ergibt sich aber mittelbar eine Bedeutung für das Verfahren, läßt sich doch bei Vorhandensein der Urkunde der tatsächliche Erlaß einer Eröffnungsentscheidung regelmäßig unstreitig belegen. Sofern der Beschluß bei fehlender Urkunde nicht auf andere Weise nachgewiesen werden kann, führt das Fehlen zur unwiderlegbaren Annahme, daß eine Entscheidung über die Eröffnung nicht ergangen ist.
Zur Behebung der Ungewißheit ist das jeweils mit der Sache befaßte Gericht[6] gehalten, ebenso wie bei anderen Verfahrensvoraussetzungen nach den Regeln des Freibeweises zu ermitteln[7]. Dabei darf es alle ihm zugänglichen Erkenntnisquellen gebrauchen[8]. Hierfür kommen insbesondere Schriftstücke in Betracht, die den Erlaß des Eröffnungsbeschlusses belegen und noch in den Akten vorhanden sind[9].
Dies wurde vom RG für die Fälle bejaht, in denen eine beglaubigte Abschrift eines Beschlusses vorhanden war, in dem Einwendungen des Angeklagten gegen die Eröffnung zurückgewiesen wurden[10], oder sich aus dem übrigen Aktenmaterial der Nachweis eines Eröffnungsbeschlusses erbringen ließ[11]. Zu weitgehend ist es allerdings, das verlorengegangene Dokument durch eine Erklärung der Prozeßbeteiligten zu ersetzen, wonach über das frühere Ergehen eines Eröffnungsbeschlusses Einverständnis herrsche[12]. Auch wenn das RG selbst ausführt, es handle sich nur um die „Bezeugung einer Prozeßtatsache“[13] und nicht um einen Verzicht auf die Eröffnungsentscheidung, so erscheint diese Vorgehensweise allenfalls für die besondere Situation der Kriegswirren hinnehmbar.

---

[4] Etwas Anderes gilt hinsichtlich des Entwurfes im Umlaufverfahren, vgl. dazu unten D II. 1. b.
[5] So auch RG JW 31, 2370, 2371 mit zust. Anm v. Beling.
[6] Also ggf. auch unter Mitwirkung von Laienrichtern, vgl. Schmid FS-Lange, 781, 783.
[7] So bereits ausdrücklich v. Beling JW 31, 2370; RGSt 64, 183, 187; BGHSt 23, 280, 281; OLG Hamm VRS 40, 204, 205; aA Többens NStZ 82, 184 wegen der Bedeutung der Prozeßvoraussetzung.
[8] Vgl. KM § 244/9 mwN; Schmid FS-Lange, 781, 783.
[9] Vgl. Schmidt II § 203/5; RG JW 23, 17 mit Anm Mittermaier.
[10] RG JW 31, 2370.
[11] RGSt 66, 108, 110; RG JW 23, 17; ebenso BGH NStZ 85, 420.
[12] So aber RGSt 55, 159.
[13] RGSt 55, 159.

Umstritten ist das weitere Vorgehen des Gerichts nach einer erfolgreichen Rekonstruktion des Erlasses und des Inhalts des Eröffnungsbeschlusses. Nach der einen Auffassung genügt es, die getroffenen Feststellungen in der Hauptverhandlung zu protokollieren[14]. Die Gegenmeinung hält den Erlaß eines neuen Eröffnungsbeschlusses mit rein deklaratorischer Wirkung für erforderlich[15], da der bloße Vermerk im Protokoll der Bedeutung der Entscheidung nicht gerecht werde. Diese Auffassung übersieht aber, daß der ordnungsgemäße Eröffnungsbeschluß bereits mit der Zustellung (§ 215 StPO) seine ihm zukommenden Aufgaben erfüllt hat.

Geht die Urkunde also nach der Zustellung verloren, so wurde der Inhalt der Eröffnungsentscheidung dem Angeklagten bereits mitgeteilt. Der Verlust des Beschlusses vor diesem Zeitpunkt erzwingt dagegen die erneute Ausfertigung der Urkunde, da anderenfalls nichts zugestellt werden könnte. Ein neuer Beschluß mit deklaratorischer Wirkung bringt in den Fällen eines Verlustes nach Zustellung keine erhöhte Rechtssicherheit und ist deshalb nicht notwendig; gleichwohl ist dieses Verfahren aus Klarstellungsgründen zulässig, da der Gesichtspunkt der Rechtshängigkeit nicht entgegensteht[16].

Sind entsprechend zuverlässige Feststellungen nicht möglich - steht also die ordnungsgemäße Eröffnungsentscheidung nicht sicher fest[17] -, so ist der Urkundenverlust dem Fehlen des Eröffnungsbeschlusses mit der Folge gleichzustellen, daß - je nach dem Stand des Verfahrens - entweder ein (konstitutiver) Eröffnungsbeschluß zu erlassen ist[18] oder das Verfahren eingestellt werden muß[19].

Das Gesetz enthält keine Regelung, wie nach einer rechtskräftigen Einstellung wegen des Fehlens einer Eröffnungsentscheidung auf das Bekanntwerden eines tatsächlich vorhandenen Eröffnungsbeschlusses zu reagieren ist. Während nach der einen Ansicht keine Aufhebung des Einstellungsbeschlusses in Betracht kommt[20], bejaht die Gegenauffassung dies aus verfahrensökonomischen Erwägungen[21]. Dabei wird aber übersehen, daß die Änderung rechtskräftiger Beschlüsse nur dann möglich ist, wenn anderenfalls die Verfahrensbeteiligten praktisch recht-

---

[14] LR § 200/43 Fn 58; KMR § 203/6.
[15] KM § 203/3; LR 23. Aufl. § 207/30; AK § 207/25.
[16] So RG JW 23, 17, 18; Recht 25, 64 Nr. 5; ebenso KMR § 203/6.
[17] So bei BGH MDR (H) 77, 639.
[18] Zu den Voraussetzungen, unter denen eine solche Nachholung möglich ist, vgl. unten III 2.
[19] Vgl. hierzu ausführlich unten III 2 d.
[20] So OLG Köln NJW 81, 2208; LR § 207/43.
[21] KMR § 203/6; § 206 a/91; vgl. zu dem hier auftretenden Spannungsverhältnis zwischen Gerechtigkeit und Rechtssicherheit auch Peters JR 70, 392.

los gestellt würden[22]. Das Aufrechterhalten des Einstellungsbeschlusses führt aber weder für den Angeklagten[23] noch für die Staatsanwaltschaft zu einem groben prozessualen Unrecht; dem Einstellungsbeschluß wird durch die nachträgliche Kenntnis des Vorhandenseins eines Eröffnungsbeschlusses der Boden entzogen[24], so daß wegen dieses Novums i.S.v. § 211 StPO die Staatsanwaltschaft nicht an der Erhebung einer neuen Anklage gehindert ist.

III. Heilung

1. Verzicht auf den Eröffnungsbeschluß

Die Frage einer Heilung beim Fehlen der Eröffnungsentscheidung wäre leicht beantwortbar, wenn die Prozeßbeteiligten wirksam auf deren Erlaß verzichten könnten: Mit der einvernehmlichen Erklärung der Prozeßbeteiligten[25] wäre das Verfahrenshindernis beseitigt.
Sowohl in Rspr.[26] wie auch im Schrifttum[27] herrscht dahingehende Einigkeit, daß der Eröffnungsbeschluß unverzichtbar ist. Die Richtigkeit dieser strikten Haltung ergibt sich aus der Bedeutung der Prozeßvoraussetzung[28]. Anlaß und Rechtfertigung für die Bewertung als Verfahrensvoraussetzung ist allgemein das Vorliegen „übergeordneter Belange der Allgemeinheit“[29], so daß ihre Einhaltung nicht allein dem Interesse des unmittelbar Betroffenen dient[30]. Beim Eröffnungsbeschluß ergibt sich dies aus § 156 StPO, wonach hierdurch die Rechtshängigkeit des Verfahrens begründet wird. Ohne einen Eröffnungsbeschluß ließe sich nicht feststellen, ob und in welchem Umfang die Rechtshängigkeit

---

[22] BayObLG JR 70, 391.
[23] Der Einstellung kommt gemäß § 211 StPO gerade zu seinem Schutz beschränkte Rechtskraft zu.
[24] Vgl. BGHSt 7, 64, 66.
[25] Die oben unter II. angesprochene „Bestätigung einer Prozeßhandlung“ ist hiervon zu trennen.
[26] Vgl. RGSt 55, 159; 67, 59, 62; RG JW 28, 2262 mit Anm Oetker; OLG Stuttgart Justiz 78, 475, 476; aA noch RGSt 10, 56, 59; 58, 125, 127.
[27] Rosenberg ZStW 16, 522, 538; Feisenberger GA 10, 175, 176; Mannheim JW 29, 260; Arndt GS 32, 187, 197; Kern JZ 58, 94; Schmid Verwirkung 187; Sulanke 92; Michler 172; LR § 207/41; KMR § 207/30; v. Steuber MDR 78, 889, 890; Rieß JR 91, 34, 35.
[28] Vgl. oben A.
[29] BGHSt 26, 84, 91.
[30] Vgl. BGHSt 13, 157, 161.

begründet wurde. Dies erklärt, warum die Berücksichtigung dieses Mangels von Amts wegen erfolgt[31].
Die Ausführungen von Feisenberger[32], das Einverständnis könne unmöglich eine Verfahrensänderung in Abweichung von gesetzlichen Vorschriften herbeiführen, sind dagegen wenig überzeugend, da nicht die Dispositionsbefugnis über die fraglichen Vorschriften geprüft, sondern von der Unverzichtbarkeit ausgegangen wurde.
Entscheidend ist letztlich, daß der Eröffnungsbeschluß Ausdruck der Selbstbeschränkung staatlicher Macht ist[33] und aus Gründen der Rechtsstaatlichkeit jeder Hauptverhandlung vorgeschaltet wurde. Dieses Schutzinstrument würde aufgegeben, wenn der Erlaß eines Eröffnungsbeschlusses zur Disposition gestellt wird.
Einen interessanten Aspekt spricht Rieß[34] an, wenn er die Frage stellt, ob dem Angeklagten ein Schutz aufgezwängt werden soll, der wegen der Folgen in §§ 206 a, 260 III StPO seinem ausdrücklichen Wunsch nach einer baldigen Hauptverhandlung widerspricht. Neben dem oben Gesagten ist dazu folgendes auszuführen: Sofern das Fehlen in der ersten Instanz entdeckt wird, tritt durch den zulässigen Verzicht auf die Ladungsfrist[35] ein erheblicher Beschleunigungseffekt ein. Wird der Mangel in einem späteren Stadium entdeckt[36], so besteht zum einen die Möglichkeit eines günstigeren Urteils, zum anderen die Wahrscheinlichkeit eines neuen fehlerfreien Verfahrens.
Diese Aspekte sprechen - zusammen mit den oben dargelegten Gründen - gegen die Statthaftigkeit eines Verzichts, da gewissen Unannehmlichkeiten für den Betroffenen durch ein neu einzuleitendes Verfahren die Vorzüge gegenüberstehen, die mit dem Erlaß des Eröffnungsbeschlusses einhergehen.

2. Nachholung der Eröffnungsentscheidung

a. Vor der ersten Hauptverhandlung

Der ausschlaggebende Aspekt für die Zulässigkeit der Nachholung ist der Zeitpunkt, zu dem das Fehlen des Eröffnungsbeschlusses entdeckt und

---

[31] Vgl. Rosenberg ZStW 16, 522, 538, der in Prozeßvoraussetzungen „Vorschriften des öffentlichen Rechts" sieht; damit dürfte wohl die Beachtung der Vorschrift im öffentlichen Interesse gemeint sein.
[32] GA 10, 175, 176.
[33] Sulanke 89, 92.
[34] JR 91, 34, 35 a.E.
[35] Vgl. § 217 III StPO.
[36] So in dem von Rieß besprochenen Fall des OLG Hamm JR 91, 33.

die Nachholung unternommen wird. Daher ist zunächst der Fall zu betrachten, daß das vollständige Fehlen einer Eröffnungsentscheidung vor dem Beginn der ersten Hauptverhandlung erkannt wurde.
Ob diese Entscheidung noch nachgeholt werden kann, bemißt sich danach, ob ein entsprechender Beschluß seine das Zwischenverfahren abschließende Funktion noch erfüllen kann. Dies ist nach einhelliger Auffassung der Fall, da die Nachholung außerhalb der Hauptverhandlung die primär gebotene Prozeßhandlung darstellt[37]. Alles, was vor dem Aufruf der Sache gemäß § 243 I 1 StPO geschieht, dient lediglich der Vorbereitung der Hauptverhandlung[38]. Deshalb ist es vor ihrem Beginn stets möglich, die Eröffnungsentscheidung nachzuholen, um so die Durchführung der Hauptverhandlung zu ermöglichen. Dabei sind grundsätzlich die für die Zustellung eines Eröffnungsbeschlusses einschlägigen Vorschriften der §§ 215-217 StPO zu beachten, sofern auf deren Einhaltung nicht verzichtet wurde; anderenfalls handelt es sich um einen Verfahrensverstoß, der vom Revisionsgericht auf ausdrückliche Rüge hin berücksichtigt wird.

b. Vor Beginn der zum Urteil führenden Verhandlung

Umstritten ist hingegen die Statthaftigkeit der Nachholung, wenn bereits mehrere Hauptverhandlungstermine ohne Eröffnungsbeschluß stattgefunden haben, die jeweils ausgesetzt wurden, und noch vor der zum Urteil führenden Hauptverhandlung der Eröffnungsbeschluß nachgeholt wird. Während eine Unterbrechung der Hauptverhandlung in den zeitlichen Grenzen des § 229 StPO lediglich einen verhandlungsfreien Zeitraum darstellt, hat die Aussetzung nach § 228 I 1 StPO den Abbruch der Verhandlung mit einer späteren völlig neuen selbständigen Hauptverhandlung zur Folge.
In einem vom OLG Köln[39] zu entscheidenden Fall waren bereits vier Hauptverhandlungstermine vertagt worden, zwei davon nach Verhandlung zur Sache. Das Gericht sah es als entscheidend an, ob mit dem nach der vierten ausgesetzten Hauptverhandlung ergangenen Eröffnungsbeschluß eine einwandfreie Grundlage für die fünfte, zum Urteil führende Verhandlung ergehen konnte. Die Frage, ob damit nachträglich der den früheren Terminen anhaftende Mangel behoben wurde, blieb als nicht entscheidungsrelevant unbeantwortet. Es wurde somit nur darauf abgestellt, ob vor der zu einem Urteil führenden Hauptverhandlung der bis

[37] Vgl. LR § 207/44; Krey II 103; Fezer 9/98; OLG Stuttgart Justiz 78, 475, 476; OLG Oldenburg NJW 60, 352, 353; OLG Köln JR 81, 213, 214.
[38] OLG Düsseldorf MDR 70, 783.
[39] JR 81, 213 f.

dahin fehlende Eröffnungsbeschluß nachgeholt werden kann, was mit der eben unter a. angeführten einhelligen Meinung bejaht wurde.
Diese Gleichstellung eines vor der Hauptverhandlung erlassenen Eröffnungsbeschlusses mit dem nach einer Aussetzung ergangenen kann aus dreierlei Gründen nicht hingenommen werden: Wenn der Eröffnungsbeschluß den Angeschuldigten davor schützen soll, ohne hinreichenden Tatverdacht einer Hauptverhandlung mit ihren Belastungen und stigmatisierenden Wirkungen ausgesetzt zu werden, so kann es nicht darauf ankommen, ob die früheren Termine für das spätere Urteil erheblich sind.
Die Funktion des Eröffnungsbeschlusses ist eben gerade nicht - wie die Entscheidung des OLG Köln nahelegt - auf die Bestimmung des weiteren Verfahrensgegenstandes und die Abgrenzung in sachlicher und persönlicher Hinsicht beschränkt, sondern hat - wie oben unter A ausgeführt - gerade auch den Schutz des Angeschuldigten im Visier. Hier fanden aber bereits vier - wenn auch nicht zum Urteil führende - Hauptverhandlungstermine statt, so daß die Situation aus der Sicht des Angeschuldigten eine völlig andere ist als vor Anberaumung eines ersten Termins.
Zum anderen orientiert sich das OLG Köln nicht an dem Begriff der Hauptverhandlung im Gesetzessinn, sondern stellt auf eine Art „Hauptverhandlung im materiellen Sinn“ ab. Der Ausdruck der „endgültigen Hauptverhandlung“ findet sich bereits im Leitsatz der Entscheidung[40] und kann nur als Beleg für eine solche Differenzierung verstanden werden, die dem Gesetz fremd ist[41]. Ähnliche Probleme treten bei der Heilung mittels Umdeutung von Prozeßhandlungen auf[42].
Schließlich besteht eine nicht zu unterschätzende Gefahr der Umgehung[43], wenn der Erlaß eines Eröffnungsbeschlusses problemlos aus einer laufenden Hauptverhandlung herausgezogen und formal vor einen neuen Hauptverhandlungstermin gesetzt werden kann und somit auf einen Zeitpunkt fällt, zu welchem der Erlaß des Eröffnungsbeschlusses statthaft wäre[44]. Die gezielte Aussetzung der Hauptverhandlung nach Entdeckung des Fehlers zum alleinigen Zweck der Nachholung eines Eröffnungsbeschlusses wäre dann ein methodisch sauberer Weg, die Auseinandersetzung mit dem Problem der Nachholung innerhalb einer Hauptverhandlung zu vermeiden. Diese Praktikabilitätserwägungen

---

[40] JR 81, 213.
[41] Ebenso Naucke JR 86, 120.
[42] Vgl. dazu unten 4.
[43] Diese Möglichkeit wird im Vorlagebeschluß des BayObLG VRS 56, 351, 356 ausdrücklich angesprochen.
[44] So auch Meyer-Goßner JR 81, 214 f.

werden aber der Bedeutung des Eröffnungsbeschlusses nicht gerecht und sind daher abzulehnen[45]. Vielmehr ist diese Fallkonstellation nach denselben Grundsätzen zu lösen, wie sie für die Nachholung eines Eröffnungsbeschlusses innerhalb der Hauptverhandlung gelten, so daß für das Ergebnis die nachfolgenden Ausführungen entscheidend sind.

c. In der Hauptverhandlung erster Instanz

Die Nachholbarkeit des Eröffnungsbeschlusses in der Hauptverhandlung ist seit jeher strittig. Eine im Schrifttum vertretene Ansicht[46] lehnt die Nachholbarkeit vom Beginn der Hauptverhandlung an ab und folgt so der früher einhelligen Auffassung[47], daß in einem solchen Fall das Verfahren gemäß § 260 III StPO durch Urteil einzustellen sei. Dies wird mit der Schutzfunktion für den Angeklagten begründet.
Demgegenüber stellt die neuere Rspr.[48] auf die Prozeßökonomie ab und hat - gefolgt von Teilen der Literatur[49] - keine grundsätzlichen Bedenken gegen die Nachholung des Eröffnungsbeschlusses. Während überwiegend die Nachholung nur bis zum Zeitpunkt der Vernehmung des Angeklagten zur Sache gestattet wird, verzichten Teile des Schrifttums[50] auf diese Einschränkung und bejahen die Heilung bis zum Schluß der Hauptverhandlung erster Instanz. Ein ausreichender Schutz des Betroffenen wird dabei in der Möglichkeit einer Aussetzung gemäß § 217 II StPO gesehen; umstritten ist hingegen, ob das Gericht aus dem Gesichtspunkt des fair trail auf die Möglichkeit eines Aussetzungsverlangens hinweisen muß[51], ob das Gericht von sich aus die Aussetzung anzuordnen hat[52]

---

[45] Ebenso Schlüchter Strafverfahren 387 Fn 15 b a.E.

[46] Meyer-Goßner JR 81, 214, 216; Dencker NStZ 82, 154; Nelles NStZ 82, 96; Schlüchter Strafverfahren 387 Fn 15 b unter Aufgabe ihrer früher vertretenen Auffassung; Naucke JR 86, 120, 121; Krey II 107; Fezer 9/100; Beulke 284.

[47] RGSt 10, 56, 58; 46, 217, 218; 55, 113; 68, 105, 107; RG JW 31, 2370, 2371 mit zust. Anm v. Beling; OLG Stuttgart NJW 62, 1834; Justiz 78, 475, 476; OLG Düsseldorf MDR 70, 783; BGH JR 57, 384, 385 mit zust. Anm Schmidt; JZ 58, 93 mit zust. Anm Kern; BGHSt 16, 73, 78; Schmidt I 161, 261; LR 23. Aufl. § 207/28; Knauth JuS 77, 113.

[48] BGHSt 29, 224 auf Vorlage des BayObLG VRS 56, 351; OLG Oldenburg NJW 60, 352, 353; OLG Hamburg NJW 62, 1360, 1361; BayObLG JR 86, 430, 431; OLG Naumburg NStZ 96, 248; BGH NStZ 81, 448; StV 86, 329; JR 86, 119; StV 83, 2; NStZ 88, 236.

[49] Michler 153; Ranft JR 86, 430, 434 Fn 19; v. Steuber MDR 78, 889; Kühne 325; Schroeder 5; Schäfer 536; trotz Zweifel auch Roxin § 40/12.

[50] KK § 203/2; KMR § 207/31; vgl. auch LR § 207/45 f., der dann aber die Wiederholung des vorherigen Teils der Hauptverhandlung für zwingend hält.

[51] So BGHSt 29, 224, 230.

[52] So BayObLG NJW 61, 1487, 1488.

oder ob eine Aussetzung nur bei einer Abweichung des Eröffnungsbeschlusses von der Anklage statthaft ist[53].
Die Frage der Zulässigkeit einer Nachholung nach dem in § 243 IV 2 StPO genannten Zeitpunkt stellt in eindrucksvoller Weise das Dilemma zwischen der Formstrenge einerseits und den praktischen Erfordernissen andererseits dar. Die „reine Regel“[54] der früher hM orientiert sich am insoweit eindeutigen Gesetzeswortlaut des § 260 III StPO, wonach das Fehlen des Eröffnungsbeschlusses zwingend zur Einstellung des Verfahrens führt. Die heute überwiegende Auffassung hält dies unter bestimmten Voraussetzungen für überflüssigen Formalismus. Ob dieser Vorwurf gerechtfertigt ist, kann nur anhand der Funktionen und der Rechtsnatur des Eröffnungsbeschlusses beantwortet werden.
In Bezug auf die Rechtsnatur ist zunächst erneut darauf hinzuweisen, daß das Vorliegen des Eröffnungsbeschlusses Prozeßvoraussetzung ist[55]. Dies ergibt sich aus dem Umstand, daß hierdurch die Rechtshängigkeit des Verfahrens erst begründet wird (§ 156 StPO) und somit die Zulässigkeit des weiteren Verfahrens von ihm abhängt.
Der Umkehrschluß, das Fehlen des Eröffnungsbeschlusses sei ein Verfahrenshindernis und dieses sei negative Prozeßvoraussetzung[56], wird dessen Bedeutung nicht in vollem Maße gerecht. Dies gilt um so mehr, als der BGH[57] ausführt, der fehlende Eröffnungsbeschluß mache nicht das gerichtliche Verfahren als solches unzulässig, sondern verbiete lediglich die Durchführung der Hauptverhandlung vor einer Entscheidung über dessen Eröffnung[58]; folgerichtig soll es sich um ein in absehbarer Zeit behebbares[59] Hindernis handeln. Dadurch wird der Eröffnungsbeschluß auf die Ebene eines fehlenden Strafantrages gestellt[60], was von Teilen der Literatur als Entwertung der Eröffnungsentscheidung angesehen wird[61].

---

[53] So v. Steuber MDR 78, 889, 890.
[54] Naucke JR 86, 120, 121.
[55] Vgl. RGSt 43, 217, 218; 55, 113; 65, 251; 68, 105, 107; BGH JZ 58, 93 mit zust. Anm Kern.
[56] Vgl. Rosenberg ZStW 16, 522, 538.
[57] Ständige Rspr. seit BGHSt 29, 224, 228.
[58] BGH 29, 224, 228 im Anschluß BayObLG VRS 56, 351, 354.
[59] Von der hM ist damit die Behebbarkeit im laufenden Verfahren gemeint; richtigerweise kann sich die Behebbarkeit aber nur darauf beziehen, daß durch eine Einstellung des Verfahrens kein Strafklageverbrauch eintritt, so daß die Staatsanwaltschaft das Recht hat, erneut Anklage zu erheben. Vgl. dazu Schlüchter JR 90, 10, 15 Fn 59; Beulke 284.
[60] So ausdrücklich Schroeder 5.
[61] So Meyer-Goßner JR 81, 214, 216; Nelles NStZ 82, 96.

Wichtiger als die korrekte Bezeichnung des Mangels ist die Frage, ob die Aufgaben des Eröffnungsbeschlusses bei einer Nachholung in gleicher Weise gewahrt sind. Diese Funktionen sind - wie oben unter A erläutert - einerseits die Bestimmung des Prozeßgegenstandes und die Begründung der Rechtshängigkeit, andererseits der Schutz des Beschuldigten sowie die Prozeßökonomie. Die Bestimmung des Prozeßgegenstandes soll für das Gericht den Aktionsradius festlegen und dem Beschuldigten den Schuldvorwurf verdeutlichen, gegen den er sich zu verteidigen hat.
Wenn man dem Teil des Schrifttums folgt, der die Nachholbarkeit bis zum Schluß der Hauptverhandlung gestattet, so wird diese Funktion ad absurdum geführt; denn was nützt es dem Beschuldigten, wenn er nach seiner Vernehmung zur Sache erstmals verbindlich erfährt, wogegen er sich verteidigen muß. Gleichfalls ist die Bestimmung des gerichtlichen Aktionsradius nach einer stattgefundenen Vernehmung zur Sache eine Farce[62]; sie kann allenfalls eine nachgeschobene Legitimation für das Handeln sein, die Funktion einer Richtschnur für das zukünftige Vorgehen ist dagegen verwirkt. Schließlich besteht i.R.d. Zwischenverfahrens auch die Möglichkeit, daß das Gericht das Vorliegen eines hinreichenden Tatverdachts verneint; die Prognose über die Wahrscheinlichkeit einer Verurteilung bezieht sich aber nach der Vernehmung zur Sache auf ein regelmäßig - außer im Fall der Aussageverweigerung - größeres Wissen des Gerichts, als dies vor der Hauptverhandlung der Fall gewesen wäre.
Somit verbleibt als äußerste Grenze in der Frage der Nachholbarkeit die Vernehmung zur Sache. Dem von Michler[63] vorgeschlagenen Weg, zwischen der Hauptverhandlung im wörtlichen Sinn des § 243 I 1 StPO und der „Hauptverhandlung im eigentlichen Sinne" zu unterscheiden, kann aus verschiedenen Gründen nicht gefolgt werden. Zum einen wird die Differenzierung damit gerechtfertigt, daß der Nachholung des Eröffnungsbeschlusses anderenfalls „kaum praktische Relevanz"[64] zukomme; dies ist bereits systematisch verfehlt, da es sich hierbei um eine Begründung handelt, die vom erwünschten Ergebnis abhängig ist. Zum anderen ist der Gesetzeswortlaut des § 243 I 1 StPO eindeutig, eine Unterscheidung in verschiedene Arten der Hauptverhandlung somit contra legem. Allenfalls kann davon gesprochen werden, daß i.R.d. Hauptverhandlung das Verhandeln nach den in § 243 I-III StPO geregelten förmlichen Vorgängen beginnt; dies hat aber für das hier erörterte Problem keine Bedeutung.

---

[62] Meyer-Goßner kreierte in diesem Zusammenhang den Ausspruch, der Eröffnungsbeschluß werde zur „Arabeske des Verfahrens" (JR 81, 214, 217).
[63] Michler 152 ff.
[64] Michler 152.

Daß gemäß § 243 I 1 StPO die Hauptverhandlung mit dem Aufruf der Sache beginnt und somit der Eröffnungsbeschluß als Prozeßvoraussetzung zu diesem Zeitpunkt vorliegen muß, hat gute Gründe: Einerseits dient das Erfordernis einer Eröffnungsentscheidung gerade dem Schutz des Beschuldigten vor dem Pranger einer öffentlichen Verhandlung[65]. Die Beeinträchtigung des Beschuldigten durch eine - möglicherweise ohne hinreichenden Tatverdacht begonnene - Hauptverhandlung findet nicht erst mit der Vernehmung zur Sache statt, der - womöglich ungerechtfertigte, aber gleichwohl stigmatisierende - Schuldvorwurf erfolgt bereits im Aufruf zur Sache gemäß § 243 I 1 StPO.
Andererseits kann auch hier nicht mehr über die zukünftige Durchführung einer Hauptverhandlung entschieden werden, da mit dieser bereits begonnen wurde[66]. Ihr kann also allenfalls nachträglich die Berechtigung entzogen werden.
Damit ergeben sich zwei weitere Aspekte, die gegen die überwiegend vertretene Meinung sprechen und einer Nachholung in der Hauptverhandlung entgegenstehen: Das BayObLG[67] und ihm folgend der BGH[68] vertreten die Auffassung, es sei nicht zu befürchten, daß das Vorhandensein eines hinreichenden Tatverdachts in der Hauptverhandlung mit geringerer Sorgfalt geprüft werde als im Zwischenverfahren[69]. Daß sich diese Gefahr empirisch nicht belegen läßt[70], versteht sich von selbst und kann die Bedenken nicht zerstreuen. Vielmehr sind Arbeitsbelastung und Zeitdruck bei den Gerichten ein hinreichendes Indiz für die berechtigte Befürchtung, das Gericht werde vor der Terminierung ein - verständliches - Eigeninteresse daran haben, bei entsprechenden Zweifeln die Eröffnung abzulehnen[71] und solange mit einer Hauptverhandlung zu warten, bis eine den Beschuldigten hinreichend verdächtig machende neue Anklageschrift vorliegt. Wird dagegen erst nach Beginn der Hauptverhandlung - nachdem es also mühsam gelungen ist, alle Zeugen, Verteidiger und Sachverständige auf einen gemeinsamen Termin zu vereinen - über die Eröffnung entschieden, so wird sich das Gericht kaum ganz von prozeßökonomischen Erwägungen freimachen können und eher geneigt sein, den fehlenden Beschluß ohne weiteres nachzuschieben[72].

---

[65] Vgl. dazu oben A; ferner OLG Düsseldorf MDR 70, 783.
[66] Vgl. Schlüchter JR 90, 10, 15.
[67] BayObLG VRS 56, 351, 354 f.
[68] BGHSt 29, 224, 229.
[69] Ebenso Schroeder 5 zumindest für einfach gelagerte Fälle.
[70] So Michler 157.
[71] Vgl. aber Germann NJW 60, 758, 759.
[72] Ebenso Meyer-Goßner JR 81, 214, 217; Roxin § 40/12.

Hiermit eng verbunden ist ein weiterer Gesichtspunkt, der gegen die Nachholbarkeit spricht; sollte nämlich das Gericht in der Hauptverhandlung tatsächlich zu der Überzeugung gelangen, daß kein hinreichender Tatverdacht besteht, so stellt sich das Problem, wie in der bereits begonnenen Hauptverhandlung weiter zu verfahren ist. Als ordnungsgemäßen Abschluß eines Verfahrens sieht das Gesetz entweder ein Urteil oder einen Beschluß vor; ein Beschluß nach § 204 StPO, der die Nichteröffnung der Hauptverhandlung feststellt, kann nicht selbige beenden. Ebensowenig kann ohne Zulassung der Anklage zur Hauptverhandlung deren Aussetzung gemäß § 228 StPO erfolgen[73]. Da der Erlaß eines Nichteröffnungsbeschlusses nach § 204 StPO zwingend ist, kann auch nicht der Weg gegangen werden, einen entsprechenden Beschluß zu verweigern, um dann wegen einer fehlenden Prozeßvoraussetzung gemäß § 260 III StPO ein Einstellungsurteil zu erlassen. Somit ist dieser Widerspruch nicht zufriedenstellend zu lösen. Daß es zu dieser Frage keine veröffentlichten Gerichtsentscheidungen gibt, könnte als Indiz dafür gesehen werden, daß der Tatverdacht nach Beginn der Hauptverhandlung tatsächlich von den Gerichten nicht mehr verneint wird.

Das Problem der unterschiedlichen Besetzung in Zwischen- und Hauptverfahren bei Schöffengericht und Strafkammer ließe sich hingegen vergleichsweise einfach lösen. Das Gesetz hat für Entscheidungen außerhalb der Hauptverhandlung gemäß § 199 StPO i.V.m. § 30 II GVG bzw. § 76 I 2 GVG den Ausschluß von Laienrichtern vorgesehen, so daß die Hauptverhandlung für die Eröffnungsentscheidung vorübergehend zu unterbrechen ist[74]. Grund dafür ist, daß das Gesetz den Berufsrichtern aufgrund ihrer juristischen Schulung eine erhöhte Objektivität zumißt[75]. Die Überlegung, daß die Mitwirkung der Schöffen zu einer verstärkten Kontrolle führt[76], ist contra legem und zur Lösung des Problems ungeeignet; denn das Gesetz will gerade vermeiden, daß sich die Laien durch vorprozessuale Aktenkenntnis ein „Vorurteil" bilden. Aus demselben Grund erscheint die Auffassung des BayObLG[77] verfehlt, wonach diese Besetzung der Hauptverhandlung als „höherwertig" i.S.v. § 269 StPO anzusehen ist.

---

[73] Hierauf weist Meyer-Goßner JR 81, 214, 217 f. hin, ohne daß von der hM der Versuch unternommen wurde, dieser Argumentation entgegenzutreten.

[74] Vgl. v. Steuber MDR 78, 889, 890; Beulke 284 hat insofern wegen der Umgehung der §§ 30 II, 76 I 2 GVG Bedenken.

[75] So Roxin § 40/2; Germann NJW 60, 758, 759; Schmidt NJW 63, 1081 f.

[76] So Schroeder 5.

[77] VRS 56, 351, 355.

Aufgrund dieser Ausführungen kann nunmehr die oben aufgeworfene Frage hinsichtlich eines überflüssigen Formalismus beantwortet werden. Dieser Vorwurf, der den Gegnern einer Nachholbarkeit in der Hauptverhandlung gemacht wird[78], ist nicht gerechtfertigt, könnte doch jede Einhaltung von Formen zugleich als Formalismus verworfen werden. Der „Grundsatz der Formstrenge"[79] prägt zu Recht das Strafprozeßrecht, da dies dem Schutz des Beschuldigten dienlich ist. In diesem Zusammenhang wird das OLG Hamburg[80] zitiert, wonach die Formstrenge im Interesse einer schnellen und besseren Wahrheitsfindung dort ihre Grenzen finden müsse, wo durch eine geringe Abweichung vom Verfahrensrecht das Gericht „den gleichen Grad an Rechtssicherheit" erreichen kann[81]. So allgemeingültig dieser Satz auch erscheinen mag, so wenig trägt er hier zur Lösung des Problems bei: Denn man kann gerade nicht „den gleichen Grad an Rechtssicherheit" durch die Nachholung des Eröffnungsbeschlusses erreichen, wenn dadurch der Schutz des Beschuldigten zugunsten der Prozeßökonomie beeinträchtigt wird[82].

d. Im späteren Rechtszug

Der 1. Strafsenat des BGH hat in seinem Beschluß vom 18.3.1980 ausgeführt, daß der fehlende Eröffnungsbeschluß erst „mit Abschluß der Tatsacheninstanz"[83] zu einem unbehebbaren Verfahrenshindernis wird. Damit wäre nach üblichem Verständnis auch die Berufungsinstanz umfaßt[84].

Daß dem nicht zu folgen ist, hat der 5. Strafsenat des BGH in seiner „Ergänzung zu BGHSt 29, 224" klargestellt[85]; danach ist ein Eröffnungsbeschluß in der Berufungsverhandlung nicht mehr nachholbar. Die Begründung hierfür ist ebenso prägnant wie unangreifbar: Nach § 199 I StPO hat das Gericht des ersten Rechtszuges über die Eröffnung des

---

[78] Vgl. BayObLG VRS 56, 351, 356.

[79] Vgl. Krey II 107; ZStW 89, 838, 872 stellt daneben auf die Wahrung der Rechtssicherheit ab.

[80] NJW 62, 1360, 1361.

[81] Vgl. Michler 155; abl. Meyer-Goßner JR 81, 214, 217.

[82] Ebenso Naucke JR 86, 120, 121.

[83] BGHSt 29, 224, 228.

[84] Roxin § 52/12.

[85] BGHSt 33, 167; daß hier von einer „Ergänzung" statt von einer „Begrenzung" die Rede ist, bestätigt die Vermutung, daß es sich eher um eine sprachliche Ungenauigkeit im Beschluß des 1. Senats handelt.

Hauptverfahrens zu entscheiden, dem Rechtsmittelgericht fehlt es mithin an einer entsprechenden Befugnis[86].
Zugleich geht der BGH auch zu einer Entscheidung des RG aus dem Jahre 1921[87] auf Distanz. Dort wurde die Nachholung des Eröffnungsbeschlusses in der Berufungsverhandlung für den Sonderfall zugelassen, daß es nur noch um die Strafhöhe geht. Begründet wurde diese Auffassung seinerzeit mit dem Bemühen nach „Vermeidung unnötiger Weitläufigkeiten"[88]. Diese Absolutheit in der Bewertung prozeßökonomischer Erwägungen steht nicht mit dem Gesetz in Einklang[89], so daß der BGH zu Recht dahingestellt ließ, ob dieser Ansicht zu folgen wäre[90]. Auch wenn es sich bei diesem Beschluß nicht um eine „Rechtsprechungsumkehr" handelt[91], so legt der BGH doch die Grenze der von ihm für zulässig erachteten Nachholung offen, wonach im Rechtsmittelzug das Fehlen des Eröffnungsbeschlusses unbehebbar ist[92].
Damit stellt sich die Frage, wie das Gericht nach Entdeckung des Makels in diesem Verfahrensstadium zu agieren hat. Der 1. Strafsenat[93] hat unter - wenngleich unzutreffender[94] - Bezugnahme auf ein Urteil vom 4.10.1977[95] in einem obiter dictum entschieden, daß gemäß § 354 II StPO das Urteil aufgehoben und die Sache zurückverwiesen wird. Dies hält Meyer-Goßner[96] in der Sache für konsequent: Wenn das Tatgericht die Eröffnungsentscheidung nachholen dürfe, so sei das Revisionsgericht verpflichtet, ihm diese Möglichkeit zu gewähren.
Dem kann nicht gefolgt werden, da diese Auffassung einen entscheidenden Aspekt übersieht: Es ist nicht dieselbe Situation für das erstinstanzliche Gericht, ob es selbst in der Hauptverhandlung das Fehlen der Eröffnungsentscheidung bemerkt oder ob dieser Mangel vom Rechtsmittelgericht - also nach einem bereits erfolgten Urteil erster Instanz - festgestellt wird. Denn selbst die Vertreter der weitestgehendsten Position sehen die Grenze für die Behebbarkeit des Mangels im Ende der Hauptverhandlung, da nach einem gefällten Urteil wegen der dort getroffenen Entscheidung keine Prognose über die Verurteilungswahrscheinlichkeit

[86] BGHSt 33, 167, 168; i.E. ebenso OLG Naumburg NStZ 96, 248.
[87] RGSt 56, 113.
[88] RGSt 56, 113,114.
[89] So Naucke JR 86, 120.
[90] BGHSt 33, 167, 168.
[91] So aber Naucke JR 86, 120.
[92] BGHSt 33, 167, 168; ebenso KMR § 207/31 mwN.
[93] BGHSt 29, 224, 228.
[94] Vgl. BGH NStZ 81, 448, der darauf hinweist, daß dort der 1. Senat nicht zurückgewiesen, sondern eingestellt hat.
[95] 1 StR 192/77 S. 10.
[96] JR 81, 214, 216.

(§ 203 StPO) mehr möglich ist. Nichts Anderes ergibt sich aus dem Erfordernis des § 354 II StPO, an ein anderes Gericht bzw. eine andere Kammer zu verweisen[97], da das neue Gericht durch Protokoll und erstinstanzliches Urteil eine breitere Wissensbasis erhält, als dies während der Hauptverhandlung in erster Instanz der Fall gewesen wäre.
Somit ist es zu Recht einhellige Meinung[98], daß die Entscheidung des Rechtsmittelgerichts auf Einstellung des Verfahrens zu lauten hat. Eine Beschränkung der Einstellung auf solche Verfahrensabschnitte, bei denen das Vorliegen eines Eröffnungsbeschlusses vorausgesetzt war, kommt nicht in Betracht[99]; denn weder in der ratio der §§ 206 a, 260 III StPO noch in der Funktion der Prozeßvoraussetzung kann eine gesetzliche Grundlage für Kompetenzen gesehen werden, die von § 310 II StPO ausgeschlossen sind[100]. Umstritten ist hingegen die Anwendbarkeit des § 206 a StPO durch das Rechtsmittelgericht. Während die hM[101] dem Instanzgericht die freie Wahl läßt, ob es die Einstellung des Verfahrens nach den Rechtsmittelvorschriften (§ 328 i.V.m. § 260 III StPO für die Berufung bzw. §§ 349 IV, V, 353, 354 I StPO für die Revision) oder nach § 206 a StPO ausspricht, soll nach einer weitergehenden Auffassung[102] § 206 a StPO stets den Vorrang haben. Die vorwiegend von Meyer-Goßner vertretene Gegenansicht[103] lehnt die Anwendung des § 206 a StPO für den Fall ab, daß ein Verfahrenshindernis bereits beim erstinstanzlichen Richter bestand.
Für die Problemlösung hilfreich erscheint eine getrennte Betrachtung von Berufung und Revision. I.R.d. Berufung ist § 206 a StPO in vollem Umfang anwendbar. Bei diesem Rechtsmittel findet eine vollständige Neuverhandlung der Sache statt, ohne daß das angefochtene Urteil

---

[97] Zu Recht rügt Meyer-Goßner JR 81, 214, 216 dieses Versäumnis in BGHSt 29, 224, 228.
[98] So z.B. BGH NStZ 81, 448; BayObLG JR 86, 430, 431; LR § 207/65 mwN.
[99] So aber v. Steuber MDR 78, 889, 890.
[100] So auch Meyer-Goßner JR 81, 214, 216; BayObLG JR 86, 430, 432 mit zust. Anm Ranft gegen LR § 207/66 f.
[101] OLG Köln MDR 53, 695; OLG Celle JZ 59, 180; MDR 69, 503; OLG Oldenburg NJW 70, 1768; BayObLG NJW 70, 620, 622; OLG Frankfurt JR 92, 348 mit zust. Anm Wendisch; BGHSt 23, 365, 368; 24, 208, 212; 32, 275, 290; Kleinknecht JZ 59, 180, 181; v. Steuber MDR 78, 889, 890; Ranft JR 86, 432, 434 f.; Bohnert GA 82, 166, 173; Roxin § 53/48; KK § 206 a/4; KMR § 206 a/10.
[102] LR § 206 a/5, 15; BayObLG JR 86, 430, 431.
[103] Vgl. Meyer-Goßner GA 73, 366, 370; NJW 78, 528; NJW 79, 201, 202; JR 81, 214, 216; JR 82, 390, 391; LR 23. Aufl. § 206 a/11 f.; KM § 206 a/6; § 349/29; ihm zust. Volk Prozeßvoraussetzungen 68.

überprüft wird[104]. Deshalb gleicht die Berufung auch einer „2. Erstinstanz"[105].
Nach Meyer-Goßner ist § 206 a StPO nur dann anwendbar, wenn das Verfahrenshindernis erst in der Berufungsinstanz eingetreten ist, da in diesem Fall eine Erstentscheidung zu treffen ist. Lag das Verfahrenshindernis bereits in der ersten Instanz vor und wurde vom Gericht der Hauptverhandlung übersehen, so soll dies unberücksichtigt bleiben, da zum einen „die Richtigkeit des amtsgerichtlichen Urteils"[106] nur bei Erscheinen des Angeklagten geprüft werden kann (§ 329 I 1 StPO), zum anderen „eine Beschlußentscheidung über die Begründetheit"[107] der Berufung der StPO fremd ist. Dieser Auffassung ist darin beizupflichten, daß das erstinstanzliche Urteil rechtsfehlerhaft ist[108].
Der entscheidende Fehler dieser Argumentation liegt in der Prämisse, daß das Prozeßhindernis nur Auswirkung auf die erstinstanzliche Entscheidung hat. Richtig ist vielmehr, daß das Berufungsgericht vor seinem eigenen prozessualen Tätigwerden zunächst das Vorliegen sämtlicher Prozeßvoraussetzungen für diese Instanz überprüfen und bejahen muß; daß dies vom Ausgangsgericht ebenfalls durchzuführen gewesen wäre, ändert nichts an der Verpflichtung der Berufungsinstanz[109]. Deshalb geht der Hinweis auf § 329 I 1 StPO fehl, da es gerade nicht um eine Verhandlung zur Sache geht, sondern um die Feststellung der Voraussetzungen eigenen Prozedierens[110], wie z.B. der Anberaumung eines Termins zur Hauptverhandlung.
Der Einwand, die Begründetheit des Rechtsmittels zwinge zur Aufhebung des angefochtenen Urteils[111], wozu § 206 a StPO - insoweit unbestritten - die Befugnis fehle, ist ebenfalls bereits vom Ansatz her irreführend, da die Verfahrenseinstellung hier nicht aufgrund einer Berufungsverhandlung, sondern nur anläßlich der Berufungseinlegung erfolgt. Zum anderen wäre eine Aufhebung des Urteils rein deklaratorischer Natur: Durch die Verfahrenseinstellung werden nämlich bereits ergangene Sachentscheidungen automatisch gegenstandslos[112], so daß kein rechtlich anzuer-

---

[104] KM Vor § 312/1.
[105] So Roxin § 52/12.
[106] Vgl. KM § 329/8 mwN im offenen Widerspruch zu Vor § 312/1.
[107] Vgl. KM § 329/8.
[108] So auch Schlüchter Strafverfahren 679.2.
[109] So auch Sieg NJW 78, 1845, 1846 in Erwiderung auf Meyer-Goßner NJW 78, 528.
[110] Diesen entscheidenden Gesichtspunkt unterschlägt Meyer-Goßner NJW 79, 201, 202 in seiner Replik auf Sieg NJW 78, 1845.
[111] Meyer-Goßner JR 81, 216.
[112] LR § 206 a/66 mwN; BGHSt 23, 365, 368; OLG Frankfurt JR 92, 348, 350; Schlüchter Strafverfahren 679.2.

kennendes Interesse an der Beseitigung besteht. Das vom Angeklagten mit seinem Rechtsmittel verfolgte Ziel - nämlich eine Beseitigung der Urteilswirkungen - wird damit unabhängig von einer Aufhebung des Urteils erreicht[113].

I.R.d. Revision verneint Meyer-Goßner für die fragliche Konstellation die Anwendbarkeit des § 206 a StPO mit dem Argument, daß es systemwidrig sei, wenn das Gesetz für das gleiche Ergebnis zwei unterschiedliche Entscheidungsformen vorsehen würde[114]. Dem ist zu entgegnen, daß diese Wahlmöglichkeit zwischen Beschluß und Urteil der gesetzlichen Regelung dieser Fälle im erstinstanzlichen Verfahren entspricht; der Tatrichter kann über das Prozeßhindernis je nach Stand des Verfahrens durch Beschluß gemäß § 206 a StPO oder durch Urteil gemäß § 260 III StPO entscheiden - beide Rechtswege sind gleichwertig[115].

Der Hinweis darauf, daß § 206 a StPO im 2. Buch der StPO steht, während der Umgang mit fehlerhaften Urteilen alleine im 3. Buch geregelt ist[116], kann gleichfalls nicht überzeugen. Denn die Verfahrenseinstellung gemäß §§ 153, 154, 154 a StPO, die auf Erwägungen der Opportunität und der Verfahrensbeschleunigung beruhen, sind gleichfalls im 2. Buch enthalten und finden auch im Revisionsverfahren Anwendung[117], was der Gesetzgeber durch den jeweiligen Absatz 2 vorgesehen hat; somit trägt auch dieses gesetzessystematische Argument nicht, so daß § 206 a StPO als vom Gesetzgeber vorgesehener legitimer Ersatz eines Einstellungsurteils[118] im Revisionsverfahren grundsätzlich anwendbar ist. Denn es ist nicht ersichtlich, warum nur die prozeßökonomischen Erwägungen der §§ 153, 154, 154 a StPO im Revisionsverfahren gelten sollen und nicht auch die der Verfahrensvereinfachung dienende Einstellungsmöglichkeit nach § 206 a StPO.

Verfehlt sind hingegen die Ausführungen des BayObLG vom 19.4.1985[119]. Danach soll es bei Vorliegen eines Prozeßhindernisses wegen der „Unzulässigkeit des Verfahrens im ganzen"[120] nicht mehr zur Überprüfung der Begründetheit der Revision kommen, so daß eine förm-

---

[113] Vgl. Wendisch JR 92, 350, 351.
[114] Meyer-Goßner GA 73, 366, 370.
[115] So auch Bohnert GA 82, 166, 173.
[116] Meyer-Goßner JR 82, 390, 392.
[117] So auch KM § 353/2.
[118] BGHSt 24, 208, 212; vgl. auch Schlüchter Strafverfahren 679.2.
[119] JR 86, 430, 431.
[120] Das BayObLG zitiert BGHSt 15, 290 und BayObLG NJW 69, 807, wo die Zulässigkeit des Verfahrens vom Vorhandensein der Prozeßvoraussetzung „abhängig gemacht" wird. Während dort die Voraussetzungen für ein grundsätzliches Tätigwerden genannt sind, geht es hier um die Prüfung konkreter Mängel - mithin um etwas völlig Anderes!

liche Urteilsaufhebung nach § 353 I StPO und damit die Verfahrenseinstellung nach § 354 I StPO verneint wird und stattdessen die Einstellung nach § 206 a StPO allein möglich und zwingend sei.
Dem ist zu widersprechen, zeigt sich doch gerade hier die Berechtigung einer getrennten Erörterung des Problems nach Berufung und Revision: Im Unterschied zur Berufung[121] ist hier allein das Urteil der Vorinstanz die Grundlage des gerichtlichen Tätigwerdens[122]. Ein bereits im erstinstanzlichen Verfahren bestehendes Verfahrenshindernis beeinträchtigt nicht die Zulässigkeit der Revision, sondern wird von Amts wegen[123] geprüft und führt zur Begründetheit der Revision[124]. Der fehlende Eröffnungsbeschluß beeinträchtigt insbesondere nicht - anders als bei der Berufung - das eigene Tätigwerden des Revisionsgerichts.
Da sich ein solcher Mangel aber auch ohne Hauptverhandlung allein aufgrund des Akteninhalts problemlos feststellen läßt[125] und der Angeklagte dadurch nicht schlechter gestellt[126], sondern ihm vielmehr eine unnötige Verhandlung erspart bleibt, bestehen keine grundsätzlichen Bedenken, § 206 a StPO aus prozeßökonomischen Gründen neben den revisionsrechtlichen Vorschriften zuzulassen. Allerdings ist insofern eine Einschränkung geboten, als § 349 IV StPO selbst die Möglichkeit vorsieht, durch einen Beschluß die Hauptverhandlung zu vermeiden. Diese Regelung gilt nur für den Fall, daß zugunsten des Angeklagten die Revision eingelegt wurde und das Gericht einstimmig zugunsten des Angeklagten entscheidet[127]. Wegen dieser Sonderregelung besteht hier bei Einstimmigkeit kein Bedürfnis, auf die allgemeinere Vorschrift des § 206 a StPO zum Zweck der Vermeidung unnötiger Hauptverhandlungen zurückzugreifen[128], da dann bereits nach den revisionsrechtlichen Regelungen sowohl Beschluß- wie auch Urteilsverfahren zur Verfügung stehen.

---

[121] KM Vor § 312/1.
[122] KM Vor § 333/1.
[123] Vgl. BGHSt 23, 365, 367 f. zu den näheren Voraussetzungen bezgl. Form, Frist und Begründung der Revision; Verfahrenshindernisse haben keine absolute Bedeutung; vgl. oben Teil 2 E II 3 f.
[124] So auch Ranft JR 86, 432, 435.
[125] OLG Köln MDR 53, 695, 696.
[126] KK § 206 a/4.
[127] KM § 349/28f.
[128] Vgl. dazu LR § 349/35; zurückhaltend auch Bohnert GA 82, 166, 173 a.E.; aA LR § 206 a/15 a.E.

3. Schaffung neuer prozessualer Situationen

Auch beim fehlenden Eröffnungsbeschluß[129] wird eine Heilung in der Weise versucht, daß prozessuale Situationen herbeigeführt werden, bei denen es keines förmlichen Zwischenverfahrens bedarf[130]. So wird für das amtsgerichtliche Verfahren der Übergang zum beschleunigten Verfahren diskutiert; außerdem soll dem Mangel in allen erstinstanzlichen Verfahren durch Erhebung einer Nachtragsanklage abgeholfen werden können. Hingegen scheidet ein Übergang ins Strafbefehlverfahren bereits nach dem Wortlaut des § 408 a I 1 StPO aus; außerdem stellt die Undurchführbarkeit aus rechtlicher Sicht (hier wegen eines Prozeßhindernisses) keinen wichtigen Grund i.S.v. § 408 a I 1 StPO dar[131].

a. Beschleunigtes Verfahren gemäß §§ 417-420 StPO

Ein Wechsel in das beschleunigte Verfahren ist grundsätzlich möglich, solange ein Eröffnungsbeschluß noch ergehen konnte, aber nicht ergangen ist[132]. Dem steht die Einleitung des regulären Zwischenverfahrens durch den Antrag nach § 199 II 1 StPO nicht entgegen, da der Antrag auf Aburteilung im beschleunigten Verfahren gemäß § 417 StPO eine konkludente Rücknahme des früheren Antrages enthält[133].
Diese Rücknahme muß aber auf sachlichen Gründen beruhen, also auf einer geänderten Beurteilung der Voraussetzungen des § 417 StPO. Die Staatsanwaltschaft müßte nunmehr die Eignung zur sofortigen Verhandlung aufgrund des einfachen Sachverhalts oder der klaren Beweislage bejahen, wobei der Wandel in der Bewertung nicht allein durch die bezweckte Vermeidung einer sonst drohenden Verfahrenseinstellung motiviert sein darf[134]; denn die Staatsanwaltschaft hat durch ihren früheren Antrag dargelegt, daß sie die Strafsache gerade nicht für ein beschleunigtes Verfahren geeignet hält. Daß der Staatsanwaltschaft bei der Wahl des Verfahrens kein gesetzliches[135] Ermessen mehr[136] zusteht,

---

[129] Vgl. zum parallelen Problem in der Anklageschrift oben Teil 2 B III 3.
[130] Vgl. Schmid Verwirkung 187.
[131] Vgl. KM § 408 a/3.
[132] Vgl. Schmidt II § 212/9.
[133] LR § 212/18. I.R.d. Mängelheilung ist aber zu beachten, daß der Erlaß eines Eröffnungsbeschlusses einfacher ist - insbesondere wegen der zusätzlichen Voraussetzungen des § 417 StPO.
[134] AA wohl LR § 200/55 Fn 54.
[135] Vgl. aber Nr. 146 I 1 RiStBV.
[136] Vgl. zur alten Regelung KK § 212/6.

ergibt der Vergleich des Wortlauts von § 212 StPO a.F. mit § 417 StPO n.F.[137].

Da das beschleunigte Verfahren vom Verzicht auf das sonst übliche Zwischenverfahren (§ 418 I StPO) entscheidend geprägt ist, stellt spätestens der Erlaß eines Eröffnungsbeschlusses die Grenze für den Übergang dar[138]. Die Gegenauffassung[139] übersieht, daß gemäß § 156 StPO nach der Eröffnung die Staatsanwaltschaft keine Dispositionsbefugnis mehr besitzt (sog. Immutabilitätsprinzip). Die mit § 418 StPO erstrebte Beschleunigung des Verfahrens wird durch einen freiwilligen Verzicht auf Einhaltung der Ladungsfrist (§ 217 III StPO) erreicht.

Nachwievor umstritten ist, ob nach Beginn der Hauptverhandlung ein Wechsel in das beschleunigte Verfahren zulässig ist. Dabei wird - ebenso wie bei der Frage der Nachholbarkeit[140] - zwischen der Zeit vor einer Vernehmung des Angeschuldigten zur Sache und der danach unterschieden.

Während die überwiegende Ansicht keine tiefgreifenden Bedenken gegen einen Wechsel vor der Sachverhandlung hat[141], erscheint nach richtiger Ansicht ein Übergang bereits mit Beginn der Hauptverhandlung (§ 243 I 1 StPO) nicht mehr statthaft. Zum einen läßt sich durch den Wegfall einer förmlichen Eröffnungsentscheidung (§ 418 I StPO)[142] kein Zeitgewinn[143] mehr erzielen, da das Zwischenverfahren durchgeführt und nur nicht abgeschlossen wurde. Zum anderen kann die kurze Ladungsfrist des § 418 II 3 StPO nicht mehr genutzt werden.

Erst recht ist der hM darin beizupflichten, daß nach Beginn der Vernehmung zur Sache kein Wechsel im Verfahren möglich ist[144]. Wäre eine Aburteilung im beschleunigten Verfahren beantragt worden, so wäre nach

---

[137] König/Seitz NStZ 95, 1, 4.

[138] So Schmidt II § 212/9; I R § 212/19; BayObLG MDR 88, 77.

[139] LR 22. Aufl. § 212 Anm 1; KK § 212/8.

[140] Siehe dazu oben 2.

[141] Vgl. OLG Oldenburg NJW 60, 352, 353; Michler 163; LR § 212/18 Fn 25; KM § 417/12 a.E.

[142] Durch die Erweiterung in § 417 StPO („klare Beweislage") ist der frühere Streit über ein Prüfungsrecht der Staatsanwaltschaft bezgl. des Tatverdachts zugunsten einer Prüfungspflicht entschieden (für eine Berechtigung zur Prüfung: OLG Oldenburg NJW 61, 1127; Schmidt II § 212 a/5; Dünnebier GA 59, 272, 274; Meyer-Goßner JR 84, 53; für eine Pflicht zur Prüfung: LG Berlin DAR 57, 190, 191; LK § 212 a/9, 10; Werner DRZ 47, 146, 147; Lüttger GA 57, 193, 207; gegen eine Prüfung: Schultz DAR 57, 93, 95); vgl. dazu König/Seitz NStZ 95, 1, 4.

[143] Vgl. Dünnebier GA 59, 272, 274.

[144] Für einen Übergang bis zum Erlaß des erstinstanzlichen Urteils spricht sich hingegen v. Steuber MDR 78, 889 aus.

hM[145] mit der Vernehmung zur Sache[146] die Rechtshängigkeit auflösend bedingt[147] eingetreten. Wenn vor der Vernehmung zur Sache weder der Antrag nach § 417 StPO gestellt wurde noch durch die Eröffnung des Hauptverfahrens (vgl. § 156 StPO) die Rechtshängigkeit eingetreten ist, findet die Vernehmung zur Sache und damit der Großteil der Hauptverhandlung ohne Rechtshängigkeit statt. Wäre es der Staatsanwaltschaft zu diesem Zeitpunkt noch möglich, durch Antrag nach § 417 StPO das Verfahren zu wechseln, so müßte entweder ein anderer Zeitpunkt für den Eintritt der Rechtshängigkeit gesetzt oder die Rechtshängigkeit nachträglich begründet werden; beides ist nicht möglich[148].

b. Nachtragsanklage gemäß § 266 StPO

Die Nachtragsanklage gemäß § 266 StPO gibt der Staatsanwaltschaft die Möglichkeit, bis zum Schluß der Hauptverhandlung - also bis zum Beginn der Urteilsverkündung[149] - eine weitere Straftat in das laufende Verfahren einzubeziehen. Dabei entspricht der Erlaß des Einbeziehungsbeschlusses in seiner Wirkung dem Eröffnungsbeschluß[150], den es bei der Nachtragsanklage aus Gründen der Vereinfachung und Beschleunigung nicht gibt.

Eine direkte Anwendung des § 266 StPO auf den Fall, daß dem Strafverfahren insgesamt[151] eine Eröffnungsentscheidung fehlt, scheidet von vornherein aus: Es liegen keine weiteren Straftaten i.S.v. § 266 StPO vor, da es hier nicht darum geht, ein zusätzliches Ereignis i.S.v. § 264 StPO der gerichtlichen Entscheidung zuzuführen[152]. Etwas anderes gilt für den Fall einer zugelassenen ersten und einer nicht rechtshängig gewordenen zweiten Anklage; hier wäre für die zweite Anklage - nach Rücknahme des Eröffnungsantrages (§ 199 II StPO) - eine Nachtragsanklage möglich. Der

---

[145] So LR § 212 a/2; KM § 418/4; KK § 212 a/6; Schmidt II § 212/8; Meyer-Goßner JR 84, 75, 76; Treier NStZ 83, 234; OLG Oldenburg NJW 61, 1127; JR 83, 302; BayObLG MDR 88, 77.

[146] AA Schmidt Nachtrag I § 212/9; OLG Celle JR 84, 74, 75: Bis zur Verkündung des erstinstanzlichen Urteils. LR 22. Aufl. § 212 Anm 3: Bis zur Terminanberaumung bzw. zum Beginn des Vortrags. Offengelassen bei BGHSt 15, 314, 316.

[147] Vgl. § 419 II 1 StPO.

[148] So auch Michler 165.

[149] Vgl. BGH MDR (D) 55, 397; KM § 266/4; aA LR § 266/9 (Schluß der Urteilsverkündung).

[150] BayObLG NJW 53, 674; BGHSt 9, 243, 245.

[151] So BGH JR 86, 113.

[152] BGH JR 71, 105, 106; BGHSt 33, 167, 168; Achenbach MDR 75, 19, 20.

vom OLG Stuttgart[153] gebilligte Weg einer Zulassung in der Hauptverhandlung führt zwar zum selben Ergebnis, ist aber wegen der oben aufgezeigten Bedenken abzulehnen.
Gleichwohl wird von einer Auffassung aus einem Schluß a maiore für das Fehlen einer Eröffnungsentscheidung die analoge Anwendung des § 266 StPO bejaht[154]: Wenn unter § 266 StPO eine Tat abgeurteilt werden könne, die bislang überhaupt nicht Gegenstand des Verfahrens war, so müsse dies erst recht möglich sein, wenn ein Verfahren ohne rechtliche Grundlage bereits im Gang ist. Auf den Aspekt, daß damit wegen desselben Verfahrensgegenstandes ein zweites Mal Anklage erhoben wird, und wie das Problem dieser doppelten Anhängigkeit zu lösen ist, geht diese Meinung nicht ein.
Eine analoge Anwendung von strafprozessualen Normen[155] ist grundsätzlich zulässig[156]; sie setzt neben dem Vorhandensein einer echten Gesetzeslücke[157] eine nur unwesentliche Abweichung vom gesetzlich geregelten Normalfall[158] voraus. Hier fehlt es aber bereits an der ungeregelten Sachlage, da das Gesetz als Folge eines fehlenden Eröffnungsbeschlusses zwingend die Einstellung vorsieht (§§ 206 a, 260 III StPO). Für die Rechtsähnlichkeit ist zudem nicht der Wortlaut, sondern die Zielsetzung des § 266 StPO entscheidend. Durch die Nachtragsanklage soll die Konzentration der Schuldfeststellung auf einen Prozeß erreicht werden[159]. Zweck einer analogen Anwendung des § 266 StPO auf das Fehlen des Eröffnungsbeschlusses wäre aber allein die Vermeidung der Verfahrenseinstellung, mithin verfolgt sie eine völlig andere Intention als vom Gesetzgeber vorgesehen.
Auch kann der prozeßökonomische Aspekt, auf dem § 266 StPO beruht, nicht auf den fehlenden Eröffnungsbeschluß ausgedehnt werden[160]: Die Qualifikation des Eröffnungsbeschlusses als Prozeßvoraussetzung, die zwingende Verfahrenseinstellung im Fall seines Fehlens und die damit verbundene Mehrarbeit der Justiz dienen dem Schutz des Angeschuldigten, eine Analogie des § 266 StPO würde das Erfordernis eines Eröffnungsbeschlusses umgehen und so zu dessen Entwertung führen.

---

[153] Justiz 78, 475, 476.
[154] RGSt 56, 113, 114; ihm zust. Schmid Verwirkung 189 f.
[155] Anders im materiellen Strafrecht, vgl. dazu § 1 StGB, Art. 103 II GG; Art. 7 MRK.
[156] KG NJW 79, 1668, 1669; OLG Hamm MDR 70, 1030; Krey JA 83, 233, 235; Welp JR 91, 265, 267; aA Volk, Prozeßvoraussetzungen 50.
[157] Vgl. Bachof JZ 51, 737, 740, der anderenfalls einen Verstoß gegen das Prinzip der Gewaltenteilung annimmt.
[158] OLG Hamm MDR 70, 1030.
[159] Roxin § 46/3.
[160] Vgl. Schumann FS-Larenz 278.

Schließlich ist auch das Argument verfehlt, der Beschuldigte sei durch ein Zustimmungserfordernis analog § 266 I StPO hinreichend geschützt[161]. Während das Gesetz in § 266 I StPO die Zustimmung vorschreibt, um einen weiteren Tatvorwurf in die bereits laufende Hauptverhandlung einzuführen, käme diese Erklärung des Betroffenen bei einer Heilung des von vornherein fehlenden Eröffnungsbeschlusses einem explizit erklärten Verzicht auf die Prozeßvoraussetzung gleich. Daß dies nicht statthaft ist, ergibt sich aus den oben dargelegten Gründen[162]. Wenn dagegen Schmid ausführt, es handle sich nicht um einen Verzicht, sondern um eine „effektive Heilung des bestehenden Mangels“[163], so läßt dies nicht erkennen, worin der sachliche Unterschied zwischen einem anfänglichen Verzicht und einer nachträglichen Gestattung der Verhandlung ohne Eröffnungsentscheidung bestehen soll.

4. Umdeutung anderer Prozeßhandlungen

Die äußere Gestalt des Beschlusses ist nicht durch § 207 StPO geregelt. Wichtiger als Form und Wortlaut ist das Vorliegen einer schlüssigen und eindeutigen Willenserklärung des Gerichts, eine bestimmt bezeichnete Anklage aufgrund vorangegangener Prüfung zur Hauptverhandlung zuzulassen[164]. Eine solche, nicht notwendigerweise als Eröffnungsbeschluß bezeichnete Eröffnungsentscheidung kann insbesondere in einem Beschluß über die Verbindung anhängiger Verfahren gesehen werden. Diskutiert wird dies aber auch für Entscheidungen im Haftprüfungsverfahren sowie für Verweisungs- bzw. Übernahmebeschlüsse.

a. Verbindungsbeschluß

Gesetzliche Grundlage für die Verbindung mehrerer beim selben Gericht anhängiger Strafsachen zum Zweck der gleichzeitigen Verhandlung ist § 237 StPO; § 4 StPO regelt dagegen die Fälle unterschiedlicher sachlicher Zuständigkeit, § 13 II StPO solche verschiedener örtlicher Zuständigkeit. Ein Zusammenhang i.S.v. § 237 StPO ist darin zu sehen, daß derselbe Angeklagte mehrerer Straftaten beschuldigt wird[165].
Umstritten ist, in welchem Verfahrensstadium sich die zu verbindenden Sachen befinden müssen. Während nach der einen Auffassung beide

---

[161] Schmid Verwirkung 190.
[162] Vgl. oben 1.
[163] Schmid Verwirkung 190.
[164] So BayObLG OLGSt § 200 StPO Nr. 4, 10; DAR (R) 85, 245; OLG Hamm JR 91, 33, 34; LR § 207/42.
[165] Vgl. BGHSt 20, 219, 220.

Strafsachen bereits eröffnet sein müssen[166], genügt es nach der Gegenmeinung, daß das Gericht mit den Verfahren befaßt ist[167]. Gegen die erstgenannte Ansicht spricht bereits der Wortlaut des § 237 StPO, der lediglich von „anhängigen Strafsachen" spricht. Einer Gleichsetzung von Anhängigkeit und Rechtshängigkeit kann nicht gefolgt werden[168], zeigt sich doch hier gerade die Wirkung des Zwischenverfahrens[169]; wie der Vergleich zwischen §§ 2, 13 II StPO einerseits und §§ 4, 12 StPO andererseits verdeutlicht, war sich der Gesetzgeber der verschiedenen Bedeutungen durchaus bewußt[170].
Da sich somit aus dem Wortlaut keine Einschränkung entnehmen läßt, zwingt auch die Einordnung der Bestimmung in den Abschnitt „Hauptverhandlung" nicht dazu, daß das Hauptverfahren bereits eröffnet sein muß[171]. Auch die Wendung in § 237 StPO, die Verbindung sei „zum Zweck gleichzeitiger Verhandlung" anzuordnen, gibt keinen Rückschluß auf das Erfordernis einer vorherigen Eröffnung, weil letztlich jede Verbindung von Strafsachen auf diesen Vereinfachungseffekt gerichtet ist[172]. Somit ist der Auffassung zu folgen, wonach die Anhängigkeit ausreichend ist.
Das Ersetzen eines ausdrücklichen Eröffnungsbeschlusses durch den Verbindungsbeschluß kommt in solchen Konstellationen in Betracht, in denen eine anhängige Strafsache mit einer bei demselben Gericht bereits eröffneten Strafsache verbunden wird. Welche Anforderungen dabei an die Eindeutigkeit des kundgetanen Eröffnungswillens gestellt werden müssen, kann nicht pauschal beantwortet werden[173]. Notwendig ist in jedem Fall, daß sich das verbindende Gericht seiner eigenen Eröffnungsentscheidung bewußt war und nicht von einer möglicherweise früheren Eröffnung ausging[174], sowie daß dies entsprechend aus dem Eröffnungsbeschluß deutlich wird[175]. Dafür ist eine genaue Unterscheidung der Strafverfahren nach Aktenzeichen unerläßlich[176]. Eine Würdigung des Verhaltens der Prozeßbeteiligten ist hingegen bedenklich, führt sie doch in die Nähe eines unzulässigen Verzichts[177]; der Wille des

---

[166] So Schmidt II § 237/2; KM § 237/3.
[167] BGHSt 20, 219, 220; KK § 237/5; LR 23. Aufl. § 237/5; Knauth JuS 77, 113, 114.
[168] So aber Schmidt II § 237/2.
[169] Vgl. dazu Schlüchter Strafverfahren 409, 410.
[170] So auch BGHSt 20, 219, 221.
[171] So aber Schmidt II § 237/2.
[172] Vgl. BGHSt 20, 219, 221.
[173] Vgl. Rieß JR 91, 34, 35.
[174] BayObLG DAR (R) 85, 245; BGH MDR (D) 75, 198; NStZ 88, 236.
[175] Vgl. OLG Stuttgart Justiz 78, 475, 476; BGH NStZ 87, 239.
[176] BGH MDR (D) 75, 197.
[177] BGH MDR (D) 75, 197; vgl. dazu oben 1.

Gerichts zur Eröffnung kann deshalb nicht durch eine fehlende Rüge oder eine Zustimmung der anderen Beteiligten belegt werden, da anderenfalls das Fehlen der Eröffnungsentscheidung disponibel würde[178].
Ein wichtiges Indiz für die Eröffnungsentscheidung soll bei der Verbindung vor der Hauptverhandlung die Angabe des Termins im Verbindungsbeschluß darstellen[179]. Jedoch belegt das Gericht damit nicht notwendigerweise, daß es die Anklage zur Hauptverhandlung in diesem Termin zulassen will[180], sondern nur, daß es in dieser hinzuverbundenen Strafsache am genannten Termin verhandeln wolle, wobei auch eine schon früher ausgesprochene Eröffnung möglich wäre. Daß die Terminbestimmung selbst keine Eröffnungsentscheidung ersetzen kann, ergibt sich bereits aus der institutionellen Unzuständigkeit des Vorsitzenden (§ 213 StPO) für den Eröffnungsbeschluß (vgl. §203 StPO)[181].
Gleichwohl stellt die Nennung des Termins im Verbindungsbeschluß unter einem anderen Aspekt einen wichtigen Anhaltspunkt dar: Die Terminbestimmung gemäß § 213 StPO muß „alsbald nach Eröffnung des Hauptverfahrens“[182] erfolgen. Wird ein Termin erstmals im Verbindungsbeschluß genannt, so gibt das Gericht damit zu erkennen, daß es von einem noch fehlenden Termin für die verbundene Strafsache ausgeht; anderenfalls hätte es die Absetzung dieses Termins aussprechen müssen. Ging das Gericht aber vom Fehlen des Termins für die verbundene Sache aus und ist der Termin so schnell als möglich nach der Eröffnungsentscheidung zu bestimmen, so ist der Schluß zulässig, daß das verbindende Gericht vom Fehlen einer früheren Eröffnungsentscheidung ausging. Unter diesem Gesichtspunkt erscheint es gerechtfertigt, in der Bestimmung des Termins für die verbundene Strafsache ein Indiz für eine eigene Eröffnungsentscheidung des Gerichts zu sehen.
Während somit eine Verbindung vor dem Hauptverhandlungstermin in einen Eröffnungsbeschluß umgedeutet werden kann, stellt sich die Frage, ob dies auch für einen Verbindungsbeschluß gilt, der erst innerhalb der Hauptverhandlung erlassen wird. Der BGH hat dies bei Vorliegen einer eindeutigen gerichtlichen Willenserklärung bejaht[183]. Dies ist aus seiner

---

[178] In diese Richtung tendiert auch Rieß JR 91, 34, 35 a.E.
[179] BGH StV 84, 363; MDR (D) 75, 197; ausdrücklich offen gelassen bei BGH NStZ 88, 236.
[180] So aber BGH MDR (D) 75, 197.
[181] Siehe dazu auch BGH NStZ 88, 236.
[182] So KM § 213/6.
[183] BGH MDR (D) 75, 197; NJW 75, 1176.

Sicht konsequent, da er auch die Nachholung eines Eröffnungsbeschlusses nach Beginn der Hauptverhandlung für statthaft hält[184]. Fraglich ist hingegen, wie der Verbindungsbeschluß zu beurteilen ist, wenn man mit der hier vertretenen Auffassung eine Nachholung im Hauptverfahren ablehnt. Ausschlaggebend ist dabei, ob durch eine Umdeutung des Verbindungsbeschlusses in einen Eröffnungsbeschluß nach Beginn der Hauptverhandlung schutzwürdige Belange des Angeklagten verletzt würden. Der Aspekt, daß der Angeklagte vor schädigenden Wirkungen einer Hauptverhandlung durch eine vorangegangene Prüfung des Tatverdachts geschützt werden muß[185], ist für den Verbindungsbeschluß ohne Relevanz; der Angeklagte steht wegen der zugelassenen ursprünglichen Anklage ohnehin vor Gericht.
Gleichwohl ist dem erst in der Hauptverhandlung gefaßten Verbindungsbeschluß eine Eröffnungswirkung abzusprechen, da es auch hier - ebenso wie bei der Nachholbarkeit[186] - entscheidend auf den Beginn der Hauptverhandlung ankommt; die Funktion, den Prozeßgegenstand in rechtlicher und tatsächlicher Hinsicht bindend festzulegen und den Angeklagten zwecks rechtzeitiger Verteidigungsmöglichkeit vor der Verhandlung zu informieren[187], kann nach Beginn der Hauptverhandlung nicht mehr erfüllt werden. Auch die Bedenken hinsichtlich der Sorgfalt einer Prüfung, die erst nach Beginn der Hauptverhandlung durchgeführt wird[188], kommen für die verbundene Strafsache voll zum Zuge. Wird die Verbindung erst in der Hauptverhandlung ausgesprochen, so kommt ihr - unabhängig von einer Sachentscheidung in diesem Termin[189] - keine das Verfahren eröffnende Funktion zu.

b. Haftprüfungsentscheidung

Auch in der Entscheidung über die Fortdauer der Untersuchungshaft kann eine Eröffnungsentscheidung gesehen werden, wenn sich hieraus zweifelsfrei ergibt, daß das Gericht nach Prüfung der Voraussetzungen die Anklage zulassen wollte[190]. In der Haftprüfung gemäß § 117 StPO wird festgestellt, ob die Gründe für die Untersuchungshaft fortdauern, also ob weiterhin dringender Tatverdacht gemäß § 112 I 1 StPO gegeben ist.

[184] Vgl. dazu auch oben 2; der BGH stellt ausdrücklich auf die Nachholbarkeit im Hauptverfahren ab.
[185] Vgl. oben A.
[186] Vgl. oben 2.
[187] Vgl. OLG Hamm JR 91, 33, 34.
[188] Vgl. dazu oben 2 c.
[189] AA für den Fall der Verweisung: BGH MDR (D) 75, 197; zust. Knauth JuS 77, 113.
[190] Vgl. Rieß JR 91, 34, 35; aA Roxin § 40/12.

Damit schließt die Haftprüfung inhaltlich die von § 203 StPO vorgesehene Prüfung eines hinreichenden Tatverdachts ein.
In einem Fortdauerbeschluß kann aber nur dann eine Eröffnungsentscheidung gesehen werden, wenn das Gericht eindeutig zu erkennen gibt, daß es das Zwischenverfahren verlassen und in das Hauptverfahren wechseln möchte. Dies war in einem vom OLG Hamm[191] zu entscheidenden Fall gleich an mehreren Punkten auszumachen: Der Angeklagte gab die ihm in der Anklage konkretisierte Tat zu und bat um einen möglichst frühen Termin zur Hauptverhandlung. In dem Beschluß über die Fortdauer der Untersuchungshaft wie auch bei der Terminbestimmung wurde der Betroffene nunmehr erstmals als „Angeklagter" bezeichnet[192]. Etwaigen Bedenken, daß fälschlicherweise von einer bereits vor der Haftprüfung ergangenen Eröffnungsentscheidung ausgegangen sein könnte[193], waren aufgrund des eindeutigen Protokolls nach Auffassung des OLG Hamm nicht gegeben. Hingegen fehlte in der Eröffnungsentscheidung des Gerichts die an sich von § 207 I StPO vorgeschriebene Bestimmung des zuständigen Gerichts; dieser Mangel ist aber stets dann unschädlich, wenn - wie hier geschehen - die Hauptverhandlung vor dem Gericht stattfindet, das auch die Eröffnung beschlossen hat[194].
Aufgrund des sehr abstrakt gefaßten Leitsatzes der Entscheidung[195] bedarf es der ausdrücklichen Hervorhebung, daß eine solche Heilung nur in den Fällen ausnahmsweise möglich ist, in denen ein Eröffnungswille zweifelsfrei aus der Entscheidung entnommen werden kann.

c. Übernahme- bzw. Verweisungsbeschluß

Das Gesetz sieht für eine Änderung der sachlichen Zuständigkeit - abhängig vom jeweiligen Stand des Verfahrens - drei selbständige Regelungen vor: Im Zwischenverfahren findet § 209 StPO Anwendung, vor dem Beginn der Hauptverhandlung gilt § 225 a StPO und in der Hauptverhandlung § 270 StPO. Daher stellt sich die Frage, ob den entsprechenden Beschlüssen eine Eröffnungswirkung zukommen kann.
Gemäß § 270 III 1 StPO hat der Verweisungsbeschluß die Wirkung des Eröffnungsbeschlusses. Dies bedeutet aber nicht, daß er ihn ersetzt[196]; vielmehr bringt diese Norm zum Ausdruck, daß der früher erlassene

---

[191] JR 91, 33 f.
[192] OLG Hamm JR 91, 33, 34.
[193] Daher wohl auch die Vorbehalte von Roxin § 40/12.
[194] Vgl. LR § 207/49.
[195] So auch die Kritik von Rieß JR 91, 34, 35.
[196] So auch OLG Düsseldorf StV 96, 199, 201; hingegen KM § 207/8 a.E.; zweifelhaft auch BGH MDR (D) 75, 198.

Eröffnungsbeschluß mit den die Verweisung bedingenden Veränderungen fortbesteht[197]. Der Verweisungsbeschluß nach § 270 StPO bindet zwar grundsätzlich[198] das höhere Gericht[199], doch bezieht sich diese Bindungswirkung nur auf die Frage der Zuständigkeit; insbesondere soll dadurch nicht eine bisher fehlende Prozeßvoraussetzung fingiert werden[200]. So erörterte der BGH die Frage, ob in der Verweisung nach § 270 StPO eine schlüssige Eröffnungsentscheidung gesehen werden kann[201]. Diese Frage stellt sich allerdings nur dann, wenn man - entgegen der hier vertretenen Auffassung - die grundsätzliche Nachholbarkeit nach Beginn der Hauptverhandlung bejaht. Gleichwohl wurde im konkreten Fall eine Umdeutung verneint, da sich die Verweisungsentscheidung nicht an der Anklage orientiert und somit nicht schlüssig den Tatverdacht i.S.v. § 203 StPO bejaht hat.

Der durch das StVÄG 1979 eingefügte § 225 a StPO ermöglicht die Abgabe an das sachlich zuständige Gericht außerhalb der Hauptverhandlung. Das Verfahren wird übernommen, wenn das höhere Gericht wegen der seine Zuständigkeit begründenden zusätzlichen Umstände den hinreichenden Tatverdacht bejaht[202]. Der Übernahmebeschluß nach § 225 a III 1 StPO dokumentiert die Änderung der Zuständigkeit, gibt aber zugleich zu erkennen, daß der ursprüngliche Eröffnungsbeschluß mit dieser Abwandlung fortbesteht[203]. Da der Tatverdacht hinsichtlich der angeklagten Tat nicht mehr geprüft wird[204], kann der Übernahmebeschluß nach § 225 a III 1 StPO den Eröffnungsbeschluß nicht ersetzen. Vielmehr wird beim Vorgehen nach § 225 a StPO stillschweigend vom Vorhandensein eines Eröffnungsbeschlusses ausgegangen, da anderenfalls § 209 II StPO als Verfahren gewählt worden wäre.

Sofern das angegangene Gericht die Zuständigkeit eines niedrigeren Gerichts bejaht, sieht § 209 I StPO die Eröffnung des Hauptverfahrens mit bindender Wirkung vor[205]. Wird ein höheres Gericht für zuständig erachtet, so hat das Gericht ihm die Akten vorzulegen (§ 209 II StPO). Dieses Gericht prüft sodann, ob es gemäß § 204 StPO die Eröffnung

---

[197] LR § 270/32; BGH MDR 63, 695, 696; aA RGSt 68, 332, 333 für den Fall, daß ein im Schnellverfahren (also ohne Anklage und Eröffnungsbeschluß) ergangenes Urteil aufgehoben und an ein höheres Gericht ins ordentliche Verfahren verwiesen wurde.

[198] Vgl. für die Ausnahmen KM § 270/20.

[199] BGHSt 29, 216, 219.

[200] So BGH NStZ 88, 236.

[201] BGH NStZ 88, 236.

[202] BGHSt 29, 341, 348.

[203] Hohendorf NStZ 85, 399, 401.

[204] LR § 225 a/22; KM § 225 a/15.

[205] Vgl. LR § 209/28.

mangels hinreichenden Tatverdachts ablehnt oder ob es das Hauptverfahren bei sich eröffnet; daneben hat das angegangene Gericht die Möglichkeit, das Verfahren bei einem zuständigen niedrigeren Gericht gemäß § 209 I StPO zu eröffnen oder einem noch höheren gemäß § 209 II StPO vorzulegen[206].

Sofern die Eröffnung durch ein höheres Gericht nicht explizit ausgesprochen wird, stellt sich die Frage, ob bereits im Übernahmebeschluß eine Eröffnungsentscheidung gesehen werden kann. Dies ist zu verneinen, solange sich darin keine schlüssige oder eindeutige Erklärung des Gerichts findet, die Anklage zur Hauptverhandlung zulassen zu wollen[207].

---

[206] Vgl. dazu Meyer-Goßner JR 86, 471, 473.

[207] BGH NStZ 87, 239; KM § 207/8; Roxin § 40/12; vgl. auch BGH StV 84, 363, wo im Fall die Aktenvorlage statt auf § 209 II StPO auf § 225 a StPO gestützt wurde.

C. Mängel beim Eröffnungsverfahren

I. Zuständigkeitsfehler

1. Sachliche Unzuständigkeit

§ 209 I StPO regelt das Verfahren bei Zuständigkeit eines Gerichts niedrigerer Ordnung, § 209 II StPO bei Zuständigkeit eines Gerichts höherer Ordnung. Entsprechend ist auch bei der Frage nach den Folgen einer Entscheidung durch das sachlich unzuständige Gericht zu differenzieren.

a. Unzuständigkeit eines höherrangigen Gerichts

Sofern ein Gericht höherer Ordnung trotz seiner sachlichen Unzuständigkeit das Verfahren nicht gemäß § 209 I StPO vor einem Gericht niedrigerer Ordnung eröffnet, ist dies in jedem Fall für den Eröffnungsbeschluß[1] unschädlich; denn sofern nicht von der Möglichkeit Gebrauch gemacht wird, das Hauptverfahren mit bindender Wirkung vor dem niedrigeren Gericht zu eröffnen, ist das höhere Gericht gemäß § 269 StPO an seine Entscheidung gebunden[2].
Selbst die objektiv willkürliche, also offensichtlich unhaltbare Eröffnung vor einem niedrigeren Gericht ist wirksam[3], so daß hier nicht gegen Art. 101 I 2 GG verstoßen wird. Grund dafür ist, daß sich die sachliche Vertretbarkeit der Zuständigkeitsbestimmung nicht ausreichend sicher von der Frage des Tatverdachts trennen läßt und deshalb - ebenso wie dort[4] - nicht die Unwirksamkeit, sondern nur die Korrektur im Hauptverfahren und ggf. im Rechtsmittelverfahren zur Folge hat[5]. Die vom LG Köln[6] hiergegen vorgebrachten Erwägungen, in Fällen der Willkür sei eine Verweisung trotz entgegenstehender Eröffnungsentscheidung aus prozeßökonomischen Gründen statthaft, können nicht überzeugen. Im übrigen ist § 199 StPO zu beachten, wonach die Staatsanwaltschaft die Entscheidung trifft, bei welchem Gericht die Akten erstmals vorgelegt werden. Die Fälle, in denen die Prognoseentscheidung willkürlich getrof-

---

[1] Anders für das Urteil, vgl. BGH StV 95, 620, 621.
[2] Vgl. KMR § 207/42; BGHSt 21, 245, 247.
[3] LR § 207/48.
[4] Vgl. unten III 1.
[5] LR § 209/29.
[6] StV 96, 591.

fen wurde, setzen eine Unkenntnis der relevanten Normen sowohl auf Seiten der Staatsanwaltschaft als auch auf Seiten des Gerichts voraus[7].

b. Unzuständigkeit eines nachgeordneten Gerichts

Der von einem unzuständigen Gericht niedrigerer Ordnung erlassene Eröffnungsbeschluß bleibt auch dann als Verfahrensgrundlage wirksam, wenn in der Hauptverhandlung die durch § 270 I StPO gebotene Verweisung unterbleibt[8]. Auch hier ist die Fehlerhaftigkeit der Zuständigkeitsprüfung nicht revisibel, sondern die Revision kann allenfalls dann Erfolg haben, wenn sich der Zuständigkeitsfehler im Hauptverfahren fortsetzt und damit gegen § 6 StPO verstoßen wird[9].
Gleichwohl könnten Konsequenzen aus dem Fehlen einer Prozeßvoraussetzung gezogen werden, wenn der Eröffnungsbeschluß eines sachlich unzuständigen Gerichts mangels Umgrenzung keine ausreichende Verfahrensgrundlage darstellt[10]. Ferner ist der Eröffnungsbeschluß als unwirksam zu bewerten, wenn ein Gericht niedrigerer Ordnung entgegen der Vorlagepflicht des § 209 II StPO das Verfahren vor dem höheren Gericht selbst eröffnet[11]. Dieser scheinbare Eröffnungsbeschluß bindet das höhere Gericht nicht und ist in eine Vorlage i.S.v. § 209 II StPO umzudeuten[12].
Der von Arndt[13] vertretenen Auffassung, ein vom sachlich unzuständigen Gericht erlassener Eröffnungsbeschluß sei nichtig, kann aus verschiedenen Gründen nicht gefolgt werden. Zum einen bestehen dogmatische Bedenken, wenn aus den allgemeinen Grundsätzen des öffentlichen Rechts Folgerungen für den Strafprozeß gezogen werden; jedes Rechtsgebiet hat seine eigenen verfahrensrechtlichen Bedürfnisse und daher auch eigenständige Regelungen. Zum anderen ist es allein schon aus Gründen der Rechtssicherheit abzulehnen, Beschlüsse als nichtig zu bewerten, da sich sonst jedermann - unabhängig von der Rechtskraft - darüber hinwegsetzen könnte[14].

---

[7] So die Eröffnung eines Verfahrens wegen Mord durch den Amtsrichter, vgl. Arndt GS 32, 187, 189; vgl. zur Problematik bei § 25 Nr. 2 GVG: OLG Köln StV 96, 298; OLG Düsseldorf NStZ 96, 206 mit Anm Bachem.

[8] KMR § 207/42; aA Arndt GS 32, 187, 189. Vgl. OLG Naumburg NStZ 96, 248 zur Eröffnung durch den Strafrichter, obwohl Anklage beim Schöffengericht erhoben wurde.

[9] Vgl. LR § 207/48; BGH StV 95, 620, 621.

[10] Rieß NStZ 81, 447, 448.

[11] So Schmid Verwirkung 181.

[12] LR § 207/48.

[13] GS 32, 187, 188 ff.; vgl. auch Oetker JW 28, 2260.

[14] Vgl. LR § 207/37; Meyer-Goßner JR 81, 379, 380.

2. Örtliche Unzuständigkeit

Ob der Mangel des Eröffnungsbeschlusses wegen der örtlichen Unzuständigkeit des ihn erlassenden Gerichts so schwerwiegend ist, daß er einem völligen Fehlen des Eröffnungsbeschlusses gleichkommt, ist danach zu beurteilen, ob der Eröffnungsbeschluß trotz dieses Fehlers seine negative Kontrollfunktion erfüllen kann.
§ 16 S. 1 StPO spricht eine zeitliche Beschränkung der von Amts wegen vorgesehenen Überprüfung der örtlichen Zuständigkeit aus. Dies hat seinen Grund in der Gleichwertigkeit der Rechtsprechung der Gerichte gleicher Ordnung[15]. Da ein solcher Verfahrensfehler nicht mit der Revision geltend gemacht werden kann, spricht man bei der örtlichen Zuständigkeit von einer befristeten kurzlebigen Verfahrensvoraussetzung[16].
Die dieser gesetzgeberischen Entscheidung zugrundeliegende Überlegung relativiert die Bedeutung eines solchen Verfahrensfehlers[17]; allein schon aus diesem Grund ist der Auffassung entgegenzutreten, die örtliche Unzuständigkeit des Gerichts führe zur Unwirksamkeit des Eröffnungsbeschlusses[18], da durch § 16 S. 2, 3 StPO die spätere Beachtung des Fehlers allein vom Einwand des Angeklagten abhängt und somit disponibel ist[19]. Der Aspekt, daß entgegen Art. 101 I 2 GG der gesetzliche Richter durch eine Entscheidung des örtlich unzuständigen Gerichts entzogen wird, ist nur in den tatbestandlich engen Voraussetzungen der Vorschrift - insbesondere bei Willkürakten - zu berücksichtigen[20]; der auf bloßem Zufall beruhende Irrtum entzieht noch nicht den gesetzlichen Richter. Somit schadet die örtliche Unzuständigkeit dem Eröffnungsbeschluß grundsätzlich nicht[21].
Unbedenklich ist es auch, wenn das eröffnende Gericht sich zunächst für unzuständig erklärt, dann aber doch die Eröffnung der Hauptverhandlung beschließt; hierin ist eine jederzeit mögliche stillschweigende Aufhebung der Unzuständigkeitserklärung zu sehen[22]. Hingegen ist es als unwirksam zu bewerten, wenn das örtlich unzuständige Gericht einen Eröffnungs-

---

[15] Vgl. KM § 16/1.
[16] KM Vor § 7/7.
[17] Ranft 305.
[18] So aber Schlüchter Strafverfahren 387.
[19] So bereits Oetker JW 28, 2260.
[20] So z.B. wenn das Gericht seine Unzuständigkeit zwar vor Erlaß des Eröffnungsbeschlusses erkennt, aber gleichwohl aus sachfremden Erwägungen eine Entscheidung trifft.
[21] So schon Arndt GS 32, 187, 190; LR § 207/47; vgl. auch KMR § 207/41 unter Verweisung auf § 20 StPO.
[22] LR § 207/47 Fn 68; aA LR 23. Aufl. § 207/32.

beschluß erläßt, danach aber unzulässigerweise[23] das Verfahren an das für zuständig gehaltene Gericht verweist und dieses die Hauptverhandlung auch durchführt[24]. Hier fehlt der Eröffnungsbeschluß des erkennenden Gerichts bzw. eine ihm gleichstehende gerichtliche Entscheidung, da die Unzuständigkeitserklärung nach Erlaß des Eröffnungsbeschlusses bewirkt, daß die Klage als an die Staatsanwaltschaft zurückgegeben gilt und damit wegen der einhergehenden Aufhebung des Eröffnungsbeschlusses die Rechtshängigkeit beendet ist.
Andererseits ist der Eröffnungsbeschluß trotz der an sich unzulässigen Verweisung wirksam, wenn die örtlich zuständige Staatsanwaltschaft damit einverstanden ist und darüber hinaus das nun mit der Sache befaßte Gericht über die Eröffnung neu beschlossen hat[25]; denn dann ist - wegen der staatsanwaltschaftlichen Zustimmung - die Anklage als ordnungsgemäß beim entscheidungsbefugten Gericht erhoben anzusehen, wobei das zuständige Gericht einen eigenen Eröffnungsbeschluß erlassen hat.
Wegen der grundsätzlichen Wirksamkeit des vom örtlich unzuständigen Gericht erlassenen Eröffnungsbeschlusses ist der Rspr. darin zuzustimmen, daß eine solche Entscheidung die Verjährung gemäß § 78 c I Nr. 7 StGB bzw. § 33 I Nr. 14 OWiG unterbricht[26]; trotz der Unzuständigkeit des Gerichts kommt der richterlichen Handlung eine verfahrensfördernde Eigenschaft zu[27].

3. Funktionelle Unzuständigkeit

Gerade für das Verhältnis von Jugendgerichten zu Erwachsenengerichten war lange Zeit umstritten, wie das Tätigwerden im jeweils anderen Zuständigkeitsbereich rechtlich zu bewerten ist. So hat das BayObLG[28] in einem Fall, bei dem der ausschließlich für Erwachsene zuständige Amtsrichter einen Strafbefehl für einen Heranwachsenden erlassen und nach Einspruch die Abgabe an das Jugendgericht erklärt hat, das Verfahren wegen Fehlens eines Eröffnungsbeschlusses[29] eingestellt. Da das Ver-

---

[23] Eine Verweisungsnorm für örtliche Unzuständigkeit entsprechend § 276 ZPO oder § 83 VwGO fehlt für das Strafverfahren; § 270 StPO gilt nach hM wegen der erschöpfenden Regelung der Verweisungsfälle nicht analog, vgl. OLG Hamm NJW 61, 232, 233.

[24] Vgl. OLG Hamm NJW 61, 232.

[25] So auch OLG Braunschweig GA 62, 284.

[26] OLG Stuttgart NJW 68, 1340; OLG Düsseldorf NJW 79, 884.

[27] Vgl. Meyer-Goßner JR 81, 379, 380.

[28] NJW 60, 2013.

[29] Der Strafbefehl erfüllt nach dem Einspruch die Funktionen des Eröffnungsbeschlusses, vgl. oben A.

fahren beim Erwachsenengericht statt beim Jugendgericht anhängig gemacht wurde, soll es nach dieser Entscheidung an einem Eröffnungsbeschluß für das Verfahren vor dem Jugendgericht gefehlt haben.
Diese Bewertung beruhte auf der Zuordnung der Abgrenzung von Jugend- zu Erwachsenengericht in den Bereich der sachlichen Zuständigkeit des Gerichts, wie sie auch der früheren Rspr. entsprach[30]. Begründet wurde dies mit den Besonderheiten des Verfahrens und der Psyche junger Täter. Diese Auffassung wurde vom GSSt des BGH aufgegeben[31].
Denn aus § 33 II JGG ergibt sich, daß die Jugendgerichte nicht als besondere Gerichte den allgemeinen Gerichten angegliedert, sondern wesensgleich mit diesen sind. Somit ist den Jugendgerichten lediglich innerhalb derselben Gerichtszuständigkeit ein besonderer sachlicher Geschäftskreis zugewiesen; eine gegenüber den allgemeinen Strafgerichten andersartige sachliche Zuständigkeit ist ihnen dagegen vom Gesetz nicht zugedacht[32]. Es handelt sich bei den hier relevanten Fällen nicht um die Frage verschieden hoher Strafgewalt, sondern um das Eindringen in den Aufgabenbereich einer anderen Abteilung desselben Gerichts[33].
Somit geht es nicht um die sachliche, sondern die funktionelle Unzuständigkeit des Gerichts; diese macht den Eröffnungsbeschluß nicht unwirksam[34]. Der Grund dafür ist, daß Gegenstand des Eröffnungsverfahrens die Prüfung eines hinreichenden Tatverdachts und der ausreichenden Strafgewalt des angerufenen Gerichts ist und es sich insofern nicht um eine Entscheidung mit Besonderheiten des jugendgerichtlichen Verfahrens handelt. Die verfahrensmäßigen Besonderheiten liegen ausschließlich in der besonderen Ausgestaltung des Spruchkörpers, so daß der Eröffnungsbeschluß des allgemeinen Gerichts eine wirksame Verfahrensgrundlage für die jugendrichterliche Entscheidung darstellt[35]. Wegen der Gleichheit des Grundes[36] macht es für den Eröffnungsbeschluß keinen Unterschied, ob ein Jugendgericht das Verfahren über einen Erwachsenen oder ein allgemeines Gericht das Verfahren über einen Jugendlichen bzw. Heranwachsenden eröffnet.

---

[30] BGHSt 7, 26, 27; OLG Stuttgart NJW 59, 1697; BayObLGSt 64, 91; vgl. auch Brunner JR 75, 203; Weigelt DAR 59, 293, 294; offengelassen bei Grethlein NJW 61, 2144.
[31] BGHSt 18, 79, 82.
[32] Vgl. LR 23. Aufl. § 209/4.
[33] BGHSt 18, 79, 83.
[34] LR 23. Aufl. § 207/35; KMR § 207/43; OLG Koblenz GA 77, 374, 375; ebenso nunmehr BayObLG JR 75, 202 unter Aufgabe der früheren Auffassung in NJW 60, 2013 sowie BayObLGSt 64, 91.
[35] OLG Koblenz GA 77, 374, 376; vgl. auch Brunner JR 75, 203, 204.
[36] So BayObLG JR 75, 202, 203; aA OLG Saarbrücken NJW 66, 1041.

Zu dem Komplex der funktionellen Zuständigkeit zählen neben den Jugendgerichten auch die übrigen besonderen Spruchkörper kraft Gesetzes, nämlich die Wirtschaftsstrafkammer (§ 74 c GVG), die Schwurgerichtskammer (§ 74 II GVG) und die Staatsschutzkammer (§ 74 a GVG). Auch insofern ist der Eröffnungsbeschluß des unzuständigen Spruchkörpers im Hinblick auf die Verfahrensgrundlage unschädlich[37]. Dies folgt - ebenso wie bei der örtlichen Unzuständigkeit gemäß § 16 StPO - aus der gesetzgeberischen Wertung in § 6 a S. 1 StPO, wonach eine Amtspflicht zur Prüfung mit der Eröffnung der Hauptverhandlung endet; dies bedeutet eine Relativierung der Bedeutung dieses Verfahrensfehlers[38].
Zusammenfassend bleibt festzuhalten, daß der Erlaß durch das unzuständige Gericht dem Eröffnungsbeschluß grundsätzlich nicht seine Eigenschaft als Verfahrensgrundlage nimmt, so daß nach einer Verweisung die Hauptverhandlung auf der förmlichen Grundlage des ursprünglichen Eröffnungsbeschlusses - ggf. i.V.m. dem Verweisungsbeschluß - beginnt[39]. Anders verhält es sich nur bei einer Abgabe an das zuständige Gericht nach vorangegangenen schweren Fehlern; ein Verstoß gegen Art. 101 I 2 GG ist nur in Extremfällen vorstellbar.

II. Besetzungsfehler

1. Allgemeines

Das Problem der fehlerhaften Besetzung stellt sich, wenn ein abgelehnter oder kraft Gesetzes ausgeschlossener Richter[40] am Eröffnungsbeschluß mitgewirkt oder die Besetzung gegen einen ordnungsgemäßen Geschäftsverteilungsplan bzw. dieser selbst gegen die einschlägigen Normen verstoßen hat. Ob und unter welchen Voraussetzungen Fehler bei der Besetzung dem Eröffnungsbeschluß seine Wirkung als Prozeßvoraussetzung nehmen und damit im Bezug auf § 206 a StPO Beachtung finden, ist nach wie vor umstritten.
Vor Einführung des § 336 S. 2 StPO durch das StVÄG 1979 war die Rspr. uneinheitlich. So hat das RG eine fehlerhafte Besetzung des Eröffnungsgerichts für grundsätzlich revisibel erklärt[41]. Der BGH hat in zwei veröffentlichten Entscheidungen die Frage der Revisibilität ausdrücklich offen

---

[37] Vgl. LR 23. Aufl. § 207/35.
[38] So auch Ranft 305; Rieß NStZ 81, 447, 448.
[39] Vgl. BGHSt 21, 245, 247; OLG Koblenz GA 77, 374, 376.
[40] Vgl. zur Unterscheidung von iudex inhabilis zu iudex suspectus RGSt 33, 309, 310.
[41] Vgl. RG JW 30, 2141, wenngleich im Hinblick auf die Kausalität im Ergebnis falsch entschieden wurde, wie Alsberg JW 30, 2141 zu Recht ausführt.

gelassen[42], während in zwei nichtveröffentlichten Entscheidungen die Überprüfbarkeit unter Hinweis auf § 210 I StPO verneint wurde[43]. Sofern die Frage der Statthaftigkeit offengelassen wurde, stellte der BGH fest, daß sich die Prüfungspflicht bezgl. des Vorliegens eines Eröffnungsbeschlusses nicht auch auf die ordnungsgemäße Bestellung der Richter bei der Beschlußfassung bezieht[44]. Diese Pflicht habe der Gesetzgeber dem Revisionsgericht zweifellos nicht auferlegen wollen, da kein sachlicher Grund für die Verpflichtung zu einer so zeitraubenden und umständlichen Arbeit gegeben sei, solange sich nicht der Revisionsführer beschwert fühlt und dies gemäß § 344 II StPO zum Ausdruck bringt[45]. Im sog. „Härdle-Beschluß“ schließlich wird die Überprüfung der Besetzung im Revisionsverfahren erstmals ausdrücklich in einer veröffentlichten Entscheidung verneint[46].

Diesen höchstrichterlichen Entscheidungen ist gemeinsam, daß sie nicht deutlich genug hervorheben, warum keine Amtspflicht zur Prüfung der Besetzung besteht. Das Argument, eine solche Prüfung sei mit viel Arbeit verbunden und könne nur bei einer vom Angeschuldigten verspürten Beeinträchtigung relevant werden, greift zu kurz: Zum einen kann die Frage, ob eine Prüfung von Amts wegen geboten ist, nicht von den arbeitsmäßigen Folgen abhängig gemacht werden, zum anderen wäre der Verzicht auf eine Prozeßvoraussetzung nicht statthaft[47].

Es ist deshalb zu fragen, unter welchen Voraussetzungen der Eröffnungsbeschluß seine Funktion als Prozeßvoraussetzung nicht mehr erfüllen kann. Dies ist u.a. dann der Fall, wenn vom Gericht keine „negative Kontrolle“ durchgeführt wurde. Mithin ist entscheidend, ob trotz des Fehlers in der Besetzung der Eröffnungsbeschluß als richterliche Entscheidung gemäß § 207 StPO gesehen werden kann oder ob durch diesen Mangel der gesetzliche Richter entzogen wurde[48]. Im letztgenannten Fall würde der Eröffnungsbeschluß keine ausreichende Grundlage für das weitere Verfahren darstellen. Ob gegen Art. 101 I 2 GG und § 16 GVG verstoßen wurde, bemißt sich danach, ob es sich um einen sog. error in procedendo oder um Willkür handelte[49]. Nur bei letzterer ist

---

[42] JZ 58, 93; BGHSt 22, 169.

[43] 5 StR 513/59 vom 23.2.1960 sowie 5 StR 520/61 vom 27.2.1962, zitiert bei Strate StV 81, 261.

[44] BGHSt 22, 169, 170; BGH JZ 58, 93, 94.

[45] So BGH JZ 58, 93, 94.

[46] BGH NStZ 81, 447.

[47] Vgl. oben B III 1.

[48] Art. 101 I 2 GG gilt nicht nur für den erkennenden Richter, vgl. BVerfG NJW 56, 545.

[49] Vgl. Katholnigg NJW 78, 2375, 2378; Rieß NJW 78, 2265, 2271; LR 23. Aufl. Nachtrag § 336/2.

ein erheblicher Verstoß anzunehmen, da der bloße Irrtum nicht als so gewichtige Richterentziehung anzusehen ist, die einem völligen Fehlen des Eröffnungsbeschlusses gleichsteht[50]; sowohl Art. 101 I 2 GG als auch § 16 GVG richten sich nämlich nur gegen eine Manipulation bei der Auswahl des im Einzelfall zuständigen Richters[51]. Ob sich der Angeklagte durch den Willkürakt bei der Besetzung beschwert fühlt und infolge dessen den Fehler rügt, ist wegen der Bedeutung des Eröffnungsbeschlusses als Prozeßvoraussetzung irrelevant[52].
Somit bedarf es der Unterscheidung, ob der Fehler lediglich als Irrtum oder bereits als Willkürakt zu bewerten ist. Willkür liegt dann vor, wenn eine Richterentziehung aufgrund einer Maßnahme erfolgt, die auf unsachlichen, sich von den gesetzlichen Maßstäben völlig entfernenden Erwägungen beruht und unter keinem Gesichtspunkt mehr vertretbar erscheint[53], wobei allein objektive Anhaltspunkte entscheidend sind[54].

2. Geschäftsverteilungsplan

Für die Beurteilung von Mängeln des Geschäftsverteilungsplanes ist auf die allgemeinen Rechtsgrundsätze des § 22 d GVG zurückzugreifen, der entgegen seinem Wortlaut auch bei Kollegialgerichten Anwendung findet[55]. Für den Fall der Abweichung von einem gesetzmäßigen Plan gilt danach, daß die versehentliche, auf einer irrtümlichen Beurteilung der Sach- und Rechtslage beruhende Abweichung unschädlich ist. Deshalb hat der BGH entschieden, daß bei einer Geschäftsverteilung nach dem Namen des ältesten Angeklagten ein nachvollziehbares Versehen vorliegt, wenn die falsche Altersangabe in der Anklageschrift der Verteilung zugrundegelegt wurde[56]. Dem muß der Fall gleichgestellt werden, daß die Zuweisung nach Anfangsbuchstaben des Nachnamens erfolgt und der Angeklagtenname nicht zu der zugeteilten Rubrik zählt[57]; denn auch hier ist die Entscheidung nicht aufgrund eines unsachlichen Gesichtspunktes getroffen worden, sondern gerade aufgrund eines bloßen Versehens, das

[50] Ebenso z.B. Rieß NStZ 81, 447, 448; Strate StV 81, 261; LR 23. Aufl. Nachtrag § 336/2. Nach aA ist die fehlerhafte Besetzung nie von Amts wegen zu prüfen, so Kohlhaas GA 55, 65, 70; LR § 207/50; Ranft 304; KMR § 207/40.
[51] BGHSt 26, 206, 211; Bockelmann NJW 58, 889; derselbe GA 57, 357, 358.
[52] AA wohl Strate StV 81, 261.
[53] OLG Köln VRS 70, 437, 438; BGHSt 26, 206, 211; BVerfGE 29, 45, 49.
[54] OLG Schleswig SchlHA 79, 206.
[55] KM § 22 d GVG/1; LR 23. Aufl. § 22 d GVG/5.
[56] BGH NStZ 84, 181.
[57] AA OLG Köln VRS 70, 437, 438.

ohne nähere Anhaltspunkte wegen der Zufälligkeit des Ergebnisses keinen Manipulationsvorwurf rechtfertigt[58].
Auf der anderen Seite ist von der Rspr. als willkürlich anerkannt worden, wenn der Stellvertreter statt des nach dem Geschäftsverteilungsplan an sich zuständigen Richters entscheidet, sofern sich dieser ohne Einhaltung der Formalien (§§ 27, 30 StPO) für befangen erklärt[59]. In solchen Fällen liegt eine Entscheidung vor, die sich von den gesetzlichen Maßstäben völlig entfernt hat und somit willkürlich ist. Ebenso ist zu entscheiden, wenn eine außerhalb der Gerichtsorganisation stehende Person auf die Besetzung einwirkt, da hier bereits begrifflich ein bloßer Verfahrensirrtum nicht möglich ist[60]. Diese den gesetzlichen Richter entziehenden Entscheidungen führen zu einem schwerwiegenden Mangel, der dem völligen Fehlen des Eröffnungsbeschlusses gleichsteht, da keine ordnungsgemäße richterliche Kontrolle mehr gewährleistet ist.
Sofern dagegen der Geschäftsverteilungsplan insgesamt fehlt oder inhaltlich gesetzeswidrig oder unbehebbar lückenhaft ist, findet § 22 d GVG keine Anwendung[61]. Andererseits macht eine bloß abstrakte Mißbrauchsmöglichkeit die Geschäftsverteilung noch nicht gesetzeswidrig[62]. Schließlich hat auch die falsche Zusammensetzung des Präsidiums nicht die Unwirksamkeit der Geschäftsverteilung zur Folge[63]. Solche Fehler beruhen nicht auf einer willkürlichen Entscheidung, die gemäß Art. 101 I 2 GG, § 16 GVG zur Richterentziehung und damit zu einem schwerwiegenden Mangel des Eröffnungsbeschlusses führt; vielmehr ist ein fehlerhafter Geschäftsverteilungsplan ohne Auswirkung auf die Funktion des Eröffnungsbeschlusses als Prozeßvoraussetzung, sofern die Regelung unter justizmäßigen Gesichtspunkten generalisiert und sachfremden Einflüssen auf das Verfahren vorbeugt[64]. Soweit der Geschäftsverteilungsplan wegen unbehebbarer Lücken diesen Anforderungen nicht genügen kann[65] oder Merkmale gewählt wurden, die eine Zuteilung nach Zweckmäßigkeitsgesichtspunkten nahelegen[66], fehlt die generalisierende Regelung, so daß mangels wirksamer Eröffnungsentscheidung ein Prozeßhindernis besteht.

---

[58] So auch BGH NStZ 84, 181, 182.
[59] OLG Hamm MDR 64, 77.
[60] Vgl. KM § 16 GVG/6.
[61] LR 23. Aufl. § 22 d GVG/6; Bettermann DVBl 71, 786, 788.
[62] BGH NStZ 90, 138; BGHSt 15, 116, 117.
[63] Vgl. § 21 b VI 3 GVG; BVerfG DVBl 71, 785 mit abl. Anm Bettermann; BGH JZ 58, 93 mit zust. Anm Kern; RG JW 30, 2141; ähnlich für den Schöffenwahlausschuß BGHSt 26, 206, 209.
[64] NStZ 90, 138.
[65] BGHSt 28, 290, 293.
[66] Vgl. BGHSt 15, 116, 117 für die Verteilung nach dem zeitlichen Eingang der Akte bei der Geschäftsstelle, was nicht notwendigerweise unsachlich sein muß, aber

3. Ausschluß kraft Gesetzes

Es ist seit jeher umstritten, ob die Mitwirkung eines kraft Gesetzes ausgeschlossenen Richters (§ 22 StPO) den Eröffnungsbeschluß unwirksam macht. Dies wird von der überwiegenden Literaturmeinung[67] im Anschluß an die frühere Rspr.[68] bejaht. Die zur Entscheidung im Eröffnungsverfahren berufenen Richter haben das Vorliegen eines hinreichenden Tatverdachts zu würdigen. Wirkt in einem Kollegialgericht ein vom Gesetz ausgeschlossener Richter mit, so haben sich gerade nicht die für die Entscheidung Vorgesehenen beteiligt[69]; beim Einzelrichter fehlt sogar jede objektive richterliche Kontrolle[70].
Es besteht in solchen Fällen nämlich die Möglichkeit, daß sich der als Ersatz vorgesehene Richter in einer kollegialrichterlichen Beschlußfassung mit seiner abweichenden Meinung hätte durchsetzen können[71]; beim Amtsgericht liegt die Möglichkeit einer anderen Würdigung des Tatverdachts auf der Hand, so daß bei richtiger Besetzung das Hauptverfahren möglicherweise nicht eröffnet und damit keine Verurteilung erfolgt wäre[72]. Sofern deshalb einem Eröffnungsbeschluß nicht die garantierte richterliche Kontrolle vorausgeht, stellt er keine für das weitere Verfahren taugliche Grundlage dar; vielmehr ist ein solcher Eröffnungsbeschluß „nicht rechtsgültig"[73] und deshalb unwirksam[74].
Die derzeit wohl hM geht davon aus, daß in diesen Fällen ein Prozeßhindernis nur aufgrund solcher Fehler entsteht, die von jedermann und unabhängig von der Rechtskraft geltend gemacht werden können; ansonsten sei der Eröffnungsbeschluß lediglich fehlerhaft[75]. Dadurch wird aber die Unwirksamkeit, die sich bislang stets auf die Frage der Eignung als Verfahrensgrundlage bezog, mit der Nichtigkeit gleichgestellt[76]. Daß es aus Gründen der Rechtssicherheit keine nichtigen Zwischenent-

---

gleichwohl nicht Art. 101 I 2 GG entspricht.

[67] Vgl. LR § 207/51 f.; Kohlhaas GA 55, 65, 70; Beulke 362; Michler 206 f.; Nelles NStZ 82, 96, 102; Peters § 58 III 1 c.

[68] RGSt 10, 56, 59; 55, 113; BGH MDR (H) 54, 656; Urteil vom 4.10.1977, 1 StR 192/77, zitiert bei BGH GA 80, 108; offen gelassen bei BGHSt 10, 278, 280.

[69] RGSt 55, 113.

[70] RGSt 10, 56, 58; BGH Urteil vom 4.10.1977, 1 StR 192/77, zitiert bei BGH GA 80, 108; LR § 207/52.

[71] Michler 209; Alsberg JW 30, 2141.

[72] AA RGSt 2, 120, 122.

[73] RGSt 10, 56, 58.

[74] RGSt 55, 113; BGH MDR (H) 54, 656; Kohlhaas GA 55, 65, 70.

[75] So BGH JR 81, 377, 378; JZ 58, 93, 94; LR § 22/64; LR 23. Aufl. § 207/37; LG Kempten NJW 75, 1937; BGHSt 21, 74, 76.

[76] Meyer-Goßner JR 81, 379, 380; Nelles NStZ 82, 96, 100.

scheidungen geben kann, hat Meyer-Goßner[77] überzeugend dargelegt, zumal es für eine derartig weitreichende Bewertung auch kein Bedürfnis gibt. Deshalb ist es unerheblich, ob der Mangel offenkundig ist und dem Eröffnungsbeschluß gleichsam „auf der Stirn" steht. Davon abgesehen ist der dem § 44 VwVfG entnommene Maßstab auch deshalb untauglich, weil diese Vorschrift speziell auf das Verwaltungsverfahren zugeschnitten ist[78]; dies zeigt sich insbesondere in der Anfechtbarkeit eines beschwerenden Verwaltungsaktes im Gegensatz zu § 210 I StPO. Würde die Schwelle der Unwirksamkeit von den Anforderungen an die Nichtigkeit abhängig gemacht, so wären die meisten Fehler des Zwischenverfahrens ohne Auswirkung.

Die nunmehr überwiegende Meinung stützt ihre Bewertung auf § 338 Nr. 2 StPO; denn wenn selbst bei einem Urteil die fehlerhafte Mitwirkung nur auf Rüge beachtet wird, soll dieser Fehler beim Eröffnungsbeschluß - der nicht das Ergebnis, sondern nur die weiteren Bahnen des Verfahrens festlegt - nicht bereits von Amts wegen relevant werden[79]. Dabei wird aber übersehen, daß der fehlerhafte Eröffnungsbeschluß wegen § 210 I StPO unanfechtbar und daher wegen § 336 S. 2 StPO nicht gerügt werden kann[80]. Die als Ausgleich erwogene einfache Beschwerde[81] gegen formell-fehlerhafte Eröffnungsbeschlüsse kann schon aus dogmatischen Gründen nicht überzeugen. So läßt bereits der eindeutige Wortlaut des § 210 StPO keinen Raum für eine Auslegung. Darüber hinaus fehlt es an einer Regelungslücke, die ihrerseits Voraussetzung für eine Analogie ist; vielmehr reichen die gesetzlichen Vorgaben für eine interessengerechte Lösung aus[82]. Im übrigen läßt diese Auffassung außer acht, daß es sich beim Eröffnungsbeschluß um eine Prozeßvoraussetzung handelt, bei der wegen des hohen Stellenwertes für das weitere Verfahren auf eine ausdrückliche Rüge verzichtet wird[83].

Trotz der unbestreitbaren Praktikabilität der vorherrschend vertretenen Auffassung ist aus Gründen der Dogmatik und zur Wahrung einer umfassenden Rechtssicherheit der Meinung beizutreten, daß die Mitwirkung des durch § 22 StPO ausgeschlossenen Richters dem Eröffnungsbeschluß seine Funktion für das Verfahren nimmt und damit zwangsläufig die Einstellung auszusprechen ist. Dieses Ergebnis steht

---

[77] JR 81, 379, 380; vgl. auch Kern JZ 58, 94.

[78] So Michler 196.

[79] Vgl. BGH JR 81, 377, 378 mit zust. Anm Meyer-Goßner; LR 23. Aufl. § 207/37; LR § 207/52; Ranft 304.

[80] BGH NStZ 85, 464, 465; vgl. auch unten IV.

[81] Meyer-Goßner JR 81, 379, 381.

[82] Vgl. unten IV.

[83] Vgl. Nelles NStZ 82, 96, 102 a.E.

nur scheinbar im Widerspruch zu den Ausführungen, die im Hinblick auf den Geschäftsverteilungsplan gemacht wurden, wo - außer in den Fällen der Willkür - die Fehler folgenlos blieben[84]. Denn während dort allein der Zufall entscheidet, welcher Richter für welches Referat zuständig ist, liegen bei § 22 StPO die Umstände für einen Befangenheitsverdacht in der Person des Richters[85], so daß der Ausschluß vom Verfahren zur Sicherung der richterlichen Neutralität erforderlich ist[86].

4. Ausschluß kraft Befangenheitsantrages

Der erfolgreich wegen der Besorgnis seiner Befangenheit gemäß § 24 StPO abgelehnte Richter steht hinsichtlich der Mitwirkung am Eröffnungsbeschluß einem von Gesetzes wegen ausgeschlossenen Richter gleich. Die Handlungen eines solchen Richters werden nach der hier vertretenen Auffassung nicht mehr als unparteiisch angesehen, so daß der unter seiner Beteiligung erlassene Eröffnungsbeschluß unwirksam ist und zum Fehlen einer Prozeßvoraussetzung führt[87].
Sofern lediglich ein Grund für eine Ablehnung bestand, ohne daß diese auch tatsächlich ausgesprochen wurde, ist der Eröffnungsbeschluß wirksam[88]. Zwar erlaubt § 25 I StPO an sich auch eine spätere Ablehnung, jedoch kann diese Norm die einmal erfolgte Zulassung der Anklage nicht mehr rückgängig machen, da sie hinsichtlich des Zeitpunkts nicht auf Entscheidungen außerhalb der Hauptverhandlung übertragbar ist[89]. Schließlich ist auch ein Eröffnungsbeschluß wirksam, bei dem der mitwirkende Richter zwar abgelehnt wurde, das Ablehnungsverfahren aber zum Zeitpunkt des Erlasses noch nicht abgeschlossen war und das Gesuch nachträglich rechtskräftig zurückgewiesen wurde[90]. Zwar ist der Erlaß eines Eröffnungsbeschlusses regelmäßig keine dringliche Amtshandlung i.S.v. § 29 StPO, insbesondere gerade nicht durch den abgelehnten Richter; darüber hinaus kann dahingestellt bleiben, ob Erledigung i.S.v. § 29 I StPO die erstmalige[91] oder die rechtskräftige[92] Entscheidung meint. Der mit §§ 22 ff. StPO bezweckte Schutz vor voreingenommenen Richtern ist bereits erfüllt, wenn das Ablehnungsgesuch tatsächlich und

---

84 Vgl. oben 2.
85 BGH JZ 58, 93.
86 LR § 207/52.
87 LR § 207/52.
88 Vgl. dazu LR § 207/53 mwN.
89 LR 23. Aufl. § 207/38; aA OLG Saarbrücken NJW 75, 399 mit abl. Anm Meyer-Goßner NJW 75, 1179, 1180.
90 BGHSt 4, 208, 209.
91 So RGZ 66, 46, 47 für den wortgleichen § 47 ZPO.
92 So RG JW 02, 249 für § 47 ZPO.

rechtskräftig zurückgewiesen wird. Denn damit steht fest, daß der Verdacht der Befangenheit zu keinem Zeitpunkt begründet war[93].

5. Mitwirkung von Schöffen

§ 76 I 2 GVG verbietet die Mitwirkung von Schöffen an Entscheidungen außerhalb der Hauptverhandlung; der Beschluß über die Zulassung der Anklage gemäß § 207 StPO ist eine solche Entscheidung.
Die Folgen einer Beteiligung von Schöffen am Eröffnungsbeschluß bemessen sich nach dem Grund für den Ausschluß[94]. Der Aspekt, daß eine größere Anzahl an Entscheidungsträgern zur Steigerung der Wahrheitsfindung beiträgt[95], mag beim erkennenden Gericht seine Berechtigung haben; im Zwischenverfahren ist dies nicht der Fall, da die Schöffen als juristische Laien Gefahr laufen, die Akten der Staatsanwaltschaft nicht als bloß vorläufige Ergebnisse zu werten, sondern - wenn auch nur unbewußt[96] - diese Ermittlungsergebnisse als bewiesene Tatsachen hinzunehmen. Um diesem Verdacht einer Befangenheit vorzubeugen, sind Schöffen zu Recht vom Eröffnungsverfahren ausgeschlossen. Sollten sie dennoch mitgewirkt haben, so ist der Eröffnungsbeschluß wegen der mit § 22 StPO vergleichbaren Situation als Verfahrensgrundlage untauglich.

III. Sonstige Mängel

1. Wegfall des Tatverdachts

Gemäß § 203 StPO ergeht der Eröffnungsbeschluß, wenn der Angeschuldigte nach Aktenlage einer Straftat hinreichend verdächtig ist. Diese Entscheidung stellt eine Prognose über die Wahrscheinlichkeit einer Verurteilung dar, wobei ein gewisser Beurteilungsspielraum eingeräumt werden muß[97]. Auch wenn bei der Ausfüllung eines unbestimmten Rechtsbegriffs wie dem des hinreichenden Tatverdachts eine weite Einschätzungsprärogative einzuräumen ist[98], gibt es doch Fälle, in denen die Bejahung der Verurteilungswahrscheinlichkeit ex ante als unhaltbar zu bewerten ist.

---

[93] BGHSt 4, 208, 210.
[94] Vgl. oben B III 2 c.
[95] Eine zulässige stärkere Kontrolle bejaht Schroeder 5; BayObLG VRS 56, 351, 355 spricht von der höherwertigen Besetzung unter Bezugnahme auf § 269 StPO.
[96] Vgl. RGSt 33, 309, 310.
[97] Vgl. BGH NJW 70, 1543, 1544; Sailer NJW 77, 1138. Der Richter hat nicht die Wahl zwischen mehreren möglichen Verhaltensweisen, sondern muß bei Vorliegen eines hinreichenden Tatverdachtes - aber auch nur dann - eröffnen.
[98] BVerfG NJW 72, 596, 598; BGH NJW 70, 1543, 1544.

Eine solche Fehlprognose ist für den Eröffnungsbeschluß im Hinblick auf seine Eigenschaft als Prozeßvoraussetzung unschädlich[99]. Denn nach Eröffnung des Hauptverfahrens geht es nicht mehr um die Stichhaltigkeit eines Verdachtes, sondern um den Nachweis der vorgeworfenen Delikte. Der Erlaß des Eröffnungsbeschlusses hat den Prozeß aus dem Zwischenverfahren in das Hauptverfahren befördert[100], was nach richtiger Auffassung nicht rückgängig gemacht werden kann[101]; denn im weiteren Verlauf des Verfahrens wird nicht überprüft, ob die einmal im Eröffnungsbeschluß erfolgte Bewertung inhaltlich richtig ist, sondern der Eröffnungsbeschluß ermöglicht erst, daß überhaupt eine Entscheidung in dem Verfahren gefällt werden kann. Auch der inhaltlich falsche Eröffnungsbeschluß schafft daher kein grobes prozessuales Unrecht, das der Beseitigung bedarf; denn die Hauptverhandlung mit ihren Möglichkeiten des Verfahrensabschlusses[102] ist der einzige vom Gesetz vorgesehene Weg, den Prozeßgegenstand ordnungsgemäß abzuurteilen[103].
Der Angeklagte hat ein unverzichtbares Recht auf Feststellung seiner Unschuld aufgrund mündlicher Verhandlung[104], so daß der Eröffnungsbeschluß nach überwiegender Ansicht der Dispositionsbefugnis des Gerichts entzogen ist[105]. Die Gegenmeinung[106] hält aus Gründen der Prozeßökonomie und des fair trail den Eröffnungsbeschluß bis zur Hauptverhandlung für zurücknehmbar. Hiergegen spricht die gesetzgeberische Intention beim Erlaß des § 210 I StPO, wonach keine inhaltliche Überprüfung der vorläufigen Bewertung nach Erlaß aus Gründen der Rechtsklarheit zugelassen wurde. Auch eine Bezugnahme auf § 206 a StPO[107] erscheint in diesem Zusammenhang verfehlt; denn es macht einen Unterschied, ob dem Verfahren schlechthin ein Hindernis entgegensteht

---

[99] Vgl. LR § 207/59; KMR § 207/45; BGH GA 80, 108, 109; Nelles NStZ 82, 96, 101; Meyer JR 83, 257, 259; Michler 205; LR 23. Aufl. § 207/55.

[100] Deshalb ist die richterliche Beweiserhebung nach Zulassung der Anklage auch grundsätzlich abzulehnen, vgl. Meyer-Goßner NJW 70, 415, 416.

[101] So Meyer JR 83, 257, 259 gegen LG Nürnberg-Fürth JR 83, 257; vgl. auch LR § 207/34; § 209/29; Rieß NStZ 83, 247, 248; LG Lüneburg NStZ 85, 41, 42.

[102] Verurteilung, Freispruch, Einstellung.

[103] KMR § 207/48; Rieß NStZ 83, 247, 249.

[104] So bereits Feisenberger GA 10, 175, 176; vgl. auch Meyer-Goßner NJW 70, 415, 416; Kohlhaas NJW 68, 26; Rieß NStZ 83, 247, 248: Wegen § 211 StPO wäre kein dem Art. 103 III GG entsprechender Schutz vor erneuter Strafverfolgung gewährleistet. AA Hohendorf NStZ 85, 399, 401 f. unter Berufung auf § 225 a StPO, wobei aber verkannt wird, daß die Entscheidung des höheren Gerichts nie zur Aufhebung des Eröffnungsbeschlusses führen kann.

[105] So ausdrücklich § 156 StPO; vgl. auch LG Lüneburg NStZ 85, 41, 42; Meyer JR 83, 257, 259; Beulke 301, 360.

[106] Ulsenheimer NStZ 84, 440 ff.

[107] So Hohendorf NStZ 85, 399, 400.

oder ob eine - nicht notwendig absolute - geänderte Beurteilung der Sachlage als Auslöser der Einstellung angesehen wird.
Inhaltliche Fehler des Eröffnungsbeschlusses hinsichtlich der Verurteilungswahrscheinlichkeit führen daher nicht zu einer Beeinträchtigung der Eignung als Verfahrensgrundlage; dies gilt auch dann, wenn die fehlerhafte Prognose auf die Unvollständigkeit der zugrundeliegenden Akten zurückzuführen ist[108]. Eine andere Wertung kommt allenfalls dann in Betracht, wenn die Eröffnungsentscheidung allein aufgrund der Anklageschrift getroffen wird und eine darüber hinausgehende Aktenvorlage vollständig unterbleibt[109].

2. Mitteilungsmängel der Anklageschrift

Zur Gewährung rechtlichen Gehörs schreibt § 201 I StPO die Mitteilung der Anklageschrift vor. Allerdings berührt ein Verstoß hiergegen die Zulässigkeit des weiteren Verfahrens nicht[110]; der Eröffnungsbeschluß ist zwar fehlerhaft, aber wegen der Möglichkeiten einer verfahrensrechtlichen Heilung nach § 33 a StPO bis zum Beginn der Hauptverhandlung[111] bzw. des Aussetzungsbegehrens analog § 265 IV StPO in der Hauptverhandlung[112] gleichwohl rechtsgültig.
Durch die Mitteilung der Anklageschrift wird dem Angeschuldigten die Möglichkeit eröffnet, Anträge zu stellen und Einwendungen vorzubringen. Wird vor Ablauf der gemäß § 201 I StPO gesetzten Frist oder ohne Eingehen auf die Anträge bzw. Einwendungen über die Verfahrenseröffnung entschieden, so schadet dies dem Eröffnungsbeschluß als Grundlage für das weitere Verfahren nicht[113]. Ursache dafür ist die Wiederholbarkeit der Beweisanträge durch den Angeklagten in der Hauptverhandlung[114] bzw. die Behandlung übersehener Anträge gemäß § 219 StPO[115], so daß der Angeklagte an sich keine Rechte verliert.

---

[108] So die Konstellation beim sog. KOMM-Prozeß, vgl. LG Nürnberg-Fürth JR 83, 257 mit Anm Meyer; Rieß NStZ 83, 247.

[109] Diese Konstellation dürfte im Bereich der reinen Theorie anzusiedeln sein, vgl. Rieß NStZ 83, 247, 248 Fn 11.

[110] LR 23. Aufl. Einl Kap. 12/7; BGHSt 6, 109, 114; 33, 183, 186; Arndt GS 32, 187, 224; Grossmann 35.

[111] § 33 a StPO kann bei einer anderen Beurteilung aufgrund der Gewährung rechtlichen Gehörs trotz grundsätzlicher Unanfechtbarkeit zur Abänderung bzw. Aufhebung des Eröffnungsbeschlusses führen, vgl. Kohlhaas NJW 68, 26; OLG Hamburg NJW 65, 2417.

[112] BGHSt 15, 40, 45; BGH NStZ 82, 125; Meyer JR 83, 257, 259.

[113] Arndt GS 32, 187, 224; LR § 201/35.

[114] Vgl. RGSt 2, 19, 21.

[115] LR § 201/35.

Gleichwohl führt die Nichtbeachtung des § 201 StPO wegen der Sanktionslosigkeit[116] faktisch zu einer Entwertung, so daß im Schrifttum vermehrt eine einfache Beschwerde gegen formelle Mängel gefordert wird[117]. Wegen der mit einer einfachen Beschwerde gegen den Eröffnungsbeschluß zusammenhängenden Unzuträglichkeiten[118] und dem für seine Einführung fehlenden Bedürfnis lehnt die (noch) hM zu Recht diese Beschwerdemöglichkeit auch de lege ferenda ab[119]; denn der Angeschuldigte kann bei unterbliebender Mitteilung der Anklageschrift die Aussetzung der Hauptverhandlung und die Nachholung der unterlassenen Maßnahme verlangen[120]. Wird ein solcher Aussetzungsantrag zu Unrecht abgelehnt, so begründet dies die Revision[121]. Wird dagegen kein Aussetzungsantrag gestellt, so ist vom Verzicht des Angeklagten hinsichtlich einer Geltendmachung dieses Mangels auszugehen[122].

3. Sperrwirkung der Rechtskraft

§ 211 StPO spricht eine beschränkte Sperrwirkung für die erneute Strafverfolgung aus, indem für eine neue Anklage nach Ablehnung der Eröffnung einer Hauptverhandlung - aus sachlichen Gründen oder wegen eines Verfahrenshindernisses[123] - das Vorliegen neuer Tatsachen oder Beweismittel verlangt wird. Diesem Rechtsgedanken widerspricht es, wenn das Vorliegen neuer Beweismittel überhaupt nicht geprüft wurde oder ein Nichteröffnungsbeschluß unberücksichtigt blieb[124]. Die früher bei Mehrfachtaten gegebene Gefahr widersprüchlicher Beschlüsse[125] ist aufgrund der Rechtsprechungsänderung zur fortgesetzten Handlung[126] kaum mehr vorstellbar. § 211 StPO beruht auf dem Verfassungsgrundsatz ne bis in idem[127], so daß ein Verstoß den Eröffnungsbeschluß unwirksam macht und zur Einstellung des Verfahrens zwingt; insofern

[116] So schon RGSt 2, 19, 21; aA LG Kempten NJW 75, 1937.
[117] So z.B. Michler 213 mwN; Meyer-Goßner JR 81, 379, 381.
[118] Vgl. unten IV.
[119] Vgl. ausführlich LR § 210/6.
[120] KM § 201/9; RGSt 58, 125, 127; BGH NStZ 82, 125; Meyer JR 83, 257, 259.
[121] KM § 201/10; RGSt 58, 125, 127.
[122] BGH NStZ 82, 125; KM § 337/45.
[123] Also insbesondere nicht bei bloßer Unzuständigerklärung: Dort wird nicht der Antrag der Staatsanwaltschaft abgelehnt, sondern die Entscheidung über diesen Antrag; vgl. RGSt 32, 50, 52 sowie BGHSt 7, 64, 65.
[124] Michler 214.
[125] RG JW 28, 2260.
[126] Vgl. dazu ausführlich Teil 2 E II 2 c.
[127] RGSt 32, 50, 51.

handelt es sich bei § 211 StPO um eine besondere Prozeßvoraussetzung für das weitere Verfahren[128].

4. Zustellungsmängel des Eröffnungsbeschlusses

Der Beschluß über die Eröffnung der Hauptverhandlung ist dem Angeklagten mit seiner Ladung (§ 216 StPO) gemäß § 35 II 1 StPO zuzustellen. Wird hiergegen verstoßen, so führt dies nicht zu einem Verfahrenshindernis[129]; der Mangel kann vielmehr durch Bekanntgabe des Beschlusses in der Hauptverhandlung geheilt werden[130]. Auf die Zustellung kann - ausdrücklich oder stillschweigend - verzichtet werden[131]. Sofern dies nicht geschehen ist, kann der Angeklagte die Aussetzung der Hauptverhandlung entsprechend dem Rechtsgedanken des § 265 IV StPO beantragen[132]; eine unberechtigte Zurückweisung dieses Antrags eröffnet den Weg zur Revision[133].

5. Schreibfehler

Für die Korrektur von Schreibversehen, Ausdrucksmängeln und sich aus der Fassung des Eröffnungsbeschlusses selbst ergebenden sprachlichen Unklarheiten gelten die gleichen Grundsätze wie bei der Berichtigung von Urteilen[134]. Es handelt sich dabei um Fehler, die auch für Außenstehende offensichtlich sind und die Identität des Entschiedenen - also die Sache selbst - nicht berühren[135]. Solche Versehen können in keiner Weise die Eigenschaft des Eröffnungsbeschlusses als Verfahrensgrundlage und damit dessen Rechtsgültigkeit berühren.
Trotz Fehlens einer dem § 319 ZPO entsprechenden Vorschrift besteht auch im Strafrecht das Bedürfnis, äußerliche offenbare Mängel zu beseitigen[136], obwohl keine Beeinflussung des Ergebnisses möglich ist. Die Abgrenzung der zulässigen Berichtigung zur unzulässigen Aufhebung eines bereits erlassenen Eröffnungsbeschlusses[137] liegt darin, daß keine Änderung erfolgen darf, die auf einem neuen Denkvorgang beruht oder

---

[128] LR § 211/24.
[129] BGHSt 33, 183, 186.
[130] OLG Karlsruhe MDR 70, 438; LR Einl Kap. 12/6.
[131] RGSt 58, 125, 127; BGHSt 15, 40, 45.
[132] BGHSt 15, 40 45.
[133] Kohlhaas GA 55, 65, 71.
[134] Vgl. ausführlich Wiedemann 39 ff.; LR § 207/34.
[135] OLG Bremen JR 58, 189, 190 mit zust. Anm Schmidt; Wiedemann 42; vgl. zur Berichtigung von Urteilen BGHSt 2, 248, 249; 3, 245, 247; 5, 5, 7.
[136] Vgl. BGHSt 3, 245, 246.
[137] Vgl. LR § 207/34 mwN.

beruhen könnte[138]. Diesem Problem kommt seit dem Funktionswandel des Eröffnungsbeschlusses[139] kaum praktische Relevanz zu[140]. Vielmehr handelt es sich - mit Ausnahme der in § 207 II StPO geregelten Fälle - um einen Mangel der Anklageschrift.

IV. Auswirkungen des § 336 S. 2 StPO auf die Heilung

Die Folgen von Fehlern im Eröffnungsverfahren sind nach wie vor sowohl im Schrifttum wie auch in der Rechtsprechung umstritten. Ausgangspunkt der verschiedenen Auffassungen ist § 336 S. 2 StPO, der solche Entscheidungen, die ausdrücklich für unanfechtbar erklärt werden oder nur mit sofortiger Beschwerde anfechtbar sind, einer revisionsgerichtlichen Beurteilung entzieht. § 210 I StPO erklärt den Eröffnungsbeschluß für den Angeschuldigten für unanfechtbar, so daß nach dem Wortlaut eine eindeutige Regelung hierfür besteht.
Der Staatsanwaltschaft räumt § 210 II StPO die Möglichkeit einer sofortigen Beschwerde ein. Obwohl auch dies auf den ersten Blick nicht auslegungsfähig erscheint, wird gleichwohl die Meinung vertreten, daß der Staatsanwaltschaft die einfache Beschwerde gegen einen fehlerhaften Eröffnungsbeschluß zustehe[141]; anderenfalls - so die Befürworter dieser Auffassung - bliebe der Fehler zwangsläufig folgenlos bzw. sei das Abwarten bis zur Einstellung in höherer Instanz prozeßökonomisch unvertretbar.
Dies ist aber - wie im Folgenden aufzuzeigen sein wird - nicht der Fall, so daß es keiner Ausdehnung contra legem bedarf[142]. Darüber hinaus widerspricht eine Differenzierung der Revisibilität zwischen Angeklagtem und Staatsanwaltschaft sowohl dem Wortlaut des § 336 S. 2 StPO als auch der ratio legis[143]. Es ist daher festzuhalten, daß die Überprüfung von Fehlern des Eröffnungsbeschlusses durch das Revisionsgericht wegen § 336 S. 2 StPO ausgeschlossen ist. Des mit historischen und teleologischen Argumenten belegten Notbehelfs, § 336 S. 2 StPO gelte insgesamt nicht für den Eröffnungsbeschluß[144], bedarf es wegen der Lösung,

---

[138] OLG Bremen JR 58, 189, 190.
[139] StPÄG 1964.
[140] So auch Michler 199.
[141] So RGSt 10, 56, 58; KK § 210/4; LR 23. Aufl. § 210/11; Strate StV 81, 261; LG Kempten NJW 75, 1937; LG Göttingen NStZ 89, 88, 89 mit zust. Anm Meyer-Goßner.
[142] Wegen § 210 II StPO und der Anregung durch den Angeklagten zur Einstellung nach § 206 a I StPO; vgl. LR 23. Aufl. § 210/5 mwN.
[143] Ebenso Rieß NStZ 81, 447; aA Meyer-Goßner JR 81, 379, 381; NStZ 89, 89, 90.
[144] So Nelles NStZ 82, 96, 97; Arndt GS 32, 187, 194; aA LR § 210/6 unter Verweisung auf Schwarze GS 1884, 294, 296.

die im Einklang mit dem Gesetzeswortlaut und der Begründung zum Entwurf des StVÄG 1979[145] steht, nicht[146]. Denn mit der gesetzgeberischen Entscheidung, den Eröffnungsbeschluß der Revision zu entziehen, ist noch keine Aussage dazu getroffen, was für die Überprüfung des Eröffnungsbeschlusses im Hinblick auf seine Eigenschaft als Prozeßvoraussetzung zu gelten hat[147].

Damit wird zum einen die Doppelfunktion des Eröffnungsbeschlusses - Abschluß des Vorverfahrens und Festlegung des weiteren Prozeßgegenstandes - deutlich[148]; zum anderen ist der Eröffnungsbeschluß die einzige unanfechtbare Entscheidung, die zugleich Prozeßvoraussetzung ist. Die Prüfung von Fehlern findet insofern auf zwei verschiedenen Ebenen statt: § 336 S. 2 StPO besagt lediglich, daß die bloße Fehlerhaftigkeit des Eröffnungsbeschlusses folgenlos bleibt. Hinsichtlich der Eigenschaft als Prozeßvoraussetzung ist dagegen keine die Überprüfbarkeit beschränkende Regelung getroffen[149] . Dies wäre auch nicht möglich, wollte man nicht das rechtsstaatliche Sicherungssystem der StPO gefährden.

Da es sich um die Prüfung verschiedener Anforderungen handelt, muß nicht die formelle Rechtskraft des Eröffnungsbeschlusses hinter die Eigenschaft der Verfahrensvoraussetzung zurücktreten[150]; vielmehr muß herausgearbeitet werden, ab welcher Grenze ein Fehler im Eröffnungsverfahren dem Beschluß seine Wirkung für das Hauptverfahren nimmt[151]. Sofern dann das Fehlen der Verfahrensvoraussetzung bemerkt wird, geht es nicht um eine - von § 336 S. 2 StPO ausdrücklich untersagte - Überprüfung von Verfahrensfehlern, sondern um die Konsequenzen aus dem Fehlen einer Verfahrensvoraussetzung[152]. Diesen Unterschied verdeutlicht auch die jeweilige Fehlerfolge, nämlich einerseits die Ein-

---

[145] BT-DS VIII/976, 59.

[146] Ferner besteht wegen der möglichen Nachholung bzw. Heilung kein praktisches Bedürfnis für eine Beschwerde, sie würde diesbezüglich eher zu Unzuträglichkeiten führen; so auch LR § 210/6.

[147] So auch LR § 210/8.

[148] Vgl. Nelles NStZ 82, 96, 99.

[149] Sofern über die einschlägige Regelung des § 206 a StPO Streit besteht, ist dafür das Revisionsgericht zuständig, nicht dagegen das mit der Sache nicht befaßte Beschwerdegericht.

[150] So aber Nelles NStZ 82, 96, 99.

[151] So auch Rieß NStZ 81, 447, 448.

[152] Vgl. Rieß NStZ 81, 447, 448. Bei Fehlern, die die Eigenschaft als Prozeßvoraussetzung nicht beeinträchtigen, genügt die Möglichkeit, eine Beeinträchtigung der Verteidigungsmöglichkeit durch Verletzung einer entsprechenden Ausgleichspflicht des Gerichts zu rügen; vgl. LR § 210/6.

stellung des Verfahrens, andererseits die Aufhebung des Eröffnungsbeschlusses.
Es geht also nicht darum, dem Staatsanwalt den zweifellos prozeßökonomischen Weg der einfachen Beschwerde gegen den formell fehlerhaften Eröffnungsbeschluß zu nehmen und so den Fehler einer sofortigen Behebung zu entziehen[153]. Vielmehr steht es sowohl der Staatsanwaltschaft als auch dem Angeschuldigten offen, auf das Fehlen der Prozeßvoraussetzung in jedem Stadium des Verfahrens hinzuweisen, sofern der behauptete Mangel dem Eröffnungsbeschluß die Grundlage für das Verfahren nimmt. Derart schwerwiegende Mängel stehen dem Fehlen einer Eröffnungsentscheidung gleich und können unter denselben Voraussetzungen geheilt werden[154].
Anderenfalls ist ein auf den Eröffnungsbeschluß beschränkter Mangel, der nicht zu einem Prozeßhindernis führt, grundsätzlich als für das Verfahren unschädlich hinzunehmen. Etwas Anderes gilt, wenn sich der irrevisible Fehler des Eröffnungsbeschlusses auf Vorschriften des Hauptverfahrens auswirkt; diese können nachwievor mittels Verfahrensrüge beanstandet werden.

---

[153] So aber Meyer-Goßner NStZ 89, 89, 90.
[154] Vgl. oben B III.

D. Gestaltungsmängel

I. Schriftform

1. Allgemeines

Die StPO enthält keine Regelung, in welcher Form der Eröffnungsbeschluß erlassen werden muß, um als wirksame Grundlage des Verfahrens angesehen werden zu können. So befaßt sich § 207 StPO lediglich mit den Anforderungen an den Inhalt des Eröffnungsbeschlusses, ein Rückgriff auf § 275 II StPO verbietet sich wegen der Unvergleichbarkeit der Sachverhalte: Urteil und Beschluß sind eigenständige Entscheidungen, die eigenen Förmlichkeiten unterliegen[1].
Gleichwohl besteht Übereinstimmung hinsichtlich der Notwendigkeit einer Schriftform auch beim Eröffnungsbeschluß[2], wobei allerdings im einzelnen umstritten ist, woraus sich diese Verpflichtung ergeben soll. Nach einer Meinung sei dies eine Folge des § 35 II StPO[3]. Bei diesem Rückschluß vom Erfordernis einer Zustellung auf die Schriftform wird lediglich eine begriffliche Notwendigkeit hervorgehoben[4], da die Versendung des Eröffnungsbeschlusses seine vorangegangene schriftliche Abfassung voraussetzt. Dies verkürzt allerdings den Blick auf die reine Zustellungstechnik und läßt das Erfordernis der Schriftlichkeit als bloßes Zugeständnis erscheinen, wobei die Bedeutung des Eröffnungsbeschlusses für das Verfahren außer acht bleibt[5]; dieser letztgenannte Aspekt ist allerdings der entscheidende.

2. Gesprächsweise Einigung

Bei Kollegialgerichten[6] stellt sich die Frage, ob hier nicht auch die gesprächsweise Einigung der Beschlußfassung i.S.v. § 207 StPO genügen kann. Eine solche Differenzierung zwischen Kollegialgericht und Einzel-

---

[1] RGSt 43, 217, 218; BayObLG JR 57, 270; StV 90, 395, 396.

[2] BGH MDR (H) 77, 639; DRiZ 81, 343; BGHSt 34, 248, 249; OLG Hamm JR 82, 389, 390; OLG Hamburg NJW 62, 1360; BayObLG JR 59, 68 mit zust. Anm Sarstedt; Wendisch JR 92, 350; LR § 207/30; KM § 207/8; OLG Hamm JR 91, 33, 34 mit zust. Anm Rieß.

[3] So OLG Düsseldorf StV 83, 408, 409 mit abl. Anm Fuchs; BayObLG StV 90, 395, 396 mit abl. Anm Naucke; OLG Frankfurt JR 92, 348, 349 mit zust. Anm Wendisch.

[4] Dies ergibt sich darüber hinaus aus § 35 III StPO.

[5] Vgl. Naucke StV 90, 397, 398; Fuchs StV 83, 409, 410.

[6] Also bei Gerichten, die mit mehreren Berufsrichtern besetzt sind; Schöffen sind gemäß § 30 II GVG von der Eröffnungsentscheidung ausgenommen.

richter nahm das OLG Hamm[7] vor, indem es einschränkend festgestellt hat, daß es „jedenfalls bei einzelrichterlicher Entscheidung (...) der schriftlichen Niederlegung des Eröffnungsbeschlusses" bedarf. Es handelt sich dabei um Fälle, bei denen aufgrund dienstlicher Äußerungen[8] feststeht, daß vor Anberaumung[9] bzw. Durchführung[10] der Hauptverhandlung Einigkeit über die Eröffnung bestand und lediglich die schriftliche Absetzung vergessen wurde. Neben der Bedeutung des Eröffnungsbeschlusses steht einer solchen Vorgehensweise entgegen, daß die tatsächliche Beschlußfassung in späteren Verfahrensstadien nur durch eine schriftliche Niederlegung sicher nachweisbar ist[11]. Die gesprächsweise Einigung über die Eröffnung der Hauptverhandlung stellt somit richtigerweise keine ordnungsgemäße Beschlußfassung dar[12].

3. Anforderungen an die Schriftform

Die Feststellung, daß der Eröffnungsbeschluß schriftlich ergehen muß, wirft die Frage auf, welchen Anforderungen diese Schriftform genügen muß. Vom Gesetzgeber ist die Form weitgehend freigestellt[13], da § 126 BGB wegen der Eigenständigkeit des Prozeßrechts nicht herangezogen werden kann.
Ausschlaggebend für die Anforderungen sind die Aufgaben, deren Erfüllung durch die Schriftlichkeit gewährleistet werden sollen[14]: Aus dem Schriftstück muß der Inhalt der Erklärung und die Person des Mitteilenden entnehmbar sein. Die Personen, die den Eröffnungsbeschluß erlassen haben, sind dabei aus der näheren Bezeichnung des Gerichts zu entnehmen. Hinsichtlich des Erklärungsinhaltes ist zunächst festzuhalten, daß weder der Wortlaut noch die äußere Form über die Wirksamkeit entscheiden, sondern daß durch eine schlüssige und eindeutige Willenserklärung eine bestimmt bezeichnete Anklage zur Hauptverhandlung zugelassen wird[15]. Hierfür genügt es, wenn im Eröffnungsbeschluß das Akten-

---

[7] JR 82, 389, 390; der hier entschiedene Fall betraf den Eröffnungsbeschluß eines Jugendschöffengerichts, so daß Fragen des kollegialgerichtlichen Verfahrens offenbleiben konnten.
[8] Vgl. zur Statthaftigkeit solcher Auskünfte unten II 3.
[9] BGH DRiZ 81, 343.
[10] BGH MDR (H) 77, 639.
[11] So zu Recht OLG Hamm JR 82, 389, 390.
[12] BGH StV 83, 318; DRiZ 81, 343; LR § 207/30.
[13] Vgl. Vollkommer 86; OLG Celle VRS 15, 126, 127 zur Strafverfügung.
[14] So BGH GmS NJW 80, 172, 174; die Kritik von Fuchs StV 83, 409, 410 an der Heranziehung dieser Entscheidung für die Frage der Schriftform des Eröffnungsbeschlusses ist unbegründet.
[15] BayObLG OLGSt § 200 StPO Nr. 4, 10; KM § 207/8.

zeichen und das Datum der erhobenen Anklage korrekt wiedergegeben wurde. Das Fehlen der Angaben über Namen des Angeschuldigten und Gegenstand des Verfahrens ist daher unschädlich, solange dem Eröffnungsbeschluß noch der Erklärungsinhalt entnommen werden kann[16]. Sofern allerdings das Schriftstück als „Verfügung" bezeichnet wird und sich auch aus dem Inhalt nicht sicher entnehmen läßt, daß damit die Eröffnung der Hauptverhandlung beschlossen ist, führt dies zur Unwirksamkeit mangels hinreichendem Erklärungsinhalt[17].

II. Unterschriftserfordernis

1. Verfahren beim Kollegialgericht

Es mag dahingestellt bleiben, ob die Zulassung zur Hauptverhandlung üblicherweise aufgrund einer gemeinsamen Beratung der beteiligten Richter beschlossen wird[18] oder die Billigung eines vorverfaßten Schriftstückes im Wege des Umlaufes verbreiteter ist[19]. Da gesetzlich nicht vorgeschrieben ist, in welcher Form ein Beschluß außerhalb der Hauptverhandlung zu fassen ist, stehen grundsätzlich sowohl die Beratung als auch der Umlauf zur Verfügung[20]. Entscheidend für die Wahl des Verfahrens sind die sich aus der Aktenlage ergebenden Schwierigkeiten. Sofern sich dabei ergibt, daß der Kern der Eröffnungsentscheidung unschwer zu erkennen ist, erscheint das Umlaufverfahren aus Gründen der Prozeßökonomie vorzugswürdiger[21]. Bei erörterungsbedürftigen Problemen, die sich bereits im Stadium der Eröffnungsprüfung abzeichnen, wird man dagegen nicht auf den unmittelbaren Meinungsaustausch und damit auf eine Beratung verzichten können[22].

a. Beratungsverfahren

Im Beratungsverfahren wird der Eröffnungsbeschluß mündlich gefaßt, die spätere Niederschrift und Unterzeichnung dient nur der Dokumentation eines in der Vergangenheit liegenden Ereignisses, bei dem die Entscheidung durch die Stimmabgabe - also ohne vorangegangenen Entwurf -

---

[16] KMR § 207/25.
[17] OLG Hamburg NJW 62, 1360.
[18] So Sarstedt JR 59, 69.
[19] So Germann NJW 60, 758, 759.
[20] LR § 199/4; zw. Kohlhaas GA 55, 65, 69 f.
[21] Germann NJW 60, 758, 759.
[22] LR § 199/4.

zustande kam[23]. Kriterium für die Wirksamkeit ist dabei, ob alle zur Entscheidung berufenen Richter bei der Abstimmung mitgewirkt haben[24].
Die Frage der Mitwirkung - also der Stimmabgabe - ist von der Frage zu trennen, ob alle mitwirkenden Richter das niedergeschriebene Abstimmungsergebnis auch unterzeichnet und damit ihre Teilnahme bezeugt haben. Nach hM genügt die Unterzeichnung von Beschlüssen durch den Vorsitzenden, wenn sich die Mitwirkung aller Richter einschließlich ihrer Namen aus dem Beschluß ergibt[25], also regelmäßig aus der Bezeichnung des eröffnenden Gerichts und der beteiligten Richter. Nach anderer Auffassung[26] sind an den Eröffnungsbeschluß die gleichen Anforderungen zu stellen wie an das Urteil, für das § 275 II 1 StPO ausdrücklich die Unterschriften aller mitwirkenden Richter verlangt und deren Fehlen einen absoluten Revisionsgrund gemäß § 338 Nr. 7 StPO darstellt. Begründet wird diese Ansicht damit, daß der Eröffnungsbeschluß in seiner Bedeutung einem Urteil gleichkommt und nur durch eine vollständige Unterschriftserbringung die Endgültigkeit der Entscheidung festgestellt werden kann.
Dieser Ansicht ist zu widersprechen. Zwar ist die Bedeutung des Eröffnungsbeschlusses für den Angeschuldigten wie für den Verfahrensfortgang unbestritten. Doch ginge es trotz der rechtskraftähnlichen Wirkung des § 210 I StPO zu weit, die dem richterlichen Urteil vorausgehende - und jenes letztlich erst ermöglichende - Eröffnungsentscheidung mit diesem im Hinblick auf Wirkung und Form gleichzusetzen. Denn es handelt sich beim Eröffnungsbeschluß weder um eine Vorverurteilung noch um ein „moralisches Spießrutenlaufen“[27], sondern um eine Prognose auf der Grundlage einer unvollständigen Aktenlage.
Warum ein Freispruch wegen erwiesener Unschuld keine Wiedergutmachung für die zweifellos gegebene Beeinträchtigung durch die Zulassung zur Hauptverhandlung darstellen soll[28], ist nicht recht einzusehen. Anderenfalls würden die Anforderungen an das Legalitätsprinzip und darauf gestützt die Anforderungen an den hinreichenden Tatverdacht für den Eröffnungsbeschluß von einer Prognoseentscheidung weg zu einer sicheren Überzeugung verlagert, so daß dann[29] der Vorwurf der fehlenden Unbefangenheit berechtigt wäre.

---

[23] Vgl. Sarstedt JR 59, 69.
[24] OLG Düsseldorf MDR 84, 164.
[25] Kohlhaas GA 55, 65, 69; LR § 207/31; KM Vor § 33/6 mwN; OLG Düsseldorf MDR 84, 164; BGH NJW 59, 898.
[26] Wendisch JR 92, 355, 351; aA BGH JR 57, 69.
[27] So Roesen NJW 59, 1861.
[28] So aber Roesen NJW 59, 1861.
[29] Vgl. dazu ausführlich oben A.

Aus dem Idealzustand einer vollständigen Unterzeichnung und damit einer jeden Zweifel ausschließenden Verantwortungsübernahme kann nicht auf eine zwingende Wirksamkeitsvoraussetzung geschlossen werden, wenn der Nachweis auch auf andere Weise erbracht werden kann; neben den dienstlichen Äußerungen kommt dabei insbesondere die Vorlage von Terminkalendern oder Urlaubslisten in Betracht[30]. Die unvollständige Unterzeichnung eines Eröffnungsbeschlusses, aus dem sich die Mitwirkung aller berufenen Richter entnehmen läßt, legt vielmehr die Vermutung eines bloßen Versehens nahe[31]. Anderenfalls müßte man dem Richter, der den Eröffnungsbeschluß niedergeschrieben hat, hinsichtlich der Auflistung aller mitwirkenden Richter eine bewußte Falschangabe unterstellen.

b. Umlaufverfahren

Die Bewertung eines im Umlaufverfahren erlassenen Eröffnungsbeschlusses hat sich danach zu richten, worin der Erlaß des Eröffnungsbeschlusses gesehen werden muß. Das sich im Umlauf befindende Schriftstück stellt nach richtiger Auffassung bis zur tatsächlich erfolgten Mitwirkung aller Richter nur den Entwurf eines Eröffnungsbeschlusses dar[32]; die vom Gesetz vorausgesetzte Mitwirkung des einzelnen Richters am Beschluß ist darin zu sehen, daß er sich aufgrund der vorliegenden Akten selbständig ein Bild vom Tathergang macht, diese Vorstellung mit dem vorgelegten Schriftstück vergleicht und bei völliger Übereinstimmung dies mittels Unterschrift belegt. Bei Beurteilungsunterschieden hat er von einer Unterzeichnung abzusehen und in einer daraufhin anzusetzenden Beratung[33] seine Auffassung darzulegen. Der in dieser Beratung ergangene Beschluß bedarf wiederum[34] der Unterschrift aller mitwirkenden Richter.

Gegen die Zulässigkeit eines Beschlusses im Umlaufverfahren wurden früher Bedenken erhoben[35], die sich in der Praxis aus Praktikabilitätserwägungen nicht durchsetzen konnten[36]. Eine Gefahr wurde darin gesehen, daß die Entscheidung bereits mit der Niederschrift durch den Vorsitzenden getroffen werde, ohne daß die Beisitzer ihre Kritik vorbringen

---

[30] Vgl. Kohlhaas GA 55, 65, 69.

[31] So auch BayObLG JR 59, 68 mit zust. Anm Sarstedt; LR § 207/31; OLG Düsseldorf MDR 64, 164; aA RGSt 43, 217, 219.

[32] Vgl. LR § 207/31 mwN; BGH JR 57, 89; BGHSt 10, 278, 279.

[33] Vgl. KM § 194 GVG/5.

[34] Vgl. oben a.

[35] Schmidt Nachtrag I § 203/11; Kohlhaas GA 55, 65, 69 f.; Roesen NJW 59, 1861; vgl. auch Mellinghoff 15.

[36] Vgl. BGH JR 57, 69; StV 83, 401; Sarstedt JR 59, 69.

könnten; dies sei augenfällig, wenn der Beschluß erst nach Ausfertigung den Beisitzern zur bloßen Kenntnisnahme vorgelegt werde[37].
Dieser Vorwurf betrifft aber kein Spezifikum des Umlaufverfahrens, sondern stellt unter keinem Gesichtspunkt einen wirksamen Eröffnungsbeschluß dar; vielmehr liegt insofern im Zusammenwirken mit der ausfertigenden Geschäftsstelle eine bewußte Umgehung der zur Entscheidung berufenen Richter vor, die sich auch noch selbst auf ein derartiges Procedere einlassen müßten. Ein solcher Fall ist zwar vorstellbar, aber weder mit dem richterlichen Selbstverständnis noch mit den tatsächlichen Gegebenheiten in Einklang zu bringen. Der erstgenannte Kritikpunkt, daß nämlich ohne eigene Meinungsäußerung unterschrieben würde, muß in gleichem Maße auch für das Beratungsverfahren gelten; dies wäre der Fall, wenn der Vortrag des Berichterstatters unreflektiert übernommen wird, sei es, daß die anderen Richter sich überhaupt keine Gedanken zum Sachverhalt gemacht haben, sei es, daß ihnen der Mut fehlt, Widerspruch zu erheben und ihre Auffassung zu vertreten. Insofern handelt es sich also nicht um ein speziell im Umlaufverfahren anzusiedelndes Problem, sondern allenfalls um ein in der Berufsauffassung des einzelnen Richters liegendes Defizit.
Die Mitwirkung beim Umlaufverfahren ist somit darin zu sehen, daß die aufgrund der Aktenlage getroffene eigene Entscheidung mit der vorgelegten schriftlichen Stellungnahme abgeglichen wird und bei völliger Übereinstimmung zwecks Bestätigung unterzeichnet wird. Insofern wird hier - ähnlich wie beim Einzelrichter - die eigentliche Entscheidung im Amtszimmer des jeweiligen Kollegialrichters „im Inneren“[38] gefällt, ohne daß der Entschluß damit schon erkennbar geworden ist. Die einzige Möglichkeit eines zuverlässigen Nachweises ist in der Unterzeichnung des Beschlusses zu sehen. Solange nicht alle Richter unterschrieben haben, steht die erforderliche Mitwirkung nicht fest, so daß es bei einem bloßem Entwurf bleibt[39].
Problematisch ist die praktische Feststellbarkeit, ob im Umlauf oder aufgrund einer Beratung über die Eröffnung entschieden werden sollte. Dies wird regelmäßig nicht im Eröffnungsbeschluß aufgeführt. Gleichwohl kann insofern als Indiz für das Umlaufverfahren gewertet werden, daß unter dem Textteil Striche für die vorgesehenen Unterschriften sind. Dies wird häufig als Hinweis an die Geschäftsstelle angesehen, daß es zum Erlaß weiterer Unterschriften bedarf[40]. Darüber hinaus ist es zu berücksichtigen, wenn dem die Prozeßvoraussetzungen überprüfenden Gericht

---

[37] Kohlhaas GA 55, 65, 70.
[38] OLG Hamburg NJW 62, 1360.
[39] So auch BGH StV 83, 2, 3; 83, 401, 402; JR 57, 69; LR § 207/31; KMR § 207/24.
[40] So BGH NJW 54, 360, 361; JR 57, 69.

bekannt ist, auf welche Weise die jeweilige Kammer Eröffnungsbeschlüsse üblicherweise zu erlassen pflegt[41].

2. Verfahren beim Einzelrichter

Der Eröffnungsbeschluß vor dem Amtsgericht wird stets vom Einzelrichter gefaßt, unabhängig davon, ob der Strafrichter (§ 25 GVG), das Schöffengericht (§ 28 GVG) oder das erweiterte Schöffengericht (§ 29 II GVG) im Hauptverfahren zuständig ist. Dies ergibt sich zum einen aus § 30 II GVG, der eine Mitwirkung der Schöffen außerhalb der Hauptverhandlung verbietet, zum anderen aus der Entscheidungszuständigkeit gemäß § 29 II 1 GVG, wonach nur gleichzeitig mit dem Erlaß des Eröffnungsbeschlusses vom Vorsitzenden des Schöffengerichts auf Zuziehung eines zweiten Richters entschieden werden kann[42].
Das Problem des einzelrichterlichen Eröffnungsbeschlusses ist daher, daß sich die Beschlußfassung als innerer Vorgang darstellt, an dem kein anderer beteiligt ist[43]. Aus Gründen der Rechtssicherheit bedarf es einer eindeutigen Dokumentation des Eröffnungswillens, da gerade das Verfahrensrecht nicht der Gefahr einer Subjektivierung preisgegeben werden darf; es ist deshalb allein auf das objektiv Nachweisbare abzustellen[44], anderenfalls könnte ein zwar ernst gemeinter, aber nicht über die gedankliche Existenz hinausgehender Eröffnungsbeschluß Verfahrensgrundlage werden.
Eine solche Dokumentation des Eröffnungswillens kann nicht in der bloßen Niederschrift gesehen werden[45], da sonst nicht zwischen dem Erlaß des Beschlusses und seinem Entwurf unterschieden werden kann[46]. Daher ist der einzig zuverlässige Beweis des Erlasses eines Eröffnungsbeschlusses die Unterzeichnung des Schriftstückes. Sie allein[47] gibt die Gewähr dafür, daß es sich bei dem Schriftstück um eine abschließende richterliche Willenserklärung handelt[48].
Entgegen der Ansicht des OLG Frankfurt/Main[49] bedarf es der Differenzierung, ob das AG oder das LG den Eröffnungsbeschluß erlassen hat.

---

41 Vgl. BGH NJW 54, 360, 361. Beim Fehlen dieses Wissens wird die Frage nach der Statthaftigkeit dienstlicher Äußerungen relevant, vgl. unten 3.
42 Vgl. KM § 29 GVG/5; KK § 29 GVG/19; kritisch dazu Nappe NJW 57, 1827.
43 OLG Hamburg NJW 62, 1360.
44 Vgl. dazu die berechtigte Kritik von Naucke StV 90, 397, 398.
45 So im Ergebnis BayObLG JR 57, 270.
46 Sarstedt JR 59, 69.
47 AA BayObLG StV 90, 395, 396 unter Hinweis auf die Einheitlichkeit der Verfahrensordnung.
48 LR § 207/31.
49 JR 92, 348, 349; aA BayObLG JR 59, 68.

Beim Beratungsverfahren vor dem LG begründen die teilweise geleisteten Unterschriften die Vermutung, daß eine abschließende Entscheidung tatsächlich getroffen wurde, so daß die Nichtleistung der Unterschrift ein bloßes Versehen nahelegt[50]. Da aber beim Einzelrichter keine nur „teilweise" geleistete Unterzeichnung möglich ist, ergibt sich auch kein Anhaltspunkt für das ordnungsgemäße Verfahren. Insofern sind an den Eröffnungsbeschluß des AG keine geringeren Anforderungen[51], sondern vielmehr dahingehend höhere Anforderungen zu stellen, als die Unterzeichnung hier grundsätzlich konstitutiv für einen wirksamen Eröffnungsbeschluß ist[52].

3. Heilung

Aus den oben bereits mehrfach angeführten Gründen ist der Mangel der Unterschrift nicht durch Nachholung im Hauptverhandlungstermin heilbar; dabei macht es in der Sache keinen Unterschied, ob der Entwurf nachträglich unterzeichnet oder im Termin verlesen wird[53].
Auch ist ein Rückschluß aus einer nachfolgenden Verfügung - z.B. Terminbestimmung oder Zustellungsanordnung - kein hinreichend sicheres Indiz für eine tatsächlich getroffene Eröffnungsentscheidung[54]. Zwar setzen derartige Verfügungen die Existenz einer Eröffnungsentscheidung voraus; doch kann diese denknotwendige Vorüberlegung vom Richter genauso gut übersehen worden sein[55], so daß in diesen Fällen die Annahme eines wirksamen Eröffnungsbeschlusses trotz fehlender Unterschrift reine Fiktion bleibt. Dies ist aus Gründen der Rechtssicherheit abzulehnen.
Eine nicht von vornherein abzulehnende Möglichkeit des Nachweises der Beteiligung ist die Einholung von Erkundigungen. Dabei wird bei den zur Eröffnungsentscheidung berufenen Richtern nachgefragt, ob und wie der Beschluß zustandegekommen ist. Es erscheint aber zweifelhaft, ob dies sowohl für den Einzelrichter als auch für das Kollegialgericht gelten kann.
Nach einer Auffassung sollen dienstliche Äußerungen insgesamt unstatthaft sein, da der Eröffnungsbeschluß wegen seiner Bedeutung als Prozeßvoraussetzung aus sich heraus klar und verständlich sein muß, so

---

[50] So bereits RG GA 17, 437; BayObLG JR 59, 68.
[51] So aber KM § 207/11 mwN.
[52] Im Ergebnis ähnlich Sarstedt JR 59, 69.
[53] So aber OLG Hamburg NJW 62, 1360; LR Einl Kap. 12/6; aA OLG Stuttgart NJW 62, 1834.
[54] AA BayObLG JR 57, 270; 59, 68; StV 90, 395, 397 mit abl. Anm Naucke.
[55] Vgl. insofern zu Recht OLG Frankfurt JR 92, 348, 349; OLG Hamm JR 82, 389, 390.

daß sein Zustandekommen nicht erst durch dienstliche Äußerungen nachvollzogen werden darf[56]. Dem steht aber entgegen, daß die Prüfung des Vorliegens von Prozeßvoraussetzungen im Freibeweis zu erfolgen hat[57], so daß das Gericht alle ihm zugänglichen Erkenntnisquellen benutzen kann. Somit ist die Einholung dienstlicher Auskünfte nicht per se ausgeschlossen[58].
Auf der anderen Seite ist zu beachten, daß nicht über diese Maßnahmen - die ausschließlich der Klärung einer vermutlich stattgefundenen Eröffnungsentscheidung dienen - hinausgehend ein tatsächlich unterbliebener Beschluß nachgeholt wird[59]. Es dürfen also nur solche Äußerungen gewürdigt werden, die bereits vorhandene Indizien bekräftigen[60] und damit den tatsächlichen Erlaß der Eröffnungsentscheidung als sicher erscheinen lassen. Dies ist beim kollegialrichterlichen Beratungsverfahren vergleichsweise einfach: Die Vorlage von Terminkalendern sowie die Befragung derjenigen Richterkollegen, die den Beschluß unterzeichnet haben, können dazu führen, daß trotz fehlender Unterzeichnung die Mitwirkung feststeht[61].
Beim Umlaufverfahren wie auch beim einzelrichterlichen Verfahren ist dagegen Zurückhaltung geboten, da es neben dem Richter keine unmittelbaren Zeugen für die tatsächliche Mitwirkung am Erlaß gibt. Deshalb genügt die Äußerung der Richterkollegen nicht, der Nichtunterzeichner habe sich zu einem anderen Zeitpunkt positiv für eine Verfahrenseröffnung ausgesprochen; darin liegt entweder eine unzulässige gesprächsweise Einigung[62] oder eine unzulässige Nachholung der Eröffnungsentscheidung[63]. Allenfalls kommt eine Stellungnahme von Bediensteten des Schreibbüros mit dem Inhalt in Betracht, der Richter habe die Akte mit den Worten zurückgegeben, daß sich hierin die Eröffnungsentscheidung befinde[64]. Sofern die Befragung der mittelbar

---

[56] Michler 202; Rasehorn NJW 57, 1866, 1867; OLG Celle VRS 15, 126, 128. Eine vergleichbare Konstellation gibt es bei der Berufungseinlegung durch den Rechtsanwalt; das RG (RGSt 67, 385, 388) hat hier eine Zeugenvernehmung unter Hinweis auf die öffentliche Natur des Strafverfahrens und der im öffentlichen Interesse erforderlichen Sicherstellung eines geordneten Verfahrensfortganges abgelehnt.

[57] BGH DAR 97, 204, 205; KM Einl 152 mwN; aA Többens NStZ 82, 184 ff.

[58] Vgl. auch BGH StV 83, 2, 3; RGSt 43, 217, 219; Dahs/Dahs 237 halten dies wegen der Aufweichung der Verfahrensförmlichkeiten gleichwohl für bedenklich.

[59] Zur Unzulässigkeit der Nachholung vgl. oben B III 2.

[60] Vgl. zum selben Problem der Anklage oben Teil 2 D I 3.

[61] Vgl. BayObLG JR 59, 68.

[62] Vgl. oben I 2.

[63] Vgl. dazu ausführlich oben B III 2.

[64] Vgl. auch BGH StV 83, 401, 402; aA wohl OLG Frankfurt JR 92, 348, 349;

Beteiligten keine weitere Klarheit über das Zustandekommen der Eröffnungsentscheidung bringt, ist die Indizwirkung der fehlenden Unterschrift nicht widerlegt, so daß es beim bloßen Entwurf eines Eröffnungsbeschlusses blieb. Einer Äußerung des unmittelbar betroffenen Richters kann wegen der Wahrung der Rechtsstaatlichkeit keine Bedeutung zukommen[65].

III. Anforderungen an die Unterschrift

1. Allgemeines

Nach den vorangegangenen Ausführungen steht fest, daß der Eröffnungsbeschluß angesichts seiner Bedeutung für den Angeschuldigten und das Verfahren der Unterzeichnung durch alle mitwirkenden Richter bedarf[66]. Dies ergibt sich daraus, daß sich der Grad der Formstrenge sinnvollerweise an den maßgeblichen verfahrensrechtlichen Vorschriften zu orientieren hat[67]. Die Verfahrensvorschriften sind aber nicht Selbstzweck, sondern dienen der Wahrung des materiellen Rechts und stellen eine reibungslose Durchführung des Verfahrens sicher[68]. In diesem Sinn ist auch das Schlagwort vom „Schutz durch die Form"[69] zu verstehen: Während die Beschlußform sicherstellt, daß das Zwischenverfahren nach entsprechenden Erwägungen durch eine vom Willen des Gerichts getragene Entscheidung abgeschlossen ist, dokumentiert die Unterschrift lediglich die richterliche Mitwirkung.
Damit ist aber noch keine Aussage getroffen, wie der Eröffnungsbeschluß zu unterschreiben ist (wobei mangels inhaltlicher Unterschiede nicht zwischen Unterzeichnung und Unterschrift differenziert werden kann). Auch wenn sich aus der Bezeichnung „Unter"-Schrift nicht zwingend die Position der Signierung ergibt, so wird man doch aus Gründen der Klarheit verlangen müssen, daß sich die Unterschrift am Ende der getroffenen Regelung zu befinden hat[70]: Die Verantwortung nach außen soll ja gerade für den voranstehenden Inhalt übernommen werden.
Die Anforderungen an die Unterschrift sind wegen der Eigenständigkeit des Prozeßrechts für die verschiedenen Rechtsgebiete nicht einheitlich. Aber auch innerhalb des Strafprozeßrechts gibt es Unterschiede in den

---

BayObLG JR 59, 68.
[65] So wohl auch Sarstedt JR 59, 69; OLG Hamm JR 82, 389, 390.
[66] Anders früher zur Strafverfügung OLG Stuttgart MDR 70, 68.
[67] BVerfG NJW 63, 755.
[68] OLG Düsseldorf StV 83, 408, 409.
[69] Dahs/Dahs 237.
[70] AA KM Einl 130 mwN.

einzelnen Verfahrensstufen. So kommt es bei der Unterzeichnung der Anklageschrift oder des Bußgeldbescheides nicht entscheidend auf die Person des Unterzeichners an; erforderlich ist lediglich seine Zeichnungsbefugnis für die Behörde[71]. Entsprechend gering sind die Anforderungen an die dort zu leistenden Unterschriften.
Diese Erleichterungen können aber nicht bei der Unterschrift durch den Richter im Eröffnungsverfahren Anwendung finden. Der mit der Unterschrift verfolgte Zweck hat einen höheren Stellenwert: Es soll die Mitwirkung des Einzelnen am Beschluß dokumentiert werden, um einerseits den Verdacht eines bloßen Entwurfes auszuschliessen und andererseits die Verantwortung für das Geschriebene nach außen zu übernehmen. Somit kommt es beim Eröffnungsbeschluß entscheidend auf die Person des Unterzeichners an, um den Erfordernissen des Art. 101 I 2 GG gerecht zu werden. Da weder beim Verletzten i.R.d. § 158 StPO[72] noch beim Behördenvertreter[73] in gleicher Weise die Person bedeutsam ist, kann dort bedenkenlos Praktikabilitätserwägungen nachgegeben[74] und ein geringerer Maßstab angelegt werden.
Die Verwendung eines Faksimilestempels kann im Eröffnungsverfahren nicht dem Unterschriftserfordernis genügen, da hierdurch dem Zweck der Unterschrift nicht Genüge getan ist und eine unberechtigte Zeichnung erleichtert würde[75]. Strittig ist dagegen, ob die bloße Paraphierung des Eröffnungsbeschlusses dem Unterschriftserfordernis genügt oder diesen zum bloßen Entwurf macht. Nach der einen Auffassung soll eine Paraphe gerade klarstellen, daß es sich bei dem Schriftstück nur um einen Entwurf handelt[76]; das Abzeichnen mit dem verkürzten Namen diene lediglich dem internen Betrieb und stelle keine Verantwortungsübernahme nach außen dar[77]. Nach der anderen Ansicht ist durch die Paraphe - insbesondere mit dem in der Praxis üblichen maschinenschriftlichen Zusatz des Namens und der Amtsbezeichnung - belegt, daß der näher bezeichnete Richter den voranstehenden Eröffnungsbeschluß gefaßt hat[78].
Einer näheren Ermittlung im freibeweislichen Verfahren bedarf es nur bei Anhaltspunkten für Mißverständlichkeiten; die Unterzeichnung mittels Paraphe ist dagegen ein wohl hinreichendes Indiz für den Willen des Richters. Die Gegenauffassung widerspricht dem unter Hinweis darauf,

---

[71] Vgl. oben Teil 2 D I 2.
[72] Vgl. KM § 158/9-15 mwN.
[73] Vgl. oben Teil 2 D I 2.
[74] GmS-OGB NJW 80, 172, 174.
[75] BGHZ 57, 160, 164; BGH NJW 76, 966, 967 zum bestimmenden Schriftsatz.
[76] Fuchs StV 83, 409.
[77] Vgl. zur Bewertung der Paraphe im Zivilprozeß BGH GRUR 68, 108 mit Anm Hoepffner; VersR 68, 1143; BGHZ 57, 160, 165.
[78] OLG Düsseldorf StV 83, 408, 409; LR § 207/30.

daß sich die Ermittlung im Freibeweis - wie sie beim Fehlen der Unterschrift diskutiert wird[79] - deshalb verbiete, weil die Paraphe dem Beschluß gerade „den Stempel des unfertigen juristischen Willens“[80] aufdrücke. Dem kann nicht gefolgt werden.
Unbestritten ist, daß ein Paraphieren dann der Bedeutung des Eröffnungsbeschlusses unwürdig ist, wenn hiermit zum Ausdruck gebracht werden soll, es handle sich lediglich um eine lästige Schreibarbeit. Eine solche Geringschätzung führt aber nicht zur Unwirksamkeit des Gerichtsbeschlusses. Zudem erscheint es willkürlich, das vollständige Fehlen einer Unterschrift unter bestimmten Voraussetzungen als bloßes Versehen zu entschuldigen, während umgekehrt die - tatsächlich erfolgte - Unterzeichnung mit lediglich unvollständigem Namen als irreparabler Beweis für den fehlenden Beschlußwillen gedeutet wird. Daher genügt die Paraphierung richtigerweise noch den Unterschriftserfordernissen des Eröffnungsbeschlusses.

2. Verwendung von Vordrucken und Formularen

Der Gebrauch von vorformulierten Schriftsätzen stellt eine erhebliche Entlastung der Gerichte im Hinblick auf routinemäßige Schreibarbeiten dar und findet deshalb in der Praxis verstärkt Anwendung. Gleichwohl ergeben sich beim Einsatz von Vordrucken und Formularen Probleme, die sonst nicht oder nur schwer vorstellbar sind.
Bis zum Inkrafttreten des StPÄG 1964 mußte der Eröffnungsbeschluß den Schuldvorwurf unter Angabe der einschlägigen Strafgesetze enthalten, was zwangsläufig einen erheblichen Schreibaufwand zur Folge hatte. Die Richter behalfen sich durch das sog. Klammerverfahren, wobei die Anklageschrift passagenweise in Klammern gesetzt und in der Urschrift des Eröffnungsbeschlusses das Einfügen dieser Teile in die Ausfertigung angeordnet wurde[81]. Dieses Vorgehen brachte allerdings lediglich eine Verlagerung des Schreibaufwandes auf die Kanzleibediensteten[82].
Um die Gerichte insgesamt von der bloßen Wiederholung des Anklagevorwurfs im Konjunktiv freizustellen, wurde oft von Seiten der Staatsanwaltschaft gleichzeitig mit der Anklageschrift ein vorausgefülltes Formular bzw. eine Durchschrift eingereicht, in welcher der notwendige Inhalt des

---

[79] Vgl. oben 3.
[80] Fuchs StV 83, 409, 410.
[81] Vgl. OLG Hamburg NJW 62, 1360; BGH NJW 59, 898 mwN; Kohlhaas GA 55, 65, 69; Bedenken bei Schmidt Nachtrag I § 207/21.
[82] Diese Methode findet auch heute noch Anwendung, vgl. OLG Düsseldorf StV 83, 408; OLG Hamm JR 82, 389; OLG Celle JR 78, 347.

Eröffnungsbeschlusses enthalten war und der lediglich der richterlichen Unterschrift bedurfte[83]. Hiergegen wurden von Teilen des Schrifttums Bedenken erhoben, da eine solche Praxis der Bedeutung der Eröffnungsentscheidung nicht gerecht werde[84]. Diese grundsätzlichen Vorbehalte gegen die Verwendung von Formularen erscheinen allerdings nicht gerechtfertigt, da die äußere Form nur bedingt Rückschlüsse auf die Qualität der Prüfung durch das Eröffnungsgericht zuläßt; zumindest verleitet diese Vorgehensweise nicht zu einer nachlässigeren Entscheidungsfindung als das stattdessen praktizierte Abschreiben der Anklageschrift[85].

Das StPÄG 1964 führte aufgrund der oben[86] besprochenen Änderungen zu einer Reduzierung des notwendigen Inhalts des Eröffnungsbeschlusses und damit zu einer Verminderung der Schreibtätigkeit. Gleichwohl ist heute der Gebrauch von Vordrucken üblich, bei denen nach Eintragung spezifischer Daten mit der Unterzeichnung der Erlaß der Eröffnungsentscheidung dokumentiert wird und zugleich Verfügungen über das weitere Vorgehen[87] getroffen werden. Auch wenn die Verwendung solcher Formulare gängige Praxis ist, stellt sich die Frage, ob diese Entwicklung begrüßenswert erscheint. Neben den Bedenken, die aus der Bedeutung des Eröffnungsbeschlusses resultieren[88], besteht die Gefahr, daß die Erleichterungen beim Ausfüllen zu Unvollständigkeiten führen, die die Unwirksamkeit des Eröffnungsbeschlusses und damit die Verfahrenseinstellung zur Folge haben[89].

Bei der Bewertung von Mängeln ist die Gestaltung des Formulars von Bedeutung[90]. Es ist danach zu unterscheiden, ob zunächst die Zulassung zur Hauptverhandlung beschlossen und unterschrieben wird und erst im Anschluß daran Verfügungen getroffen und gleichfalls unterzeichnet werden oder ob Eröffnungsbeschluß und Verfügungen abschließend und gemeinsam unterschrieben werden. Bei einer getrennten Unterzeichnung von Beschluß und Verfügung ist die Eröffnungsentscheidung grundsätzlich selbständig zu würdigen. Fehlt die formularmäßig vorgesehene Unterschrift, so kann der Wille zur Verfahrenseröffnung nicht aus der Unterzeichnung der Verfügung gefolgert werden; vielmehr fehlt der Eröffnungsentscheidung jede Dokumentation[91]. Dieser Sachverhalt ist

[83] BayObLG JR 59, 68; 57, 270.
[84] Roesen NJW 59, 1861.
[85] So auch Germann NJW 60, 758, 759; Kohlhaas GA 55, 65, 69.
[86] Vgl. oben A.
[87] Z.B. Terminbestimmung, Ladung, Terminnachricht, Wiedervorlage.
[88] Vgl. Peters JR 78, 348.
[89] LR § 207/30.
[90] Ebenso KMR § 207/22; aA Fuchs StV 83, 409.
[91] OLG Hamm JR 82, 389, 390 mit zust. Anm Meyer-Goßner; vgl. auch OLG Düssel-

- trotz der räumlichen Nähe von Eröffnungsbeschluß und Verfügung - nicht anders zu beurteilen als die oben[92] dargestellte spätere Verfügung. Da somit kein wirksamer Eröffnungsbeschluß erlassen wurde, kann auch eine gleichwohl ergangene Ausfertigung nicht zur Heilung des Prozeßhindernisses führen[93]; der Fehler der Geschäftsstelle kann den Fehler des Gerichts nicht kompensieren.
Ist hingegen auf dem Formular nur eine gemeinsame Unterschrift für Eröffnungsbeschluß und Verfügung vorgesehen, so ist mit der geleisteten Unterzeichnung die getroffene Entscheidung objektiv nachgewiesen[94]. Die Unterschrift erfaßt rechtlich sowohl die Eröffnungsentscheidung selbst als auch die nachfolgenden Anordnungen; allerdings dürfte eine solche Verbindung zum Zweck der Vereinfachung und Rationalisierung zu weit gehen[95] und entspricht nicht der Bedeutung, die eine Eröffnungsentscheidung für den Betroffenen hat. Darüber hinaus hat die Verwendung solcher Formulare zur Folge, daß Eröffnungsbeschluß und Verfügung als Einheit gesehen werden müssen und somit ein unvollständiger Eröffnungsbeschluß - entgegen den oben[96] dargelegten Grundsätzen - durch die Angabe der Verfügungsanordnungen ergänzt werden kann[97]. Dieser faktischen Aufhebung der Unterscheidung von Eröffnungsbeschluß und Verfügung kann - ebenso wie der Gefahr einer Weiterbearbeitung des mangelhaften Beschlusses durch die Geschäftsstelle[98] - nur dadurch effektiv vorgebeugt werden, daß für den Eröffnungsbeschluß und die darauf beruhenden Verfügungen jeweils getrennte Formulare verwendet werden[99].

---

dorf StV 83, 408 mit abl. Anm Fuchs.

[92] Vgl. II 3.

[93] OLG Hamm JR 82, 389, 390; OLG Celle VRS 15, 126.

[94] OLG Celle JR 78, 347 mit abl. Anm Peters; BayObLG JR 59, 68; RGSt 60, 408, 409.

[95] Ebenso Meyer-Goßner JR 82, 390, 391.

[96] Vgl. oben II 3.

[97] Vgl. auch OLG Celle JR 78, 347; Meyer-Goßner JR 82, 390, 391; LR § 207/30.

[98] Bei rechtzeitiger Entdeckung des Mangels kann eine Heilung des Fehlers in Betracht kommen, so daß die sonst drohende Verfahrenseinstellung vermieden werden kann; auch dies sollte als Aspekt der Verfahrensbeschleunigung Berücksichtigung finden.

[99] Meyer-Goßner JR 82, 390, 391.

E. Materielle Mängel

I. Mängel des Inhalts des Eröffnungsbeschlusses

1. Fortwirkung von Anklagemängeln

Durch das StPÄG 1964 wurden die Funktionen von Anklageschrift und Eröffnungsbeschluß neu verteilt. Während die Tatkonkretisierung und damit die Umgrenzung des Verfahrensgegenstandes früher dem Eröffnungsbeschluß zukam, erfüllt heute der Anklagesatz diese Aufgabe. Das Eröffnungsgericht überprüft im Zwischenverfahren die von der Staatsanwaltschaft erhobenen Vorwürfe lediglich auf ihre Stichhaltigkeit, so daß es regelmäßig[1] zu keiner eigenen Aussage des Gerichts hinsichtlich des Verfahrensinhaltes kommt. Somit erhält der Eröffnungsbeschluß einen aussagekräftigen Inhalt erst aus der Verbindung mit der Anklageschrift[2]; insofern wird der Anklagesatz durch die Zulassung zur Hauptverhandlung zum „integrierenden Bestandteil des Eröffnungsbeschlusses"[3].
Dieser enge Zusammenhang veranlaßte Literatur und Rspr. zu der Feststellung, daß Mängel der Anklageschrift zugleich Mängel des Eröffnungsbeschlusses sind[4]. Auch wenn das Ergebnis Zustimmung verdient, so ist diese Aussage doch vom Ansatz her zu pauschal und bedarf einer näheren Erläuterung. Während es bei der Anklage um die Erfüllung der Umgrenzungs- und Informationsfunktion geht, bietet der Eröffnungsbeschluß aufgrund seiner negativen Kontrollfunktion einen besonderen Schutz des Angeschuldigten vor haltlosen Vorwürfen. Eine Verletzung der Umgrenzungs- und Informationsfunktion führt aber nicht zwangsläufig zu einem Verstoß gegen die Schutzfunktion. Vielmehr müßte das Eröffnungsgericht infolge der mangelhaften Anklageschrift außerstande sein, eine gewissenhafte Tatverdachtsprüfung vorzunehmen, damit zugleich mit dem Fehler der Anklage ein Mangel beim Eröffnungsbeschluß vorliegt.

a. Umgrenzungsfunktion

Eine solche Übereinstimmung ist beim wesentlichen Mangel der Umgrenzungsfunktion gegeben: Ist der mit der Anklage[5] erhobene Vorwurf im

---

[1] Ausnahmen bei Änderungen gemäß § 207 II StPO und bei Hinweisen; vgl. dazu unten 2.
[2] Schmid Verwirkung 186.
[3] LR § 207/10; BGH GA 73, 111; 80, 108, 109.
[4] Vgl. KMR § 207/36; LR § 207/55; OLG Hamm NStZ-RR 97, 139.
[5] Also die gesamte Anklageschrift, nicht nur der Anklagesatz. Die Schwierigkeiten,

Hinblick auf den Täter oder die Tat nicht eindeutig, so ist es als ausgeschlossen anzusehen, daß das Eröffnungsgericht nach sorgfältiger Prüfung das Vorliegen eines hinreichenden Tatverdachts i.S.v. § 203 StPO beurteilen konnte[6]. Wird das Hauptverfahren gleichwohl eröffnet, so leidet der Eröffnungsbeschluß an einem schwerwiegenden Fehler, weil der Schutzfunktion nicht Genüge getan ist. Der für die Umgrenzungsfunktion erhebliche Mangel der Anklage führt daher zu einem Mangel des Eröffnungsbeschlusses in dessen Schutzfunktion; derselbe Mangel hat also Konsequenzen in zweierlei Hinsicht und auf unterschiedlicher Ebene. Entsprechend der obigen Ausführungen zur Umgrenzungsfunktion[7] und zum fehlenden Eröffnungsbeschluß[8] kommt beim Mangel in der Schutzfunktion nach Beginn der Hauptverhandlung keine Heilung in Betracht, so daß mit Entdeckung des Fehlers das Verfahren von Amts wegen gemäß § 206 a StPO bzw. § 260 III StPO einzustellen ist.

b. Informationsfunktion

Sofern die Anklage ihre Informationsaufgabe nicht erfüllt, ist hinsichtlich der Auswirkungen auf den Eröffnungsbeschluß nach dem Grund des Informationsmangels zu unterscheiden[9]. Fehlt nämlich beispielsweise in der Anklageschrift eine Darstellung des wesentlichen Ermittlungsergebnisses[10] und damit jede Würdigung der Umstände, die einen hinreichenden Tatverdacht nach Ansicht der Staatsanwaltschaft belegen, so ist das Eröffnungsgericht gehindert, die Erwägungen der Ermittlungsbehörde auf ihre Stichhaltigkeit hin zu überprüfen. Ein gleichwohl ergangener Eröffnungsbeschluß, der ja inhaltlich die beweiswürdigenden Ausführungen der Staatsanwaltschaft beurteilen und damit eine doppelte Prüfung der Verurteilungswahrscheinlichkeit sicherstellen soll, erfüllt damit die ihm zukommende Schutzfunktion nicht.
Ein solches Schriftstück ist geradezu ein Beleg dafür, daß tatsächlich keine Prüfung der Anklage in Bezug auf den Tatverdacht erfolgt ist; ein derartiger Eröffnungsbeschluß dokumentiert eine Prüfung, die aus tatsächlichen Gründen nicht vorgenommen werden konnte. Hinsichtlich des Eröffnungsbeschlusses ist wegen des Fehlens einer Prozeßvoraus-

---

die mit dem Rückgriff auf das Ermittlungsergebnis zusammenhängen und anläßlich der Umgrenzungsfunktion des Anklagesatzes dargestellt wurden (vgl. oben Teil 2 E II 3 c), haben beim Eröffnungsverfahren keine Bedeutung.

6 Vgl. Michler 219.

7 Vgl. oben Teil 2 E II 3.

8 Vgl. oben B III.

9 AA LR § 207/59 als Folge des oben kritisierten Automatismus bei der Fehlerbewertung.

10 Sofern kein Fall des statthaften Verzichts gemäß §§ 200 II 2, 418 III StPO vorliegt.

setzung das Verfahren einzustellen. Daß derselbe Fehler im Hinblick auf die Anklageschrift nicht die Eigenschaft als Prozeßvoraussetzung berührt, liegt an dem unterschiedlichen Einfluß des Mangels auf die jeweilige Funktion in Anklage und Eröffnungsbeschluß[11].
Bei weniger gravierenden Informationsmängeln ist - ebenso wie bei leichteren Umgrenzungsmängeln - die Schutzfunktion des Eröffnungsbeschlusses nicht in einem solchen Ausmaß berührt, daß die Wirksamkeit der Eröffnungsentscheidung gefährdet ist. Unabhängig davon sind aufgrund der Fehler erläuternde Hinweise in der Hauptverhandlung notwendig, die den Informationsmangel heilen können und deren Fehlen unter Umständen revisibel ist[12].

2. Mängel des Eröffnungsbeschlusses mit eigenständigem Inhalt

Wie oben[13] ausgeführt, kann ein Mangel in der Informationsfunktion[14] der Anklageschrift das Gericht zu Hinweisen im Eröffnungsbeschluß veranlassen, um Verständnisschwierigkeiten auf Seiten des Angeklagten entgegenzuwirken; das Gericht ist nicht gehalten, mit seinen Hinweisen bis zur Durchführung der Hauptverhandlung zu warten. Die Ausführungen des Eröffnungsgerichts sollen dem Angeklagten bei der Vorbereitung einer sachgerechten Verteidigung helfen und gehen deshalb über den unzureichenden Inhalt der Anklageschrift hinaus.
Somit kommt es aufgrund dieser Hinweise auch bei der sog. unveränderten Zulassung i.S.v. § 207 I StPO entgegen der vom Gesetz vorgesehenen bloßen Zulassung der Anklageschrift zu einer eigenen inhaltlichen Äußerung des Gerichts[15]. Bei diesem Versuch, die mangelhafte Anklage der Staatsanwaltschaft zu konkretisieren, können dem Gericht grds. dieselben Fehler unterlaufen wie der Staatsanwaltschaft bei der Anklageerhebung. Lediglich in einem Punkt ergibt sich eine Abweichung: Während nach der oben vertretenen Auffassung die Beweiswürdigung im Anklagesatz schädlich und revisibel ist[16], kommt einer solchen Darlegung in den Gründen eines Eröffnungsbeschlusses grds. keine Bedeutung zu, da gemäß § 243 III 1 StPO in der Hauptverhandlung lediglich der Anklagesatz verlesen wird und insofern keine Beeinflussung der Laienrichter

[11] Vgl. dazu Teil 2 E III 6 b.
[12] Vgl. dazu im einzelnen oben Teil 2 E III 6 e, f.
[13] Vgl. Teil 2 E III 6 b.
[14] Nicht dagegen für wesentliche Mängel in der Umgrenzungsfunktion, vgl. Teil 2 E II 3 b.
[15] Vgl. LR § 207/11, 55.
[16] Vgl. oben Teil 2 E III 6 f.

zu befürchten ist[17]. Zwar wird der Staatsanwalt die erläuternden Hinweise des Eröffnungsbeschlusses bei der Verlesung des Anklagesatzes einfließen lassen müssen, was aus dem Sinnzusammenhang des § 243 III StPO folgt. Dabei darf er aber solche Hinweise nicht verlesen, die beweiswürdigende Elemente enthalten; geschieht dies dennoch, so ist hierin - und nicht im Eröffnungsbeschluß - der Fehler zu sehen.
Sind die erteilten Hinweise des Eröffnungsgerichts so ungenügend oder fehlerhaft, daß der Angeschuldigte trotz dieser Ergänzung an einer sachgerechten Verteidigung gehindert ist, so sind weitergehende Hinweise im Hauptverfahren[18] erforderlich; anderenfalls wird die - durch Informationsmängel ausgelöste - richterliche Hinweispflicht verletzt, was aufgrund ordnungsgemäßer Rüge im Rahmen der Revision zur Urteilsaufhebung führen kann[19].
In den Fällen der veränderten Anklagezulassung gemäß § 207 II StPO kommt es allein bei der abweichenden rechtlichen Würdigung (§ 207 II Nr. 3 StPO) zu Ausführungen, die die Gefahr inhaltlicher Mängel aufkommen lassen. Macht das Gericht von dieser Abänderungsbefugnis Gebrauch[20], so muß es im Eröffnungsbeschluß angeben, welches andere Strafgesetz auf die Tat Anwendung findet und welche Umstände nach seiner Auffassung die gesetzlichen Merkmale dieser anderen Strafvorschrift erfüllen[21]. Die dabei im Hinblick auf die Informationsaufgabe möglichen Fehler sind deckungsgleich mit denen bei der Abfassung einer Anklage[22]. Solche Fehler sind vom Staatsanwalt anläßlich des Vortrages des Anklagesatzes[23] durch entsprechende Richtigstellungen zu heilen. Sofern dies unterbleibt und auch keine Hinweise oder Erläuterungen in der Hauptverhandlung gegeben werden, kann in der Revision gleichfalls eine Verletzung der richterlichen Hinweispflicht gerügt werden.

3. Inhaltliche Unrichtigkeit von Eröffnungsentscheidungen

Das Gericht trifft im Eröffnungsbeschluß eine Entscheidung darüber, ob nach den Ausführungen der Staatsanwaltschaft in der Anklageschrift eine

[17] Vgl. dazu auch BGH NStZ (Pf/M) 84, 15 sowie KM § 207/11.
[18] Vgl. oben Teil 2 E III 6 e.
[19] Vgl. oben Teil 2 E III 6 f.
[20] Dies ist in der Praxis nur dann der Fall, wenn sich die sachliche oder funktionelle Zuständigkeit ändert, vgl. KK § 207/8.
[21] BGH NJW 70, 2071, 2072.
[22] Vgl. Teil 2 E III 2-4.
[23] Dabei kann dieser Vortrag nach § 243 III 3 StPO besondere Schwierigkeiten aufwerfen, da § 207 III 1 StPO keine neue Anklageschrift verlangt und daher kein reines Verlesen möglich ist; bei komplizierten Fällen ist deshalb die Niederschrift des vorzutragenden Anklagesatzes anzuraten, vgl. LR § 243/53 a.E.

Verurteilung wahrscheinlich erscheint. Eine solche Prognose birgt stets die Gefahr einer Fehleinschätzung seitens des Gerichts, so daß die Frage nach den Folgen inhaltlicher Bewertungsmängel aufgeworfen wird.
Ein solcher Mangel kann sich einerseits im Hinblick auf die rechtliche Würdigung der Tat ergeben. Sofern sich in einem späteren Verfahrensabschnitt herausstellt, daß die Einordnung durch die Staatsanwaltschaft und deren Bestätigung durch das Eröffnungsgericht falsch war, führt dies nicht zur Unwirksamkeit des Eröffnungsbeschlusses[24]. Vielmehr ist bei der rechtlichen Würdigung ein Hinweis gemäß § 265 I StPO zu erteilen mit der Folge, daß die Hauptverhandlung gemäß § 265 IV StPO unter Umständen ausgesetzt werden muß.
Andererseits kann sich nach Erlaß des Eröffnungsbeschlusses herausstellen, daß tatsächlich kein hinreichender Tatverdacht bestand. Sofern dies vor Beginn der Hauptverhandlung festgestellt wird, soll nach einer Ansicht der Eröffnungsbeschluß zurückgenommen werden können[25]. Gegen diese Auffassung spricht zum einen, daß § 206 a StPO auf das Vorliegen von Verfahrenshindernissen beschränkt ist und keine Verfahreneinstellung aus materiellen Gründen kennt[26]. Die Gegenmeinung[27] verkennt den qualitativen Unterschied, der zwischen einem Prozeßhindernis und dem Wegfall des Tatverdachts besteht: Während das Fehlen einer Prozeßvoraussetzung eindeutig und endgültig festgestellt werden kann, ist die veränderte Verurteilungswahrscheinlichkeit eine Wertung, bei der ein erneuter Wechsel möglich ist; Wesensmerkmal einer - auch geänderten - Prognose ist deren Vorläufigkeit. Zum anderen gewährt Art. 103 III GG durch die besondere Rechtskraftwirkung des Urteils einen umfassenden Schutz vor einer neuen Strafverfolgung. Zwar ist den Kritikern darin zuzustimmen, daß der Angeklagte in eine Hauptverhandlung genötigt wird, deren Ergebnis von vornherein festzustehen scheint[28]. Allerdings ist der Angeklagte nach einer Verfahrenseinstellung nicht vor einem erneuten Wandel in der Verurteilungsprognose sicher und somit nicht vor einer weiteren Strafverfolgung geschützt[29].
Mithin kommt es nach Erlaß des Eröffnungsbeschlusses nicht mehr auf die Frage des hinreichenden Tatverdachtes an, so daß erst recht eine Rücknahme des Eröffnungsbeschlusses nach Beginn der Hauptverhandlung abzulehnen ist[30]. Kann somit nach ergangener Eröffnungsent-

---

[24] Vgl. LR § 207/59; KMR § 207/45.
[25] So Ulsenheimer NStZ 84, 440 ff.; Hohendorf NStZ 85, 399 ff.
[26] Vgl. Meyer-Goßner NJW 70, 415, 416.
[27] Ulsenheimer NStZ 84, 440, 441.
[28] Vgl. Ulsenheimer NStZ 84, 440, 443.
[29] Vgl. Rieß NStZ 83, 247, 248; LG Lüneburg NStZ 85, 41, 42.
[30] Ebenso BGH GA 80, 108, 109; aA LG Nürnberg-Fürth JR 83, 257 mit abl. Anm

scheidung die Richtigkeit der Verurteilungsprognose nicht mehr überprüft werden, so folgt daraus, daß auch die irrige Bejahung des hinreichenden Tatverdachts ohne irgendeine Auswirkung auf die Wirksamkeit des Eröffnungsbeschlusses ist[31].

II. Sonstige Mängel

1. Weiterreichende Eröffnungsentscheidung

Gemäß dem Akkusationsprinzip kommt allein der Anklage die Funktion zu, den Prozeßgegenstand für das weitere Verfahren festzulegen (§ 155 I StPO). Es ist daher nicht möglich, daß eine insgesamt fehlende Anklage durch eine Eröffnungsentscheidung ersetzt wird[32]. Dasselbe hat zu gelten, wenn sich der Eröffnungsbeschluß auf nichtangeklagte Taten bezieht[33] oder bei mehreren verfahrensmäßig hintereinander verbundenen Anklagen solche Teile zur Hauptverhandlung zuläßt, die vor der Eröffnungsentscheidung wirksam zurückgenommen wurden[34]. Auch hier fehlt - wenngleich nur für einen Teil des Eröffnungsbeschlusses - die Prozeßvoraussetzung einer öffentlichen Klage, so daß das Verfahren im Umfang des nichtangeklagten Teils des Eröffnungsbeschlusses gemäß §§ 206 a, 260 III StPO eingestellt werden muß.

2. Doppelte Eröffnungsentscheidungen

Ist wegen derselben prozessualen Tat (§ 264 StPO) bei verschiedenen Gerichten Anklage erhoben worden und haben beide das Hauptverfahren eröffnet, so gebührt gemäß § 12 I StPO demjenigen Gericht der Vorzug, das zuerst eröffnet hat[35]. Das andere Gericht hat das Verfahren wegen entgegenstehender Rechtshängigkeit einzustellen, da eine bereits bewirkte Prozeßlage nicht mehr erneut herstellbar ist[36]. Bei einem Zuständigkeitsstreit entscheidet gemäß § 14 StPO das gemeinschaftliche obere Gericht.

Meyer.

[31] So auch LR § 207/59; KMR § 207/45; Beulke 301, 360; Nelles NStZ 82, 96, 101.

[32] Vgl. oben Teil 2 B III 2.

[33] RG HRR 39 Nr. 545.

[34] Vgl. § 156 StPO; LR 23. Aufl. § 207/41.

[35] LR § 207/62. Ausnahmsweise kommt es zur Durchbrechung des Präventionsgrundsatzes, vgl. dazu näheres bei KM § 12/2; LR § 12/16 ff.; BGH NStZ (Pf/M) 84, 212.

[36] KMR § 207/37; LR 23. Aufl. § 207/42.

Insbesondere bei Mehrfachtaten, die nach früherer Rspr. unter das Institut der fortgesetzten Handlung fielen[37], konnte es vorkommen, daß dasselbe Gericht wegen derselben prozessualen Tat mehrere Eröffnungsbeschlüsse erlassen hat[38]. Dies war bspw. dann der Fall, wenn der erste Eröffnungsbeschluß eine als fortgesetzte Handlung gewürdigte Tat betraf und der zweite Eröffnungsbeschluß weitere Teilakte zum Gegenstand hatte; da die Teilhandlungen einer fortgesetzt begangenen Tat ihre rechtliche Selbständigkeit verloren, umfaßte bereits der erste Eröffnungsbeschluß alle Teilakte, unabhängig von dem im Eröffnungsbeschluß bezeichneten Zeitraum[39]. Da der zweite Eröffnungsbeschluß dann lediglich die bereits erlassene Eröffnungsentscheidung bestätigt und somit keinen eigenständigen Inhalt hat, kann allein der erste Eröffnungsbeschluß Grundlage für das weitere Verfahren sein[40]. Auch hier muß das Gericht hinsichtlich des zweiten Eröffnungsbeschlusses wegen anderweitiger Rechtshängigkeit das Verfahren gemäß §§ 206 a, 260 III StPO einstellen[41].

3. Widersprechende Eröffnungsentscheidungen

Sofern wegen einer vorgeworfenen Tat die Eröffnung der Hauptverhandlung beschlossen und durch einen anderen Beschluß abgelehnt wird, hängt die Wirksamkeit der einander widersprechenden Entscheidungen vom Zeitpunkt ihres Zustandekommens ab. Sofern beide Beschlüsse gleichzeitig erlassen und zugestellt wurden, heben sie sich gegenseitig auf[42]. Es liegt dann weder ein wirksamer Eröffnungsbeschluß i.S.v. § 207 StPO noch ein wirksamer Ablehnungsbeschluß i.S.v. § 211 StPO vor, so daß das Verfahren wegen Fehlens eines wirksamen Eröffnungsbeschlusses einzustellen ist[43]. Sind dagegen die beiden Entscheidungen zeitlich versetzt ergangen, so ist der zuerst erlassene Beschluß maßgebend, da eine nachfolgende Entscheidung mit konträrem Inhalt auf eine unzulässige Rücknahme hinausliefe[44].

Davon zu trennen ist die Konstellation, bei der eine Tat im Hinblick auf einen bestimmten rechtlichen Gesichtspunkt eröffnet und im selben Beschluß die Eröffnung wegen eines anderen rechtlichen Gesichtspunktes

---

[37] Vgl. oben Teil 2 E II 2 c.
[38] Vgl. RGSt 70, 342; RG HRR 39 Nr. 478; OLG Celle NJW 66, 1327, 1328.
[39] So LR § 207/62; teilweise aA Schmidt II § 203/6.
[40] LR 23. Aufl. § 207/43.
[41] Vgl. KMR § 207/37.
[42] So RGSt 61, 353, 355.
[43] So BayObLG JR 86, 430, 431; Schmidt II § 203/7 gegen RGSt 61, 353, 355, wo das ergangene Urteil gemäß § 337 StPO aufgehoben wurde.
[44] LR § 207/63.

abgelehnt wird: Eine solche Spaltung der Schuldfrage ist zwar unzulässig[45], führt aber nicht zur Unwirksamkeit der Eröffnungsentscheidung[46]. Vielmehr hat die Eröffnung der Hauptverhandlung auch in einem solchen Fall die Bedeutung, daß das Gericht die Tat i.S.v. § 264 StPO unter allen in Frage kommenden rechtlichen Aspekten prüfen muß[47].

---

[45] Schmidt II § 203/8; LR 23. Aufl. § 207/45. Richtigerweise müßte das Gericht bei einer als unzulässig angesehenen rechtlichen Würdigung nach § 207 II Nr. 3 StPO verfahren.

[46] LR § 207/63; § 206/7.

[47] RGSt 62, 96, 97; 62, 112, 113; 62, 153, 155 mwN.

Zusammenfassung der Ergebnisse

Der Anklage im Strafverfahren kommt sowohl eine Umgrenzungsfunktion wie auch eine Informationsfunktion zu. Obwohl beide Aufgaben gleichwertig sind, haben Abweichungen unterschiedliche Folgen für das weitere Verfahren. Dem Strafbefehl wie auch dem Bußgeldbescheid im Ordnungswidrigkeitenrecht kommt neben diesen Funktionen bei unterbliebenem Einspruch eine Vollstreckungsaufgabe zu.
Unterbleibt die Anklageerhebung, so fehlt eine Prozeßvoraussetzung. Beim bloßen Verlust der Anklageschrift kann dagegen deren Inhalt freibeweislich rekonstruiert werden, da hier nur eine Dokumentationsaufgabe berührt ist. Der Betroffene kann mangels Dispositionsbefugnis nicht auf die Einreichung einer Anklageschrift verzichten. Um den gesetzlichen Aufgaben gerecht zu werden, kommt eine Nachholung der Anklageerhebung nur bis zum Erlaß eines Eröffnungsbeschlusses in Betracht. Beim Fehlen der Anklage kann die Verfahrenseinstellung weder durch einen Wechsel in das beschleunigte Verfahren noch durch eine Analogie zur Nachtragsanklage umgangen werden.
Mängel in der sachlichen oder örtlichen Zuständigkeit der anklageerhebenden Behörde stellen stets ein Verfahrenshindernis dar; beim Bußgeldbescheid ist dies nur bei Evidenz der Fall. Hingegen hat die Frage nach der Zuständigkeit des Unterzeichners als Behördeninternum keine Außenwirkung. Ebenfalls folgenlos ist die Mitwirkung eines befangenen Staatsanwalts, da dieser Makel der Anklage durch die Hauptverhandlung überholt wird. Fehlt für die Anklageerhebung eine nicht nachholbare Prozeßvoraussetzung, so liegt darin - ebenso wie im Fehlen der Anklage - ein Verfahrenshindernis.
Sowohl Anklageschrift wie auch Bußgeldbescheid müssen schriftlich abgefaßt werden; sofern keine gesetzlich vorgesehene Ausnahme vorliegt, muß das Verfahren anderenfalls eingestellt werden. Die Unterzeichnung hat die Endgültigkeit der behördlichen Entscheidung erkennen zu lassen. Eine Heilung der fehlenden Unterschrift mittels Freibeweis ist nur eingeschränkt möglich; mißlingt der Nachweis, so ist eine Nachholung ausgeschlossen. Um Fragen der Zuständigkeit prüfen zu können, bedarf es der namentlichen Erwähnung der erlassenden Behörde.
Der Angeschuldigte ist so genau zu bezeichnen, daß eine Verwechslung ausgeschlossen ist; anderenfalls wird der Umgrenzungsfunktion nicht entsprochen. Dasselbe hat für die Umschreibung der vorgeworfenen Tat zu gelten, wobei ein vermutetes Täterwissen unberücksichtigt bleiben muß. Die Konkretisierung sollte vorrangig nach Zeit, Ort und Modalitäten der Tat erfolgen; sofern dies nicht oder nur unzureichend möglich ist, wird das Tatergebnis herangezogen.

Die Anklageerhebung wegen einer fortgesetzten Handlung stellte besondere Anforderungen, da neben einer Individualisierung der Einzeltaten diejenigen Umstände dargelegt werden mußten, die eine Verbindung rechtfertigten. Sofern keine nähere Eingrenzung möglich war, genügte - neben der Darlegung der Tatgrundzüge - die Festsetzung einer Mindestzahl begangener Taten. Seit der Rechtsprechungsänderung zum Fortsetzungszusammenhang werden diese Fälle wie selbständige Taten behandelt und müssen deshalb in der Anklage stets nach konkreten Tatbildern umschrieben werden.

Die vor Erlaß eines Eröffnungsbeschlusses zunächst gebotene Heilungsmaßnahme eines Umgrenzungsmangels ist die Rückgabe an die Staatsanwaltschaft; diese muß einer Anregung des Gerichts aber nicht folgen. Während eine Konkretisierung des Tatverdachts im Eröffnungsbeschluß nicht zulässig ist, kann allenfalls auf das mitgeteilte Ermittlungsergebnis zurückgegriffen werden. Hinweise in der Hauptverhandlung sind nur zur Verdeutlichung, nicht aber zum Zwecke der Umgrenzung statthaft. In der Revision können keine Anklagemängel gerügt werden; sofern der Fehler so schwer wiegt, daß er dem Fehlen einer Anklage gleichkommt, muß das Verfahren in jedem Stadium von Amts wegen eingestellt werden.

Die Informationsfunktion unterstützt das Gericht bei der Prüfung des Tatverdachts und ermöglicht dem Betroffenen eine sachgerechte Verteidigung. Aus diesem Grund sind diejenigen Umstände mitzuteilen, auf denen die Beurteilung der Staatsanwaltschaft beruht; hierzu zählen neben den Tatbestandsmerkmalen auch die rechtsfolgenrelevanten Tatsachen. Die Würdigung der Beweismittel ist dem Ermittlungsergebnis vorbehalten und darf nicht in den Anklagesatz einfließen.

Auch bei Informationsmängeln ist die Anklage primär an die Staatsanwaltschaft zur Nachbesserung zurückzugeben. Da hier der Prozeßgegenstand bereits feststeht, können Hinweise sowohl vom Gericht wie auch vom Staatsanwalt erteilt werden. Sofern Schöffen von der Beweiswürdigung der Staatsanwaltschaft Kenntnis erlangen, ist dieser Verstoß revisibel.

Im Bereich der Verkehrsordnungswidrigkeiten ist das Abstellen auf die Folgen eines Verstoßes ein geeignetes Kriterium für die Anforderungen an die Umgrenzung. Die Aufgabe des Instituts des Fortsetzungszusammenhangs hat auch Auswirkungen auf das Ordnungswidrigkeitenrecht; angesichts der damit einhergehenden Probleme erscheint ein gesetzgeberisches Tätigwerden unvermeidbar. Da die Umgrenzung Aufgabe der Behörde ist, kann nicht auf eine beigefügte Zeugenanzeige verwiesen werden. Sind die im Bußgeldbescheid ausgesprochenen Sanktionen nicht eindeutig bestimmt, so gelten sie als nicht verhängt und können nicht beigetrieben werden.

Dem Eröffnungsbeschluß kommt zum Schutz des Angeschuldigten und zur Entlastung der Gerichte eine negative Kontrollfunktion zu. Da er - ebenso wie die Anklage - Prozeßvoraussetzung ist, führt sein Fehlen zur Verfahrenseinstellung. Während die Eröffnungsentscheidung nicht zur Disposition der Betroffenen steht, schadet ein verlorengegangener Beschluß bei Nachweis seines Erlasses nicht. Vor Beginn der Hauptverhandlung ist eine Nachholung der Eröffnungsentscheidung unproblematisch. Hingegen ist eine Heilung nach Aussetzung ebenso zu bewerten wie eine Nachholung innerhalb der Hauptverhandlung: Unabhängig davon, ob bereits eine Vernehmung zur Sache stattgefunden hat, kann der Schutzfunktion nicht mehr Genüge getan werden. Eine Nachholung in der Rechtsmittelinstanz würde zudem gegen den eindeutigen Wortlaut des § 199 I StPO verstoßen; das Verfahren ist einzustellen, wobei § 206 a StPO neben den Rechtsmittelvorschriften grundsätzlich anwendbar ist.
Bis zum Beginn der Hauptverhandlung ist ein Übergang ins beschleunigte Verfahren zulässig, sofern es hierfür einen sachlichen Grund gibt; dagegen ist eine Heilung des fehlenden Eröffnungsbeschlusses durch analoge Anwendung der Vorschriften über die Nachtragsanklage auch hier nicht möglich. Andere Beschlüsse können allenfalls dann das Fehlen kompensieren, wenn sich ein auf die Eröffnung gerichteter Wille des Gericht eindeutig und zweifelsfrei in der Entscheidung niedergeschlagen hat.
Der Eröffnungsbeschluß des unzuständigen Gerichts ist nicht per se unwirksam. Während ein Besetzungsfehler nur bei willkürlicher Entziehung des gesetzlichen Richters schadet, führt die Mitwirkung eines befangenen oder ausgeschlossenen Richters wie auch die Beteiligung eines Schöffen stets zur Verfahrenseinstellung wegen Fehlens einer Prozeßvoraussetzung. Eigenständige Fehler des Eröffnungsbeschlusses sind gemäß § 336 S. 2 StPO nicht revisibel. Damit ist aber keine Einschränkung im Hinblick auf die Eigenschaft als Prozeßvoraussetzung getroffen: Da solche Mängel von Amts wegen berücksichtigt werden, bedarf es für eine interessengerechte Lösung insbesondere keiner Beschwerde nach § 304 StPO.
Der Eröffnungsbeschluß ist - ebenso wie die Anklage - schriftlich abzufassen; eine nur gesprächsweise Einigung der Richter genügt nicht. Sofern in einem Eröffnungsbeschluß des Kollegialgerichts, der im Beratungsverfahren ergangen ist, nicht alle Beteiligten unterschrieben haben, schadet dies solange nicht, wie die tatsächliche Mitwirkung aus dem Beschluß entnommen werden kann. Dagegen ist beim Umlaufverfahren - ebenso wie beim Einzelrichter - die Unterzeichnung der einzig zuverlässige Nachweis eines ordnungsgemäßen Zustandekommens. Da eine fehlende Mitwirkung nicht nachgeholt werden kann, ist bei der Einholung dienstlicher Auskünfte äußerste Zurückhaltung geboten.

Mängel in der Umgrenzungsfunktion der Anklageschrift führen stets zu einem inhaltlichen Fehler des Eröffnungsbeschlusses, da in diesen Fällen eine sorgfältige richterliche Prüfung des Tatverdachts ausgeschlossen ist. Nur sofern trotz des Mangels in der Informationsfunktion eine Beurteilung des Tatverdachts möglich ist, schadet dieser der Wirksamkeit des Eröffnungsbeschlusses nicht; anderenfalls fehlt auch hier die Grundlage für das weitere Verfahren.
Sowohl bei richterlichen Hinweisen im Eröffnungsbeschluß wie auch bei einer veränderten Anklagezulassung nach § 207 II Nr. 3 StPO kann es zu inhaltlichen Fehlern kommen. Sofern diese nicht während des Verfahrens behoben werden, kommt eine revisible Verletzung der richterlichen Pflichten in Betracht. Eine geänderte Beurteilung des Tatverdachts nach Erlaß des Eröffnungsbeschlusses führt nicht zu dessen Rücknahme. Sofern aber der Eröffnungsbeschluß über die Anklage hinausgeht oder in einem bereits anderweitig rechtshängigen Verfahren erlassen wurde, fehlt es an der Prozeßvoraussetzung eines wirksamen Eröffnungsbeschlusses.

Literaturverzeichnis

ACHENBACH, Hans: „Tat“, „Straftat“, „Handlung“ und die Strafrechtsreform, in: MDR 1975, S. 19 ff.

ALSBERG, Max: Die strafprozessualen Entscheidungen der Oberlandesgerichte, Zweiter Band, 1927

ALSBERG, Max: Anmerkung zu RG vom 27.1.1930, JW 1930, S. 2141

ALTERNATIVKOMMENTAR: Kommentar zur Strafprozeßordnung in der Reihe Alternativkommentare, Band 2, Teilband 1 §§ 94-212 b, herausgegeben von R. Wassermann, 1992 (zitiert nach Paragraph und Randnummer)

ARLOTH, Frank: Zur Ausschließung und Ablehnung des Staatsanwalts, in: NJW 1983, S. 207 ff.

ARNDT, Adolf: Fehlerhafte Eröffnungs-Beschlüsse, in: GS 1932, S. 187 ff.

ARZT, Gunther: Die fortgesetzte Handlung geht - die Problemen bleiben, in: JZ 1994, S. 1000 ff.

ATZLER, Bernhard: Das Recht des ehrenamtlichen Richters, die Verfahrensakten einzusehen, in: DRiZ 1991, S. 207 f.

BACHEM, Heinz: Anmerkung zu OLG Düsseldorf vom 11.1.1995, NStZ 1996, S. 207

BACHOF, Otto: Über die Geltung des Art. 104 des Grundgesetzes oder von der Aufgabe des Richters zur Ausfüllung von Gesetzeslücken, in: JZ 1951, S. 737 ff.

BAUER, Fritz: Ideal- oder Realkonkurrenz bei nationalsozialistischen Verbrechen?, in: JZ 1967, S. 625 ff.

BAUER, Wolfram/WRAGE-MOLKENTHIN, Heidi: Zur Bedeutung des Grundsatzes ne bis in idem in Kartellbußgeldsachen, in: BB 1988, S. 1131 ff.

BECK, Wolf-Dieter/BERR, Wolfgang: OWi-Sachen im Straßenverkehrsrecht, 2. Auflage 1993 (zitiert nach Randnummer)

BELING, Ernst von: Anmerkung zu RG vom 31.3.1931, JW 1931, S. 2370 ff.

BERR, Wolfgang: Anmerkung zu LG Münster vom 22.2.1995, DAR 1995, S. 303 f.

BETTERMANN, Karl: Anmerkung zu BVerfG vom 28.4.1971, DVBl 1971, S. 786 ff.

BEULKE, Werner: Strafprozeßrecht, 2. Auflage 1996 (zitiert nach Randnummer)

BITTMANN, Folker/DREIER, Dörte: Bekämpfung der Wirtschaftskriminalität nach dem Ende der fortgesetzten Handlung, in: NStZ 1995, S. 105 ff.

BLIESNER, Klaus: Anmerkung zu OLG Hamm vom 5.9.1973, NJW 1974, S. 874

BLOY, René: Zur Systematik der Einstellungsgründe im Strafverfahren, in: GA 1980, S. 161 ff.

BOCKELMANN, Paul: Strafprozessuale Zuständigkeitsordnung und gesetzliche Richter, in: GA 1957, S. 357 ff.

BOCKELMANN, Paul: Entspricht die Zuständigkeitsordnung im Strafprozeß dem Grundgesetz?, in: NJW 1958, S. 889 ff.

BÖRKER, Rudolf: Die Wiedergabe des Ermittlungsergebnisses in der Anklageschrift, in: JP 1955, Heft 41, S. 2 f.

BOHLANDER, Michael: Zu den Anforderungen an die Privatklage nach § 381 StPO, in: NStZ 1994, S. 420 f.

BOHNERT, Joachim: Die Einstellungsbeschlüsse nach §§ 206 a, 206 b StPO, in: GA 1982, S. 166 ff.

BOHNERT, Joachim: Verfassungsrechtliche Bedenken gegen die Regelungen der Gerichtszuständigkeit im Ordnungswidrigkeitenverfahren, in: GA 1987, S. 193 ff.

BOHNERT, Joachim: Teileinspruch im Ordnungswidrigkeitenverfahren, in: NZV 1988, S. 201 ff.

BOHNERT, Joachim: Anmerkung zu BGH vom 6.12.1994, NStZ 1995, S. 460 ff.

BOTTKE, Wilfried: Zur Anklagepflicht der Staatsanwaltschaft, in: GA 1980, S. 298 ff.

BOTTKE, Wilfried: Rechtsbehelfe der Verteidigung im Ermittlungsverfahren - eine Systematisierung, in: StV 1986, S. 120 ff.

BRUNNER, R.: Anmerkung zu BayObLG vom 22.11.1974, JR 1975, S. 203 ff.

BRUNS, Hans-Jürgen: Anmerkung zu BVerfG vom 24.4.1978, JR 1979, S. 28 ff.

BRUNS, Hans-Jürgen: Inwieweit unterliegt die Mitwirkung eines als befangen abgelehnten Staatsanwalts der revisionsgerichtlichen Kontrolle - Fortentwicklung der Rechtsprechung?, in: JR 1980, S. 397 ff.

BURCHARDI, K./KLEMPHAN, G./WETTERICH, P.: Der Staatsanwalt und sein Aufgabengebiet, 5. Auflage 1982 (zitiert nach Randnummer)

DAHS, Hans/DAHS, Hans: Die Revision im Strafprozeß, 5. Auflage 1993 (zitiert nach Randnummer)

DANCKERT, Peter: Anmerkung zu BGH vom 2.12.1986, StV 1988, S. 282 ff.

DEMUTH, Hennrich: Mängel des Bußgeldbescheides und ihre Auswirkungen, in: VOR 1973, S. 44 ff.

DENCKER: Besprechung von Aufsätzen und Anmerkungen zum Straf- und Strafprozeßrecht, in: NStZ 1982, S. 152 ff.

DOLLER, Hans: Störanfälligkeiten im amtsgerichtlichen Bußgeldverfahren, in: DRiZ 1980, S. 201 ff.

DORNER: Anmerkung zu AG Sigmaringen vom 25.10.1994, DAR 1995, S. 34 ff.

DREHER, Eduard/TRÖNDLE, Herbert: Strafgesetzbuch und Nebengesetze, 47. Auflage, 1995 (zitiert nach Paragraph und Randnummer)

DÜNNEBIER, Hanns: Das beschleunigte Verfahren, in: GA 1959, S. 272 ff.

DÜNNEBIER, Hanns: Anmerkung zu BayObLG vom 21.3.1962, JR 1962, S. 467 f.

ERB, Volker: Die Möglichkeiten einer abschließenden Erledigung von Seriendelikten in einem einzigen Verfahren, in: GA 1995, S. 430 ff.

FEISENBERGER, Albert: Ist nach Eröffnung des Hauptverfahrens die Einstellung des Verfahrens durch Beschluß wegen Mangel des Strafantrags möglich?, in: GA 1910, S. 175 ff.

FEZER, Gerhard: Strafprozeßrecht I, Juristischer Studienkurs, 2. Auflage 1995 (zitiert nach Fall und Randnummer)

FEZER, Gerhard: Anmerkung zu BGH vom 25.1.1995, NStZ 1995, S. 297 f.

FISCHER, Thomas: Entwicklungslinien der fortgesetzten Handlung, in: NStZ 1992, S. 415 ff.

FOTH, Eberhard: Fortgesetzte Handlung und Verjährung, in: Festschrift für Rudolf Nirk zum 70. Geburtstag, 1992, S. 293 ff.

FOTH, Eberhard: Dürfen verjährte Taten strafschärfend wirken?, in: NStZ 1995, S. 375 f.

FRANZHEIM, H.: Anmerkung zu OLG Düsseldorf vom 30.10.1990, JR 1991, S. 389 f.

FRISCH, Wolfgang: Ausschluß und Ablehnung des Staatsanwalts, in: Festschrift für Hans-Jürgen Bruns zum 70. Geburtstag, 1978, S. 385 ff.

FROHN, Hansgeorg: Strafverteidigung und rechtliches Gehör - Verfassungsrechtliche Anmerkungen zur Strafverfahrensreform, in: GA 1984, S. 554 ff.

FUCHS, Erwin: Anmerkung zu OLG Düsseldorf vom 1.12.1982, StV 1983, S. 409 f.

FUCHS, Jürgen: Anmerkung zu OLG Celle vom 11.7.1968, NJW 1968, S. 2390 f.

GEBHARDT, Hans-Jürgen: Das verkehrsrechtliche Mandat. Band 1: Verteidigung in Verkehrstraf- und Ordnungswidrigkeitenverfahren, 1996 (zitiert nach Paragraph und Randnummer)

GEBHARDT, Hans-Jürgen: Reform des OWi-Gesetzes, ein Rechts- oder ein Finanzproblem?, in: DAR 1996, S. 1 ff.

GEISLER, Claudius: Der Beschluß des Großen Strafsenats zum Fortsetzungszusammenhang, in: Jura 1995, S. 74 ff.

GEPPERT, Klaus: Das Legalitätsprinzip, in: Jura 1982, S. 139 ff.

GEPPERT, Klaus: Zum „fair-trail-Prinzip" nach Art. 6 Abs. 1 Satz 1 der Europäischen Menschenrechtskonvention, in: Jura 1992, S. 597 ff.

GEPPERT, Klaus: Die „fortgesetzte Tat" im Spiegel jüngerer Rechtsprechung und neuerer Literatur, in: Jura 1993, S. 649 ff.

GEPPERT, Klaus: Zur straf- und strafverfahrensrechtlichen Bewältigung von Serienstraftaten nach Wegfall der Rechtsfigur der „fortgesetzten Handlung", 1. Teil, in: NStZ 1996, S. 57 ff.; 2. Teil, in: NStZ 1996, S. 118 ff.

GERMANN, Richard: Der Eröffnungsbeschluß, in: NJW 1960, S. 758 f.

GÖBEL, Oswald: Anklagezwang und Gewaltentrennung, in: NJW 1961, S. 856 ff.

GÖBEL, Oswald: Sinnwandel des Eröffnungsbeschlusses?, in: MDR 1962, S. 437 ff.

GÖHLER, Erich: Anmerkung zu BayObLG vom 27.1.1970, JR 1970, S. 312 f.

GÖHLER, Erich: Anmerkung zu OLG Hamm vom 28.10.1970, JR 1971, S. 384 ff.

GÖHLER, Erich: Anmerkung zu BayObLG vom 25.4.1972, JR 1973, S. 29 f.

GÖHLER, Erich: Zum Gesetz über Ordnungswidrigkeiten, in: NStZ 1989, S. 62 ff.

GÖHLER, Erich: Anmerkung zu BayObLG vom 10.3.1989, JR 1989, S. 478 f.

GÖHLER, Erich: Anmerkung zu AG Krefeld vom 20.7.1990, NStZ 1991, S. 293 f.

GÖHLER, Erich: Zum Gesetz über Ordnungswidrigkeiten, in: NStZ 1991, S. 73 ff.

GÖHLER, Erich: Aus der Rechtsprechung zum Gesetz über Ordnungswidrigkeiten, in: NStZ 1993, S. 71 ff.

GÖHLER, Erich: Aus der Rechtsprechung zum Gesetz über Ordnungswidrigkeiten, in: NStZ 1994, S. 71 ff.

GÖHLER, Erich: Ist die fortgesetzte Handlung mit der Entscheidung des Großen Senats in Strafsachen, wistra 1994, 185, auch in Bußgeldsachen praktisch verabschiedet?, in: wistra 1995, S. 300 ff.

GÖHLER, Erich: Gesetz über Ordnungswidrigkeiten, 11. Auflage, 1995 (zitiert nach Paragraph und Randnummer)

GÖRKE: Anmerkung zu BGH vom 15.1.1954, JR 1954, S. 150

GRANDERATH, Reinhard: Erschwerungsgründe in der strafgerichtlichen Urteilsformel, in: MDR 1984, S. 998 f.

GRETHLEIN, Gerhard: Erwachsene vor Jugendgerichten - Eine Frage der sachlichen Zuständigkeit?, in: NJW 1961, S. 2144 ff.

GRIBBOHM, Günther: Anmerkung zu BGH vom 25.5.1993, NStZ 1993, S. 536

GROSSMANN, Hans-Georg: Die Aufhebung des Eröffnungsbeschlusses und der Anspruch des Angeklagten auf Freispruch, Dissertation, 1986

HÄGER, Joachim: Zu den Folgen staatsanwaltlicher in der Hauptverhandlung begangener Verfahrensfehler, in: Gedächtnisschrift für Karlheinz Meyer, 1990, S. 171 ff.

HAHN, Anne: 180 Punkte auf einen Streich, in: ADAC-motorwelt 1995, Heft 9, S. 68

HAHN, Carl: Die gesamten Materialien zu den Reichs-Justizgesetzen; Band 1, Materialien zum Gerichtsverfassungsgesetz, Abteilung 1, 2. Auflage 1883

HAMM, Rainer: Das Ende der fortgesetzten Handlung, in: NJW 1994, S. 1636 f.

HANACK, Ernst-Walter: Die Rechtsprechung des Bundesgerichtshofs zum Strafverfahrensrecht, in: JZ 1971, S. 218 ff.

HANACK, Ernst-Walter: Die Rechtsprechung des Bundesgerichtshofs zum Strafverfahrensrecht, in: JZ 1972, S. 313 ff.

HARTUNG, F.: Amtshandlungen der Staatsanwaltschaft außerhalb ihres Bezirks, in: JR 1925, S. 1163

HEGLER, August: Anmerkung zu RG vom 17.6.1929, JW 1929, S. 2745 ff.

HILGENDORF, Eric: Verfahrensfragen bei der Ablehnung eines befangenen Staatsanwalts, in: StV 1996, S. 50 ff.

HOEPFFNER: Anmerkung zu BGH vom 13.7.1967, GRUR 1968, S. 109 f.

HOHENDORF, Andreas: Die (Un-)Aufhebbarkeit eines Eröffnungsbeschlusses nach Wegfall des hinreichenden Tatverdachts, in: NStZ 1985, S. 399 ff.

JACOBS, Günther: Probleme der Wahlfeststellung, in: GA 1971, S. 257 ff.

JÄHNKE, Burkhard: Grenzen des Fortsetzungszusammenhangs, in: GA 1989, S. 376 ff.

JAGOW, Joachim: Fortgesetzte Handlung im Verkehrsstraf- und Verkehrsordnungswidrigkeitenrecht, in: VD 1995, S. 193 ff.

JAGUSCH, Heinrich/HENTSCHEL, Peter: Straßenverkehrsrecht, Kommentar, 33. Auflage 1995 (zitiert nach Gesetz, Paragraph und Randnummer)

JANISZEWSKI, Horst: Überblick über im 4. Quartal 1981 bekannt gewordene Entscheidungen in Verkehrsstraf- und Bußgeldsachen, in: NStZ 1982, S. 107 ff.

JUNG, Heike: Fortgesetzte Handlung und Verjährung, in: Gedächtnisschrift für Dietrich Schultz, 1987, S. 183 ff.

KAISER, Eberhard: Sind nur für den Rechtsfolgenausspruch bedeutsame Tatumstände im Anklagesatz kenntlich zu machen?, in: NJW 1981, S. 1028 ff.

KARLSRUHER KOMMENTAR: Karlsruher Kommentar zur Strafprozeßordnung und zum Gerichtsverfassungsgesetz mit Einführungsgesetz, herausgegeben von Gerd Pfeifer, 2. Auflage, 1987 (zitiert nach Paragraph und Randnummer; Kommentierung zum GVG ist besonders gekennzeichnet)

KARLSRUHER KOMMENTAR: Karlsruher Kommentar zum Gesetz über Ordnungswidrigkeiten, herausgegeben von Karlheinz Boujong, 1989 (zitiert nach Paragraph und Randnummer)

KATHOLNIGG, Oskar: Die gerichtsverfassungsrechtlichen Änderungen durch das Strafverfahrensänderungsgesetz 1979, in: NJW 1978, S. 2375 ff.

KEMMER, Frank: Befangenheit von Schöffen durch Aktenkenntnis, Dissertation, 1989

KEPPLER, Birte: Anmerkung zu BGH vom 3.5.1994, NJ 1994, S. 530 f.

KERN, Eduard: Anmerkung zu BGH vom 14.5.1957, JZ 1958, S. 94 f.

KINNEN, Dieter: Zur Fassung des Anklagesatzes, in: MDR 1978, S. 634 f.

KISSEL, Rudolph: Gerichtsverfassungsgesetz, Kommentar, 2. Auflage, 1994 (zitiert nach Paragraph und Randnummer)

KLEINKNECHT, Theodor: Anmerkung zu OLG Celle vom 31.12.1957, JZ 1959, S. 180 ff.

KLEINKNECHT, Theodor/MEYER-GOSSNER, Lutz: Strafprozeßordnung: Gerichtsverfassungsgesetz, Nebengesetze und ergänzende Bestimmungen, 42. Auflage, 1995 (zitiert nach Paragraph und Randnummer; Kommentierung zum GVG ist besonders gekennzeichnet)

KLEINKNECHT, Th./MÜLLER, H./REITBERGER, L.: Loseblattkommentar zur Strafprozeßordnung, herausgegeben von Gerhard Fezer und Rainer Paulus, 8. Auflage, 1990 (zitiert nach Paragraph und Randnummer)

KNAUTH, Alfons: Das übergangene Eröffnungsverfahren, in: JuS 1977, S. 113 f.

KÖNIG, Peter/SEITZ, Helmut: Die straf- und strafverfahrensrechtlichen Regelungen des Verbrechensbekämpfungsgesetzes, in: NStZ 1995, S. 1 ff.

KOFFKA, Else: Anmerkung zu BayObLG vom 12.5.1965, JR 1965, S. 430

KOFFKA, Else: Anmerkung zu BGH vom 17.7.1968, JR 1969, S. 349

KOFFKA, Else: Literaturbericht Strafprozeßrecht, in: ZStW 1972, S. 666 ff.

KOHLHAAS, Max: Fehlerhafte Anklagen und Eröffnungsbeschlüsse, in: GA 1955, S. 65 ff.

KOHLHAAS, Max: Anmerkung zu OLG Köln vom 17.5.1966, JR 1966, S. 429 f.

KOHLHAAS, Max: Verfahrensmängel im Ermittlungsverfahren und Revision, in: NJW 1968, S. 26 f.

KOHLHAAS, Max: Anmerkung zu OLG Köln vom 15.8.1969, JR 1970, S. 35

KOPP, Ferdinand O.: Verwaltungsverfahrensgesetz, fertiggestellt von Ferdinand J. Kopp, 6. Auflage, 1996 (zitiert nach Paragraph und Randnummer)

KRAUSE, Dietmar: Anmerkung zu OLG Frankfurt vom 25.4.1985, StV 1986, S. 333 ff.

KRAUSE, Dietmar/THON, Stefan: Mängel der Tatschilderung im Anklagesatz und ihre rechtliche Bedeutung, in: StV 1985, S. 252 ff.

KRAUSE, Friedrich: Die vorläufige Einstellung von Strafsachen praeter legem, in: GA 1969, S. 97 ff.

KREY, Volker: Grundzüge des Strafverfahrensrechts, in: JA 1983, S. 233 ff.

KREY, Volker: Strafverfahrensrecht, Band 1, 1988; Band 2, 1990 (zitiert nach Band und Randnummer)

KREY, Volker: Gesetzestreue und Strafrecht, in: ZStW 1989, S. 838 ff.

KRIES, August von: Lehrbuch des Deutschen Strafprozeßrechts, 1892

KRÖPIL, Karl: Prozessualer Tatbegriff und Wahlfeststellung, in: NJW 1988, S. 1188 ff.

KROSCHEL, Theodor/MEYER-GOSSNER, Lutz: Die Urteile in Strafsachen, 25. Auflage 1988

KÜHNE, Hans-Heiner: Strafprozeßlehre, 3. Auflage 1988 (zitiert nach Randnummer)

KUHLMANN, Goetz-Joachim: Ausschließung und Ablehnung des Staatsanwalts, in: DRiZ 1976, S. 11 ff.

KÜPER, Wilfried: Unzulässige Revision und formelle Rechtskraft des Strafurteils, in: GA 1969, S. 364 ff.

KÜPER, Wilfried: Anmerkung zu BayObLG vom 17.10.1969, JR 1970, S. 271 ff.

LEIPZIGER KOMMENTAR: Strafgesetzbuch, Großkommentar, herausgegeben von Burkhard Jähnke, Heinrich-Wilhelm Laufhütte und Walter Odersky, 11. Auflage, 1992 ff. (zitiert nach Paragraph und Randnummer)

LÖWE/ROSENBERG: Die Strafprozeßordnung und das Gerichtsverfassungsgesetz mit Nebengesetzen, Großkommentar, herausgegeben von Peter Rieß, 24. Auflage, 1984 ff. (zitiert nach Paragraph und Randnummer; Kommentierung aus Vorauflagen sowie zum GVG ist besonders gekennzeichnet)

LUDOVISY, Michael/STRUBEL, Bernd-Jochen: 33. Deutscher Verkehrsgerichtstag 1995 in Goslar, in: DAR 1995, S. 181 ff.

LÜTTGER, Hans: Das Recht des Verteidigers auf Akteneinsicht, in: NJW 1951, S. 744 ff.

LÜTTGER, Hans: Der „genügende Anlaß" zur Erhebung der öffentlichen Klage, in: GA 1957, S. 193 ff.

MANNHEIM: Anmerkung zu RG vom 28.9.1928, JW 1929, S. 260 f.

MAYER-WEGELIN, Eberhard: Der Rechtsschutz im Ermittlungsverfahren wegen Steuerhinterziehung: Theorie und Wirklichkeit, in: DStZ 1984, S. 244 ff.

MECKER, Hein: Zur Fassung der Anklageschrift, in: DRiZ 1972, S. 359

MELLINGHOFF, Georg: Fragestellung, Abstimmungsverfahren und Abstimmungsgeheimnis im Strafverfahren, 1988

METZGER, Richard: Anmerkung zu LG Mainz vom 4.6.1969, NJW 1969, S. 2160 f.

MEYER, K.: Anmerkung zu LG Nürnberg-Fürth vom 20.12.1982, JR 1983, S. 257 ff.

MEYER-GOSSNER, Lutz: Die Zulässigkeit richterlicher Beweiserhebungen im Strafprozeß nach Zulassung der Anklage, in: NJW 1970, S. 415 ff.

MEYER-GOSSNER, Lutz: Zur Anwendung des § 206 a StPO im Rechtsmittel- und Wiederaufnahmeverfahren, in: GA 1973, S. 366 ff.

MEYER-GOSSNER, Lutz: Anmerkung zu OLG Saarbrücken vom 18.6.1974, NJW 1975, S. 1179 f.

MEYER-GOSSNER, Lutz: Anmerkung zu OLG Karlsruhe vom 30.4.1976, JR 1977, S. 216 f.

MEYER-GOSSNER, Lutz: Verwerfung der Berufung wegen Ausbleibens des Angeklagten bei Fehlen von Prozeßvoraussetzungen, in: NJW 1978, S. 528 f.

MEYER-GOSSNER, Lutz: Das von der Vorinstanz übersehene Fehlen einer Prozeßvoraussetzung, in: NJW 1979, S. 201 f.

MEYER-GOSSNER, Lutz: Anmerkung zu OLG Köln vom 22.1.1980, JR 1981, S. 214 ff.
MEYER-GOSSNER, Lutz: Anmerkung zu BGH vom 16.10.1980, JR 1981, S. 379 ff.
MEYER-GOSSNER, Lutz: Anmerkung zu OLG Hamm vom 4.5.1981, JR 1982, S. 390 ff.
MEYER-GOSSNER, Lutz: Nachtragsanklage und Ablehnung der Eröffnung des Hauptverfahrens, in: JR 1984, S. 53 f.
MEYER-GOSSNER, Lutz: Anmerkung zu OLG Celle vom 10.11.1982, JR 1984, S. 75 ff.
MEYER-GOSSNER, Lutz: Anmerkung zu OLG Frankfurt vom 14.2.1986, JR 1986, S. 471 ff.
MEYER-GOSSNER, Lutz: Anmerkung zu LG Göttingen vom 21.4.1988, NStZ 1989, S. 89 f.
MICHLER, Gerhard: Der Eröffnungsbeschluß im Strafverfahren, Dissertation, 1989
MITTERMAIER, W.: Anmerkung zu RG vom 4.4.1922, JW 1923, S. 17
NAPPE, W.: Mängel des erweiterten Schöffengerichts, in: NJW 1957, S. 1827
NAUCKE, Wolfgang: Anmerkung zu BGH vom 4.4.1985, JR 1986, S. 120 f.
NAUCKE, Wolfgang: Anmerkung zu BayObLG vom 27.6.1989, StV 1990, S. 397 ff.
NELLES, Ursula: Zur Revisibilität „fehlerhafter“ und „unwirksamer“ Eröffnungsbeschlüsse, in: NStZ 1982, S. 96 ff.
NOWAKOWSKI, Friedrich: Fortgesetztes Verbrechen und gleichartige Verbrechensmenge, 1950
NÜSE, Karl-Heinz: Die Zulässigkeit von wahlweisen Feststellungen, in: GA 1953, S. 33 ff.
OEHLER, Dietrich: Neuere Verschiebungen beim prozessualen Tatbegriff, in: Gedächtnisschrift für Horst Schröder, 1978, S. 439 ff.
OETKER, Friedrich: Anmerkung zu RG vom 3.6.1924 und 28.6.1927, JW 1928, S. 2260 ff.
OETKER, Friedrich: Die Begründung des Strafprozesses, in: GS 1930, S. 241 ff.
OETKER, Friedrich: Zur Lehre von den Prozeß- und Urteilsvoraussetzungen im Strafverfahren, in: GS 1934, S. 85 ff.
OLBRICHT: Konflikt zwischen der Strafkammer und der Staatsanwaltschaft bei der Entscheidung über die Eröffnung des Hauptverfahrens, in: GA 1908, S. 206 ff.
OTTING, Joachim: Punkteinflation - Die unbedachten Folgen der Abkehr vom Fortsetzungszusammenhang, in: DAR 1995, S. 381

PAUL: Anmerkung zu BGH vom 15.1.1954, NJW 1956, S. 477 f.
PETERS, Karl: Anmerkung zu BayObLG vom 6.5.1970, JR 1970, S. 392 f.
PETERS, Karl: Anmerkung zu OLG Celle vom 23.1.1978, JR 1978, S. 348
PETERS, Karl: Strafprozeß. Ein Lehrbuch, 4. Auflage, 1985 (zitiert nach Paragraph und Absatz)
PETERS, Ralf: Anmerkung zu BGH vom 11.1.1994, NStZ 1994, S. 591 f.
PUPPE, Ingeborg: Die Individualisierung der Tat in Anklageschrift und Bußgeldbescheid und ihre nachträgliche Korrigierbarkeit, in: NStZ 1982, S. 230 ff.
PUSINELLI, Gerhard: Ist § 74 StGB ebenso wie § 73 StGB in der Anklageschrift anzuführen?, in: JR 1949, S. 506 f.
RANFT, Otfried: Anmerkung zu BayObLG vom 19.4.1985, JR 1986, S. 432 ff.
RANFT, Otfried: Strafprozeßrecht, 1991
RASEHORN, Theo: Die Unterschrift bei Beschlüssen von Kollegialgerichten (§ 329 ZPO), in: NJW 1957, S. 1866 f.
REBMANN, Kurt/ROTH, Werner/HERMANN, Siegfried: Gesetz über Ordnungswidrigkeiten, Loseblattkommentar, 2. Auflage, 6. Lieferung, Stand: Januar 1995 (zitiert nach Paragraph und Randnummer)
REUTER, Heinz: Zur Abfassung von Anklageschrift und Eröffnungsbeschluß, in: JR 1957, S. 116
RIESS, Peter: Das Strafverfahrensänderungsgesetz 1979, in: NJW 1978, S. 2265 ff.
RIESS, Peter: Anmerkung zu BGH vom 18.2.1981, NStZ 1981, S. 447 f.
RIESS, Peter: Eröffnungsentscheidung auf unvollständiger Aktengrundlage, in: NStZ 1983, S. 247 ff.
RIESS, Peter: Verfahrenshindernisse von Verfassungs wegen?, in: JR 1985, S. 45 ff.
RIESS, Peter: Anmerkung zu BGH vom 2.12.1986, JR 1987, S. 389 ff.
RIESS, Peter: Zweifelsfragen zum neuen Strafbefehlsverfahren, in: JR 1988, S. 133 ff.
RIESS, Peter: Anmerkung zu OLG Frankfurt vom 1.7.1988, OLGSt § 200 StPO Nr. 1, S. 3 ff.
RIESS, Peter: Anmerkung zu OLG Düsseldorf vom 26.5.1988, JR 1989, S. 437 ff.
RIESS, Peter: Anmerkung zu OLG Hamm vom 5.12.1989, JR 1991, S. 34 f.
ROESEN, Anton: Der Eröffnungsbeschluß, in: NJW 1959, S. 1861 f.

RÖSMANN, H.-J.: Mitwirkung des Verteidigers an der Rekonstruktion in Verlust gegangener Straf- (Ermittlungs-) Akten aus standesrechtlicher Sicht, in: NStZ 1983, S. 446 ff.
RÖTTGERING, Derk: Anmerkung zu AG Marl vom 22.10.1993, ZfS 1994, S. 31
ROSENBERG, Werner: Beiträge zur Lehre von den Prozeßvoraussetzungen, in: ZStW 1916, S. 522 ff.
ROTBERG, Hans Eberhard: Ordnungswidrigkeitengesetz, Kommentar, herausgegeben von Herbert Kleinewefers, Karl Heinz Boujong und Walter Wilts, 5. Auflage, 1975 (zitiert nach Paragraph und Randnummer)
ROXIN, Claus: Strafverfahrensrecht. Ein Studienbuch, 24. Auflage, 1995 (zitiert nach Paragraph und Randnummer)
RÜPING, Hinrich: Funktionen der Laienrichter im Strafverfahren, in: JR 1976, S. 269 ff.
RUPPERT, Ehrenfried: Der Tag danach: Praktische Auswirkungen des Beschlusses zur fortgesetzten Handlung, in: MDR 1994, S. 973 ff.
SAILER, Christian: Anklageerhebung und Gleichbehandlung, in: NJW 1977, S. 1138 f.
SARSTEDT, Werner: Anmerkung zu BayObLG vom 2.10.1958, JR 1959, S. 69
SAX, Walter: Zur Wahlfeststellung bei Wahldeutigkeit mehrerer Taten, in: JZ 1965, S. 745 ff.
SCHAAL, Hans-Jürgen: Hinreichender Tatverdacht oder richterliche Überzeugungsbildung für den Strafbefehlserlaß?, in: Gedächtnisschrift für Karlheinz Meyer, 1990, S. 427 ff.
SCHÄFER, Gerhard: Die Praxis des Strafverfahrens, 5. Auflage, 1992 (zitiert nach Randnummer)
SCHÄFER, Karl: Akteneinsicht durch Schöffen und Geschworene, in: JR 1932, S. 196 ff.
SCHÄPE, Markus: Anmerkung zu OLG Bamberg vom 18.11.1994, NStZ 1995, S. 612
SCHAIRER, Martin: Der befangene Staatsanwalt, Dissertation, 1983
SCHLOTHAUER, Reinhold: Gerichtliche Hinweispflichten in der Hauptverhandlung, in: StV 1986, S. 213 ff.
SCHLÜCHTER, Ellen: Das Strafverfahren, 2. Auflage, 1983 (zitiert nach Randnummer)
SCHLÜCHTER, Ellen: Zu Anklageschrift und Eröffnungsbeschluß bei fortgesetzter Handlung, in: JR 1990, S. 10 ff.
SCHLÜCHTER, Ellen: Strafprozeßrecht, 2. Auflage, 1995
SCHMID, Werner: Die „Verwirkung“ von Verfahrensrügen im Strafprozeß, 1967

SCHMID, Werner: Über den Aktenverlust im Strafprozeß, in: Festschrift für Richard Lange zum 70. Geburtstag, 1976, S. 781 ff.

SCHMIDT, Eberhard: Anmerkung zu BGH vom 26.2.1957, JR 1957, S. 385 f.

SCHMIDT, Eberhard: Anmerkung zu OLG Bremen vom 22.10.1957, JR 1958, S. 191

SCHMIDT, Eberhard: Anmerkung zu BGH vom 17.11.1958, JR 1961, S. 31

SCHMIDT, Eberhard: Anmerkung zu BGH vom 28.6.1961, JR 1962, S. 109 ff.

SCHMIDT, Eberhard: Revisionsgericht und Verfahrenshindernisse, in: JZ 1962, S. 155 ff.

SCHMIDT, Eberhard: Anklageerhebung, Eröffnungsbeschluß, Hauptverfahren, Urteil, in: NJW 1963, S. 1081 ff.

SCHMIDT, Eberhard: Abgabe an ein höheres Gericht zwischen Eröffnungsbeschluß und Hauptverhandlung, in: NJW 1963, S. 1477 ff.

SCHMIDT, Eberhard: Lehrkommentar zur Strafprozeßordnung und zum Gerichtsverfassungsgesetz, Teil I, 2. Auflage, 1964 (zitiert nach Band und Randnummer); Teil II, 1957; Nachtragsband I zu Teil II, 1967; Teil III, 1960 (jeweils zitiert nach Band, Paragraph und Randnummer)

SCHMITT, O.H.: Anmerkung zu BGH vom 22.3.1957, NJW 1957, S. 1886 f.

SCHNEIDER, Egon: Zur Technik der C-Klausur, in: JZ 1956, S. 593 ff.

SCHOLZEN: Anmerkung zu OLG Düsseldorf vom 4.5.1979, DAR 1980, S. 173 f.

SCHOREIT: Anmerkung zu OLG Zweibrücken vom 13.7.1983, NStZ 1984, S. 234

SCHREIBER, Hans-Ludwig: Akteneinsicht für Laienrichter?, in: Festschrift für Hans Welzel zum 70. Geburtstag, 1974, S. 941 ff.

SCHRÖDER, Claus: Wahlfeststellung und Anklageprinzip, in: NJW 1985, S. 780 ff.

SCHROEDER, Friedrich-Christian: Strafprozeßrecht - Fälle und Lösungen, 2. Auflage, 1983

SCHULTZ, Dietrich: Das beschleunigte Verfahren in Verkehrsstrafsachen, in: DAR 1957, S. 93 ff.

SCHUMANN, Eckehard: Die Prozeßökonomie als rechtsethisches Prinzip, in: Festschrift für Karl Larenz zum 70. Geburtstag, 1973, S. 271 ff.

SCHUMANN, Heribert: Fortgesetzte Tat, Verjährungsbeginn und Art. 103 II GG, in: StV 1992, S. 392 ff.

SCHWARZE: Die Rechtsmittel der Staatsanwaltschaft wider den Beschluß auf den Antrag wegen Eröffnung des Hauptverfahrens, in: GS 1884, S. 294 ff.

SIEG, Hans: Nicht-Erscheinen des Angeklagten im Berufungsverfahren als Verwerfungsgrund, in: NJW 1978, S. 1845 f.

SOLBACH, Günter: Zur Fassung der Anklageschrift, in: DRiZ 1972, S. 235 ff.

SOLBACH, Günter: Zur Fassung des Anklagesatzes, in MDR 1978, S. 900 f.

SOLBACH, Günter: Erläuterungen zu OLG Köln vom 6.1.1984, JA 1984, S. 703 f.

SOLBACH, Peter: Zu drei Fragen aus der staatsanwaltschaftlichen Praxis, in: NStZ 1987, S. 350 ff.

SOWADA, Christoph: Die natürliche Handlungseinheit - eine Rechtsfigur mit ungewisser Zukunft, in: NZV 1995, S. 465 ff.

STADIE, Volkmar: Anmerkung zu LG Hamburg vom 10.7.1972, MDR 1973, S. 69 f.

STEFFEN, Erich: Haftung für Amtspflichtverletzungen des Staatsanwalts, in: DRiZ 1972, S. 153 ff.

STEIN, Ulrich: Strafprozessualer Tatbegriff und Alternativität von Vorwürfen, in: JR 1980, S. 444 ff.

STEUBER, Eckart von: Rechtsfolgen bei Fehlen oder Mängeln des Eröffnungsbeschlusses, in: MDR 1978, S. 889 ff.

STRATE, Gerhard: Zum Härdle-Beschluß des BGH, in: StV 1981, S. 261 ff.

STRATENWERTH, Günter: Anmerkung zu BGH vom 9.11.1960, JZ 1961, S. 392 f.

SUHREN, Gerhard: Verurteilung nach Fahrtenschreiber?, in: NZV 1992, S. 271 f.

SULANKE, Hans-Erhard: Die Entscheidung bei Zweifeln über das Vorhandensein von Prozeßvoraussetzungen und Prozeßhindernissen im Strafverfahren, 1974

TERHORST, Bruno: Information und Aktenkenntnis der Schöffen im Strafprozeß, in: MDR 1988, S. 809 ff.

TIEDEMANN, Klaus: Literaturbericht Nebenstrafrecht einschließlich Ordnungswidrigkeitenrecht, in: ZStW 1971, S. 792 ff.

TIEDEMANN, Klaus: Die „Bebußung" von Unternehmen nach dem 2. Gesetz zur Bekämpfung der Wirtschaftskriminalität, in: NJW 1988, S. 1169 ff.

TÖBBENS, Werner: Der Freibeweis und die Prozeßvoraussetzungen im Strafprozeß, in: NStZ 1982, S. 184 ff.

TOLKSDORF, Klaus: Mitwirkungsverbot für den befangenen Staatsanwalt, Dissertation, 1988

TREIER, G.: Anmerkung zu OLG Celle vom 10.11.1982, NStZ 1983, S. 234 f.

ULSENHEIMER, Klaus: Zur Rücknahme des Eröffnungsbeschlusses bei Wegfall des Tatverdachts, in: NStZ 1984, S. 440 ff.

VOLK, Klaus: Prozeßvoraussetzungen im Strafrecht, Habilitation, 1978

VOLK, Klaus: Der Laie als Strafrichter, in: Festschrift für Hanns Dünnebier zum 75. Geburtstag, 1982, S. 373 ff.

VOLLKOMMER, Max: Formenstrenge und prozessuale Billigkeit, 1973

WALDOWSKI, Jürgen: Verteidiger als Helfer des Staatsanwalts?, in: NStZ 1984, S. 448 ff.

WEIGELT, Werner: Verbindung von Jugend- und Erwachsenenstrafsachen, in: DAR 1959, S. 293 ff.

WELP, Jürgen: Die Gestellung des verhandlungsunfähigen Angeklagten, in: JR 1991, S. 265 ff.

WENDISCH, Günter: Zur Ausschließung und Ablehnung des Staatsanwalts, in: Festschrift für Karl Schäfer zum 80. Geburtstag, 1980, S. 243 ff.

WENDISCH, Günter: Anmerkung zu LG Köln vom 15.10.1984, NStZ 1985, S. 232 f.

WENDISCH, Günter: Anmerkung zu OLG Frankfurt vom 28.5.1991, JR 1992, S. 350 f.

WERNER, Wolfhart: Gelten die Vorschriften der §§ 203 und 204 StPO auch für Anträge im beschleunigten Verfahren?, in: DRZ 1947, S. 146 f.

WESSELS, Johannes: Strafrecht, Allgemeiner Teil, 23. Auflage, 1993 (zitiert nach Paragraph und Absatz)

WIDMAIER, Gunter: Fahrverbot bei Tatmehrheit von Verkehrsordnungswidrigkeiten, in: NJW 1971, S. 1158 ff.

WIEDEMANN, Richard: Die Korrektur strafprozessualer Entscheidungen außerhalb des Rechtsmittelverfahrens, 1981

ZSCHOCKELT, Alfons: Die praktische Handhabung nach dem Beschluß des Großen Senats für Strafsachen zur fortgesetzten Handlung, in: NStZ 1994, S. 361 ff.

ZSCHOCKELT, Alfons: Bemerkungen zu Bittmann/Dreier, in: NStZ 1995, S. 109 f.

www.ingramcontent.com/pod-product-compliance
Ingram Content Group UK Ltd.
Pitfield, Milton Keynes, MK11 3LW, UK
UKHW021905290926
8980IPUK00015B/1063

9 783631 325964